História de uma alma
Manuscritos autobiográficos

Santa Teresa do Menino Jesus

História de uma alma
Manuscritos autobiográficos

Tradução
Yvone Mª de Campos Teixeira da Silva

Título original:
"Les manuscrits autobiographiques",
in Thérèse de Lisieux, *Oeuvres complètes*
© Les Éditions du Cerf et Desclée de Brouwer, 1992

Com licença eclesiástica.

Capa: Retrato feito pela Irmã Celina

Edições Carmelitanas, OCD
Rua Piauí, 844 – Higienópolis
01241-000 São Paulo, SP
T 55 11 3667 5765
edcarmocd@bol.com.br

Edições Loyola Jesuítas
Rua 1822, 341 – Ipiranga
04216-000 São Paulo, SP
T 55 11 3385 8500/8501 • 2063 4275
editorial@loyola.com.br
vendas@loyola.com.br
www.loyola.com.br

*Todos os direitos reservados. Nenhuma parte desta obra pode ser
reproduzida ou transmitida por qualquer forma e/ou quaisquer
meios (eletrônico ou mecânico, incluindo fotocópia e gravação) ou
arquivada em qualquer sistema ou banco de dados sem permissão
escrita da Editora.*

ISBN 978-85-15-01512-2

19ª edição: 2015

© EDIÇÕES LOYOLA, São Paulo, Brasil, 1996

109169

Sumário

Prefácio 7

Siglas (das fontes utilizadas nesta obra) 10

Os manuscritos autobiográficos

Introdução 13
1. Circunstâncias 13
2. Teresa e a publicação de sua "obra" 15
3. A história de uma alma 17
4. O trabalho de Madre Inês 18
5. As modificações da *História de uma alma* 19
6. As correções dos manuscritos 20
7. Em vista de uma edição crítica 22
8. Um texto quase definitivo 22

Manuscrito A

Manuscrito dedicado à reverenda Madre Inês de Jesus 25
1. Infância em Alençon (1873-1877) 27
2. A sombra do sofrimento (1877-1881) 41
3. Aluna das beneditinas (1881-1883) 56
4. Avanços no estudo e fervor religioso (1883-1886) 69
5. Adolescência (1886-1887) 90
6. Apelo a Leão XIII (1887) 111
7. Postulante e noviça no Carmelo (1888-1890) 131
8. Esposa de Cristo (1890-1896) 144

Manuscrito B

Carta a Irmã Maria do Sagrado Coração 163

a) Resposta a Irmã Maria (1896) 165

b) A "pequena via" de Teresa 168

Manuscrito C

Manuscrito endereçado a Madre Maria de Gonzaga 181

1. Abertura de ânimo à nova Priora (1897) 183

2. O mandamento novo (1897) 207

Índices

Índice das citações bíblicas 235

Índice de nomes 239

Índice analítico 243

Prefácio

História de uma alma é um livro destinado a encontrar cada vez mais espaço no coração dos homens e mulheres de todos os tempos. Transcorridos cem anos de sua morte, a Carmelita Descalça de Lisieux, que teve a ousadia de, aos 15 anos, entrar e perseverar no Carmelo, continua a ser um referencial de vida interior para muitas pessoas.

A celebração do I Centenário de sua morte está despertando em todo o mundo um interesse particular: estudiosos de todas as disciplinas debruçam-se sobre os seus escritos, tentando captar o segredo de tanto amor que os cristãos lhe tributam.

É possível encontrar quem não simpatize com a espiritualidade de João da Cruz, Teresa d'Ávila, Inácio de Loyola ou até mesmo de Francisco de Assis. Mas é raríssimo encontrar quem rejeite a espiritualidade da "pequena via" de Teresa do Menino Jesus e da Sagrada Face.

A edição crítica dos escritos de Sta. Teresinha significou um avanço no conhecimento de sua doutrina, e o crescente movimento dos que solicitam sua proclamação como Doutora da Igreja manifesta um dado de fato: a perene influência de um estilo de vida totalmente evangélico, marcado pela simplicidade e com algo de novo para dizer ao mundo no limiar do terceiro milênio.

O mundo dominado pela técnica busca o caminho da simplicidade, para encontrar o Amor.

Diante dessas circunstâncias, Edições Loyola lançou-se numa empresa de envergadura: editar no Brasil as *Obras completas* de Sta.

Teresinha, seguindo os textos estabelecidos na edição crítica francesa lançada em 1992.

Em meio a essa empresa, fomos vencidos pela necessidade de pôr à disposição do público a *História de uma alma*, tal qual será publicada na edição integral dos escritos da Santa, diante da constatação de que Teresinha não fala à inteligência, mas ao coração. Sua linguagem é comunicação imediata do amor. Um amor feito de vida, de acolhida amorosa da vontade de Deus, que se faz vida inclusive nos acontecimentos mais difíceis e duros de sua longa e desintegradora tuberculose.

E assim descobriremos uma Teresinha assoberbada de preocupações próprias a seu tempo, deixando-se amar profundamente por Deus e dando origem a uma nova forma de viver o evangelho. Esta nova forma é que lhe confere densidade espiritual e direito à permanência histórica como figura de santidade capaz de mover os corações de tantas gerações, especialmente no Brasil.

O breve arco de tempo em que se desenvolve a sua história -— 1873-1897 — poderia nos levar a pensar que ela não teve tempo de assimilar o espírito de sua época, ou de fazer a necessária síntese entre as instâncias culturais e a vida carmelitana. No entanto, Teresinha se ergue dentro de sua comunidade e da Igreja como fermento e sal capaz de modificar a maneira de pensar e de viver de todos os que, vivendo depois de sua breve existência, deixaram-se tocar por seu testemunho ardoroso de como deixar-se recriar pelo fogo da paixão mística.

O secularismo e a descrença eram traços característicos da época em que viveu Teresinha. A Igreja e a teologia estavam à margem. E ela, no silêncio do Carmelo, vivendo uma vida feita de simplicidade e aparente monotonia, proclama um manifesto devastador, no qual afirma ter encontrado sua vocação: o amor. Sem assumir atitudes de teóloga, mas vivendo de teologia, penetrou o mistério de Deus e soube dar-lhe expressão.

Quem foi Teresinha do Menino Jesus e da Sagrada Face, ela mesma nos vai dizer ao longo desta obra, com a transparência e a ingenuidade de uma criança, com a experiência de quem passou pelo crisol da dor, com a intuição de quem pensa com as categorias do evangelho.

E assim, a partir dos seus escritos, ela nos lança o desafio de reencontrar-nos à luz da graça que refaz a nossa fragilidade, para que venhamos a ser mais que um aglomerado de pseudomísticos dominados por sincretismos rasos.

Esta nova edição de *História de uma alma* apresenta-se com novos recursos, a partir dos últimos estudos críticos que se fizeram com base no pressuposto de que Sta. Teresinha não possuía erudição para escrever de modo rebuscado. Das quase sete mil correções que madre Inês incorporou à primeira edição de *História de uma alma*, os estudiosos, a partir dos recursos da crítica literária, conseguiram eliminar a quase totalidade, devolvendo-nos o texto de Teresinha em sua ingenuidade e simplicidade.

A partir deste ponto, em que a técnica fez o melhor que podia, a Editora espera que os leitores desta obra cheguem a aprender com Teresinha a buscar Deus nas pequenas coisas, lançando-se sem medo nos braços do Amor misericordioso.

Frei Patrício Sciadini, ocd
Pe. Gabriel Galache, SJ
São Paulo, 8 de dezembro de 1996
Festa da Imaculada Conceição

Siglas
(das fontes utilizadas nesta obra)

ACL	Archives du Carmel de Liseux
AL	*Annales de sainte Thérèse de Lisieux* (revista)
BT	*La Bible avec Thérèse de Liseux* (Cerf/DDB, 1979)
CDT	Centre de documentation thérèsienne (Carmelo de Lisieux)
CE	Cântico Espiritual, de João da Cruz
CG	Correspondance générale de Thérèse de Lisieux (Cerf/DDB, 1972/1974); revisada e reeditada na "Nouvelle Edition du Centenaire" (1992).
CJ	"Carnet jaune", de Madre Inês de Jesus
CSG	*Conseils et souvenirs* publicados por irmã Genoveva (Celina), "Foi vivante", Cerf, 1973.
CSM	"Conseils et souvenirs" relatados por irmã Maria da Trindade, publicados em *Vie thérèsienne*, Lisieux (revista trimestral, desde 1961)
DCL	Documentation du Carmel de Lisieux
DE	*Derniers Entretiens* (Cerf/DDB, 1971); revisão e reedição em "Nouvelle Editon du Centenaire" des *Oeuvres complètes* de Thérèse de Lisieux (Cerf/DDB, 1992), em oito volumes
DE II (DP)	Volume de anexos de *Derniers entretiens* (1971), revisado e reeditado com o título *Dernières paroles* na "Nouvelle Edition du Centenaire" (1992)
DE/G	Derniers entretiens, recolhidos por irmã Genoveva
DE/MSC	Derniers entretiens, recolhidos por irmã Maria do Sagrado Coração
DLTH	Álbum de fotografias de Pierre Descouvemont e Helmuth Nils Loose, *Thérèse de Lisieux*, (Cerf, 1991)
DP	Dernières paroles; cf. supra, DE II
G/NPHF	Irmã Genoveva, Notes préparatoires à l'*Histoire d'une famille*.
HA 98, etc.	*Histoire d'une Ame*, edição de 1898 ([7]1907; [72]1972 etc.).
Im	*Imitation de Jésus-Christ*, ed. Lamennais, 1879
Ima 1,2...	Nove "Images bibliques" feitas por Teresa.
JEV	*J'entre dans la vie*, edição atual de Derniers entretiens (Cerf/DDB, 1973).
LC	Lettres des correspondants de Teresa, numeradas, publicadas em CG
LD	Lettres diverses de correspondentes ou contemporâneos de Teresa (em CG e VT)
Lettres 1948 (ou) LT 1948	Primeira edição das cartas de Teresa (1948)
LT	Lettres de Teresa (numeradas)
MA	Manuscrito autobiográfico, dedicado a Madre Inês de Jesus (1985)
MB	Carta a irmã Maria do Sagrado Coração, Manuscrito autobiográfico (1896)
MC	Manuscrito autobiográfico, dedicado a Madre Maria de Gonzaga
Mes Armes	*Mes Armes — Sainte Cécile*, fascículo das PN 3 e 48 (Cerf/DDB, 1975).
MS/NEC	*Manuscrits autobiographiques* na "Nouvelle Edition du Centenaire" (1992)
Mss I etc.	Três volumes de Pe. François de Sainte-Marie, segundo a edição fac-similada (OCL, 1956) dos *Manuscrits autobiográficos*
NEC	"Nouvelle Edition du Centenaire" das *Oeuvres complètes* de Teresa de Lisieux, em oito volumes
NPPA	Notas das carmelitas, preparatórias ao Processo apostólico
NPPO	Notas preparatórias ao Processo do Ordinário
NV	*Novissima Verba*, edição dos *Derniers entretiens* publicada em 1927
OCL	Office central de Lisieux
Or	As 21 Orações de Teresa, numeradas na "Edition du Centenaire"
PA	*Procès Apostolique*, 1915-1917 (publicação; Teresianum, Roma, 1976)
PN 1 etc.	As 54 Poesias de Teresa, numeradas na Edition du Centenaire
PO	*Procès de l'Ordinaire*, 1910-1991 (publicação: Teresianum, Roma, 1973).
Poesias	edição das Poesias de Teresa, editadas em *Obras completas*, Loyola, 1997
PS	Poesias "suplementares"de Teresa
Recreios	edição dos Recreios piedosos em *Obras completas*, Loyola, 1997
RP 1, 2 etc.	Os oito recreios piedosos de Teresa
TrH	*Le Triomphe de l'Humilité*, fascículo que analisa RP 7 (Cerf/DDB, 1975); reedição parcial em NEC, volume Récreations-Prières
VT	*Vie thérèsienne*, Lisieux (revista trimestral, desde 1961).
VTL	*Visage de Thérèse de Lisieux* (1961), 2 volumes.

OS MANUSCRITOS AUTOBIOGRÁFICOS

Introdução

As metamorfoses da *História de uma alma*, ou dos *Manuscritos autobiográficos*, de santa Teresa do Menino Jesus e da Sagrada Face, são muito conhecidas hoje, graças à edição em fac-símile do Pe. François de Sainte-Marie, acompanhada de três volumes de introduções, notas textuais e críticas, índices e concordância (Carmelo de Lisieux, 1956), e à edição corrente que se seguiu a essa no ano seguinte. Limitar-nos-emos aqui aos documentos básicos, com numerosos complementos nas notas.

1. CIRCUNSTÂNCIAS

À irmã mais velha de Teresa, irmã Maria do Sagrado Coração, devemos dois daqueles textos de valor inestimável (e, indiretamente, o terceiro). Ela fez o relatório por ocasião do Processo do Ordinário, respondendo à pergunta: "Que sabe da origem desse manuscrito (a *História de uma alma*) e de seu estado de integridade?"

"Uma noite de inverno, depois das matinas, estávamos nos aquecendo, reunidas com irmã Teresa, irmã Genoveva e nossa Reverenda Madre Priora, Inês de Jesus. Irmã Teresa contou duas ou três passagens da sua infância. Disse eu então a nossa madre priora, Inês de Jesus: 'Será possível que a deixe escrever pequenas poesias para agradar a umas e outras, e que nada escreva para nós sobre todas essas recordações de infância? Vereis, é um anjo que não ficará muito tempo na terra, e teremos perdido todos esses pormenores tão interessantes para nós'. Nossa madre priora hesitou inicialmente e, a instâncias nossas, disse à Serva de Deus que gostaria de receber, no seu aniversário, o relato da sua infância" (Manuscrito A).

"(...) Mais tarde, vendo irmã Teresa muito doente, madre Inês de Jesus persuadiu a reverenda madre Maria de Gonzaga, então priora, a fazer irmã Teresa escrever a história da sua vida religiosa, que é a segunda parte do manuscrito (Manuscrito C). Enfim, eu mesma lhe pedi, durante o último retiro (1896), que escrevesse o que eu chamava de sua pequena doutrina. Escreveu e acrescentamos estas páginas, como terceira parte, quando se imprimiu a 'História da sua vida' (Manuscrito B)" (PO, p. 237).

Madre Inês informa: "No início de ano de 1895, dois anos e meio antes da morte de irmã Teresa", e confirma o relato de Maria do Sagrado Coração (sem, porém, mencionar a presença de irmã Genoveva). Informa que Teresa "ria como se tivéssemos zombado dela" e prossegue:

"A Serva de Deus pôs mãos à obra, por obediência, pois eu era então sua madre priora. Escreveu apenas durante seus tempos livres e entregou-me seu caderno em 20 de janeiro de 1896, para meu aniversário. Eu estava na oração noturna. Ao dirigir-se para sua cadeira de coro, irmã Teresa do Menino Jesus ajoelhou-se e entregou-me esse tesouro. Respondi-lhe com um simples aceno de cabeça e coloquei o manuscrito sobre nossa cadeira, sem abri-lo. Só tive tempo de lê-lo após as eleições desse mesmo ano, na primavera. Notei a virtude da Serva de Deus, pois depois do seu ato de obediência não se interessou mais por ele, nunca me perguntou se eu tinha lido seu caderno, nem o que pensava dele. Um dia, disse-lhe que não tinha tido tempo de lê-lo; não me pareceu nem um pouco contrariada".

"Achei seus relatos incompletos. Irmã Teresa do Menino Jesus insistira particularmente em sua infância e primeira juventude, como eu lhe havia pedido; sua vida religiosa está apenas esboçada (...)."

"Pensei quanto era deplorável não ter ela redigido com desenvolvimento igual o que dizia respeito à sua vida no Carmelo, entrementes deixara eu de ser a priora e madre Maria de Gonzaga assumira o cargo. Receava não atribuir ela o mesmo interesse a essa composição e não ousei falar-lhe a respeito. Mas, vendo irmã Teresa do Menino Jesus muito doente, quis tentar o impossível. Em 2 de junho de 1897, quatro meses antes da morte de irmã Teresa, por volta da meia-noite, fui encontrar nossa madre priora: 'Madre', disse-lhe, 'é-me impossível dormir antes de confiar-vos um segredo.

INTRODUÇÃO 15

Quando eu era priora, irmã Teresa escreveu, para me agradar e por obediência, algumas recordações de sua infância. Reli aquilo, outro dia; é agradável, mas não podereis extrair disso muita coisa para ajudar-vos a escrever a carta circular depois da morte dela, pois não há quase nada sobre sua vida religiosa. Se lhe ordenasses, ela poderia escrever alguma coisa mais séria; não duvido que o que teríeis seria incomparavelmente melhor do que aquilo que eu tenho'. Deus abençoou minha iniciativa e, na manhã seguinte, nossa madre ordenou a irmã Teresa do Menino Jesus que continuasse seu relato" (PO, pp. 146-147; cf. PA, p. 201).

Sua irmã Celina (irmã Genoveva de Santa Teresa), que recebia comunicação dos pequenos cadernos do Manuscrito A na medida em que se escreviam, dá referências interessantes sobre a maneira de Teresa trabalhar: "Não tinha nenhuma segunda intenção quando iniciou seu manuscrito. Escreveu-o apenas por obediência, esforçando-se, porém, por relatar certos fatos específicos de cada membro de sua família, a fim de agradar a todos, com esse relato das recordações de sua juventude. Seu manuscrito era, na verdade, 'lembrança de família', exclusivamente destinada a suas irmãs. É o que explica a naturalidade familiar com que foi escrito e certos pormenores infantis diante dos quais sua pena teria recuado se tivesse previsto que esse escrito iria extrapolar o círculo fraterno. Só escrevia às pressas, durante os poucos momentos livres que lhe deixavam a Regra e suas ocupações junto às noviças. Não fez rascunho nenhum, escrevendo ao correr da pena, e mesmo assim seu manuscrito não contém rasuras" (PO, p. 274).

A descrição de Celina mostra bem que os Manuscritos assemelham-se mais ao gênero epistolar que ao de notas íntimas, para não dizer de "tratados de espiritualidade". Portanto, uma orientação de leitura é muito importante, porque explica não só o encanto e a espontaneidade do estilo de Teresa, mas também a irradiação contagiosa de uma personalidade transparente ao amor e à graça de Deus (cf. Jean Guitton a respeito das palavras de Teresa, DE, p. 119, n. 26).

2. TERESA E A PUBLICAÇÃO DE SUA "OBRA"

Teresa redigiu os Manuscritos A e C por obediência a suas prioras, o Manuscrito B, a pedido da sua irmã Maria do Sagrado Coração. Ela, pessoalmente, não tivera a ideia de deixar vestígio escrito das suas recordações e pensamentos. Contudo, suas cartas e poesias eram para ela o meio de expressão e um modo de difundir seu amor a Cristo. Desde o início, soube que, de certa forma, seu Manuscrito C era destinado à publicação, pois Madre Inês alegara junto a Madre Maria de Gonzaga, como motivo da "encomenda", a redação de uma "Circular necrológica"...

Teresa levou essa ideia de publicação muito a sério (cf. *Poesias*, II, pp. 25 s), e multiplicou as alusões em suas Últimas Conversas, em parte, provavelmente, para levantar o moral de suas irmãs (cf. CJ 27.5.1).

Mais o tempo passa, mais ela se interessa por essa obra póstuma [cf. CJ 25.6.2; 10.7.2; 20.7.3; 29.7.7; 1.8.2, e NV 1.8.2 fim, em DE II (DP), p. 229; CJ 25.9.2]: "No seu leito de morte, atribuía grande importância a essa publicação e via nela um meio de apostolado: *É preciso publicar o manuscrito sem maiores delongas depois da minha morte. Se demorardes, se cometerdes a imprudência de falar dele a quem quer que seja, exceto à nossa madre, o demônio armar-vos-á mil obstáculos para impedir essa publicação tão importante. Se, porém, fizerdes o possível para não deixá-la entravada, não temais as dificuldades que puderdes encontrar. Para a minha missão, como para a de Joana d'Arc, 'a vontade de Deus será cumprida apesar do ciúme dos homens'. — Pensas, então, que é por esse manuscrito que ajudarás as almas? — Sim, é um meio do qual Deus se servirá para atender-me. Ajudará a toda espécie de almas, exceto às que estão em vias extraordinárias"* (Madre Inês, PA, p. 202, montagem de muitas palavras diferentes de Teresa: cf. PO, pp. 147, 176, 200-201; CJ 27.7.6; 9.8.2).

É inegável que Teresa instituiu Madre Inês sua "editora". Esta declarou sob juramento que sua irmã lhe disse: "*Madre, tudo o que achardes por bem cortar ou acrescentar no caderno da minha vida, sou eu quem o corta ou acrescenta. Lembrai-vos disso mais tarde, e não tenhais escrúpulo nenhum a esse respeito*" [PO, p. 147; cf. PA, pp. 201-202; CV e NV, em DE II (DP), pp. 164-165]; e outra vez, a respeito do Manuscrito C: "*Não escrevi o que eu queria*", disse-me tristemente, "*teria necessitado de maior isolamento. Todavia, meu pensamento aí está, só vos restará classificar*" (PA, p. 173). Pe. François de Sainte-Marie comenta com razão: "Cortar, acrescentar, classificar — as três operações que a autora dos manuscritos previa e aprovava por antecipação, sua editora as efetuou amplamente a seguir. Pode-se

INTRODUÇÃO   17

discutir a respeito do número e da oportunidade dessas modificações. A questão do direito, contudo, não apresenta dúvida: a autorização fora dada" (Mss I, p. 72, onde se encontrarão as diversas referências aos Processos sobre esta questão).

3. A HISTÓRIA DE UMA ALMA

Por ocasião do *Processo do Ordinário*, Madre Inês declarou: "Eu fui quem teve a iniciativa de propor essa publicação (a *História de uma alma*) depois da morte dela. Ao reler os manuscritos que tinha em mãos, tive a impressão de possuir um tesouro que poderia ajudar muito as almas".

À pergunta: "O livro impresso está inteiramente de acordo com o autógrafo da Serva de Deus, de forma que se possa ler um pelo outro com segurança?", Madre Inês respondeu (em 17/8/1910): "Há algumas alterações, mas de pouca importância, que não alteram o sentido geral e substancial do relato. Essas alterações são: 1. a supressão de algumas passagens muito curtas, relatando pormenores íntimos da vida familiar durante sua infância; 2. a supressão de uma ou duas páginas cujo teor parecia-me menos interessante para os leitores estranhos ao Carmelo; 3. enfim, como a história manuscrita era composta de três partes, uma dirigida a mim (sua irmã Paulina), a outra a sua irmã Maria e a mais recente a Madre Maria de Gonzaga, então priora, esta última, que presidiu à publicação do manuscrito, exigiu certos retoques de detalhes nas partes dirigidas a suas irmãs, a fim de que, para melhor unidade, o todo parecesse ter sido dirigido a ela própria" (p. 149).

Em consequência dessa exposição, o tribunal julgou oportuníssimo mandar "estabelecer um exemplar autêntico do Autógrafo, conforme as regras do direito na matéria, e inseri-lo nos documentos do Processo" (PO, p. 150), o que foi feito em 29 de agosto de 1911 (PO, pp. 599-720).

Sobre a conduta de Madre Maria de Gonzaga, considerada como sinal de ciúme doentio, talvez convenha ser mais prudente que Madre Inês, que fala de "subterfúgio" em sua nota de 22 de novembro de 1907 (cf. *infra*, pp. 20-21). Por ocasião do PO, em 1910, contenta-se em falar da preocupação em assegurar "maior unidade" à *História de uma alma* (supra). É preciso, sem dúvida, pôr-se na atmosfera da época para apreciar essa iniciativa singular.

Em 1898, Madre Maria de Gonzaga era priora e sua autoridade permanecia intacta dentro da comunidade. Não era uma atitude prudente perante as irmãs (por parte de duas Madres, em conjunto) fazer Madre Maria de Gonzaga assumir a responsabilidade, não apenas da *publicação*, mas também do *dever de obediência* feito a Teresa de escrever suas "recordações" (seja em 1895, em 1896, como foi corrigido no Manuscrito A, ou em 1897 em relação ao Manuscrito C)?

Ordem igual nunca fora dada a outra pessoa até então. Se a comunidade tivesse sabido tratar-se de uma "história de família", uma "ordem" de Madre Inês a sua própria irmãzinha, para agradar aos seus... será que o Manuscrito A não teria perdido parte do seu prestígio, do seu valor espiritual, aos olhos das irmãs que não davam tanta importância ao "clã Martin"? Pode-se pensar que, partindo a "ordem" de Madre Maria de Gonzaga, que conhecia Teresa desde a idade de 9 anos, a *História de uma alma* revestia-se de um valor "religioso" muito diferente. Nesse caso, em 1907 ou em 1910, com a glória de Teresa transbordando amplamente o mosteiro (e Madre Maria de Gonzaga morta, em 1904), não havia mais necessidade de tantas precauções perante a comunidade, enquanto a necessidade de fornecer uma explicação aos juízes eclesiásticos era premente. Essa interpretação de "subterfúgio" permanece, contudo, hipotética.

4. O TRABALHO DE MADRE INÊS

Graças à publicação da *Primeira história de uma alma*, de 1898, na "Nova Edição do Centenário", poder-se-á julgar, por comparação, das "poucas *alterações de pequena importância*" operadas na época... Pe. François de Sainte-Marie fez perfeitamente o "processo" do trabalho de Madre Inês, apresentando alternadamente a acusação e a defesa:

"Não era possível, certamente, publicar textualmente os cadernos de Teresa. (...) Numa época em que se dava tanta importância à perfeita correção do estilo e ao respeito escrupuloso das convenções literárias, como teria sido possível imprimir os rascunhos de uma jovem religiosa desconhecida sem cair no ridículo e traí-la? Tanto a matéria do relato como a sua forma exigiam adaptação. (...)

"Mas é preciso reconhecer que a editora da *História de uma alma* fez-se muito generosa no domínio das correções. (...) Madre Inês de Jesus corrigiu essas páginas como corrigia, nos Buissonnets, as redações hesitantes da pequena Teresa. (...) Sua índole, seu temperamento dominador inclinavam-na a apor uma marca pessoal nos escritos que lhe eram submetidos, a retocá-los quase espontaneamente. Aliás, para ela, o essencial era atingir as almas, ajudá-las lutando contra os últimos bolores do jansenismo que ainda pairavam sobre certos meios religiosos. Nas suas mãos, e sentia isso muito bem, Teresa era um instrumento maravilhoso para realizar essa obra. Afinal, pensava, o teor literário dos escritos importa menos. Até convinha cortar o que poderia ter afastado ou desgostado o leitor.

"Na realidade, Madre Inês de Jesus *reescreveu* a autobiografia de Teresa. (...) Sem dúvida, o conteúdo do relato fica sensivelmente o mesmo, o fundo doutrinário também, mas a forma é diferente na medida em que o temperamento de Madre Inês não é o de Teresa. (...) Essas modificações não impediram as almas de alcançar Teresa e impregnar-se da sua doutrina. Mas, no plano científico, é inútil procurar conciliar as exigências da crítica moderna com a maneira como foi retocado o texto original. (...) Sobre a sinopse em que ambos os textos podem ser comparados e na qual as divergências são aparentes, das mais insignificantes às mais importantes, reparamos mais de 7.000 variantes" (Mss I, p. 78).

Entre as mais discutíveis opções de Madre Inês, é preciso apontar a distorção na cronologia e, consequentemente, a mudança de perspectivas em relação à utilização da carta para irmã Maria do Sagrado Coração (Manuscrito B) como conclusão de toda a *História de uma alma*, apresentada como autobiografia, enquanto o Manuscrito escrito pouco antes da morte reflete a última face de Teresa. Mesmo depois do restabelecimento dos verdadeiros destinatários de cada um dos manuscritos, em 1914, essa anomalia continua subsistindo até 1955; só a edição de Pe. François de Sainte-Marie lhe põe um fim.

5. AS MODIFICAÇÕES DA *HISTÓRIA DE UMA ALMA*

Tendo Madre Inês concluído rapidamente a revisão, a primeira edição da *História de uma alma* saiu da Imprimerie Saint-Paul, em Bar-le-Duc, no dia 30 de setembro de 1898, exatamente um ano após a morte de Teresa. Irmã Maria do Sagrado Coração teria dito a Teresa: "Terei muita dificuldade para consolar Madre Inês a quem (vossa) morte vai afetar tanto", e Teresa teria respondido: "*Não vos inquieteis,*

Madre Inês de Jesus não terá tempo para pensar em sua aflição, pois até o final da vida estará tão ocupada comigo que nem dará conta de tudo" (PO, p. 255; cf. PA, p. 245; DE, pp. 659-660). Mais uma vez é boa profeta: esse livro de que se fez, com receio, uma tiragem de 2.000 exemplares vai espalhar-se rapidamente, arrastando milagres, "chuvas de rosas" e de cartas (cinquenta por dia em 1911, quinhentas em 1915), pedidos de oração, estampas, lembranças, livros (muitas reedições da *História de uma alma*, especialmente, e as traduções a partir de 1901) e, enfim, o Processo de beatificação, tudo isso pesando, em grande parte, sobre os ombros de Madre Inês.

O exame rigoroso exigido pelos Processos vai levantar um problema fundamental. Apesar dos esforços das testemunhas para minimizar as diferenças entre os manuscritos originais e o texto da *História de uma alma*, elas são importantes demais para passar despercebidas. Na edição de 1907, só se admite para o leitor que o manuscrito original foi recortado em capítulos. Na de 1914, restabelece-se a distinção dos três manuscritos (PA, p. 202), depois que Maria do Sagrado Coração reconstituiu "em seu estado primeiro o manuscrito original", do qual "cópia autêntica foi mandada para Roma" (*ibid.*). Mas dom Lemonnier, bispo de Bayeux e Lisieux, afirma na carta-prefácio: "Essa modificação altera quase nada no texto impresso até agora..." Dirá mais na Advertência ao leitor em 6 de março de 1924 (ver MS/NEC, Introdução geral, e a exegese dessa Advertência por Pe. François de Sainte-Marie em Mss I, pp. 86-87).

6. AS CORREÇÕES DOS MANUSCRITOS

Apesar desses pronunciamentos tranquilizadores, não faltaram preocupações para Madre Inês e suas irmãs, concernentes aos manuscritos de Teresa. O livro não sofreu outras alterações além das indicadas acima: qualquer outra modificação substancial teria sido perigosa para sua reputação de autenticidade. Mas foi preciso adaptar os manuscritos de Teresa às diversas peripécias e conjuntura da sua glória póstuma... Primeiro, às consequências da exigência de Madre Maria de Gonzaga (cf. *supra*). Eis o que Madre Inês escreve a respeito, em 22 de novembro de 1907, sobre o próprio caderno de Teresa, na *primeira página* do Manuscrito A:

"O manuscrito de Irmã Teresa do Menino Jesus consta de duas partes, isto é, dois cadernos diferentes. O primeiro foi escrito a pedido de sua irmã Paulina, Irmã Inês de Jesus, eleita priora em 1893. O segundo caderno foi escrito a pedido da Reverenda Madre Maria de Gonzaga, eleita priora em 1896. Essa Reverenda Madre só autorizou a publicação do Manuscrito sob o título *História de uma alma* à condição que lhe mostrasse que tudo parecesse dedicado a ela. Algum tempo depois da publicação da obra, uma religiosa da comunidade pediu a Madre Maria de Gonzaga o manuscrito original. Não querendo por preço algum que naquele momento ou mais tarde se soubesse que a primeira parte não lhe era dirigida, decidiu (segundo um conselho que lhe teria sido dado) que se queimasse o Manuscrito. Para salvá-lo da destruição, Madre Inês de Jesus propôs apagar seu nome e substituí-lo pelo de Madre Maria de Gonzaga. Ao mesmo tempo, raspou certas passagens claramente destinadas a ela que não podiam se aplicar a Madre Maria de Gonzaga. Isso explica as numerosas rasuras nesse caderno e as incoerências que, inevitavelmente, resultam desse subterfúgio.

"No momento em que se vai tratar de introduzir a Causa da Serva de Deus Teresa do Menino Jesus e da Sagrada Face, autora desse manuscrito, impôs-se como dever de consciência a Madre Inês de Jesus restabelecer a verdade pelo presente ato e assiná-lo, ela própria, tomando por testemunhas as três religiosas dignas de fé que formam seu conselho.

Irmã Inês de Jesus, Priora
Irmã Maria dos Anjos, Vice-Priora
Irmã Madalena de Jesus, depositária
Irmã Teresa de Santo Agostinho, conselheira"

No verso dessa primeira página do Manuscrito A aparece outra advertência de Madre Inês, com data de 28 de maio de 1910:

"Em abril de 1910, Irmã Maria do Sagrado Coração (Marie), irmã mais velha da Serva de Deus, restabeleceu sobre dados seguros as passagens desse manuscrito que haviam sido apagadas".

Nova fonte de rasuras, portanto: a reconstituição do texto inicial (mormente as "correções de atribuição") por Maria, que não tem grande ideia das exigências críticas. Esquece algumas correções e aproveita a ocasião para contribuir também com algumas modificações de pormenores. Madre Inês, sempre perfeccionista, relendo os manuscritos da sua irmã ao longo dos anos, fará também novos retoques de estilo, de ortografia, de pontuação, que, às vezes, alteram o sentido (cf. Mss I, pp. 91-94)...

7. EM VISTA DE UMA EDIÇÃO CRÍTICA

A edição de 1948 das *Cartas* de Teresa, numa versão tão completa e rigorosa quanto permitida pela tenacidade de Pe. Combes e a resistência, tão comovente quanto teimosa, de irmã Genoveva (cf. CG, pp. 39-51), abre caminho para uma versão autêntica da *História de uma alma*, sobretudo depois das meias-confissões de dom Lemonnier em 1924. Os argumentos de Pe. Combes em sua bonita carta para irmã Genoveva, de 11/9/1947, não serão esquecidos.

Nesse mesmo momento, aliás, Pe. Marie-Eugène do Menino Jesus, Definidor Geral da Ordem do Carmo, escreve para Madre Inês: "A Igreja falou. A santidade e a missão doutrinal de santa Teresa do Menino Jesus são universalmente reconhecidas. Resulta desse fato que, a partir de agora, ela pertence à Igreja e à história. Para refutar e evitar as interpretações errôneas ou incompletas, para aprofundar progressivamente a doutrina e a alma da Pequena Santa, os documentos e textos que nos são fornecidos tão generosamente não são suficientes para nós, só os textos originais podem permitir se descubra o movimento do pensamento, o ritmo, de alguma maneira, da sua vida e toda a luz das fórmulas ordinariamente tão precisas e tão firmes" (carta de 3/9/1947; Mss I, pp. 87-88).

Aos 86 anos, Madre Inês não tinha força suficiente para assumir essa publicação, que atingia parcialmente a obra da sua vida, e arriscava perturbar muito os fervorosos da *História de uma Alma*. Mas não se opunha e declarou para irmã Genoveva, em 2 de novembro de 1950: "Depois da minha morte, encarrego-vos de fazê-lo em meu nome" (Mss I, p. 88). O Carmelo de Lisieux havia-se empenhado, de modo irreversível, na edição crítica e integral da obra teresiana.

8. UM TEXTO QUASE DEFINITIVO

Tendo Pe. Combes deixado de ocupar-se dos manuscritos de Teresa em 1950, Pe. François de Sainte-Marie (François Liffort de Buffévent, 1910-1961), carmelita descalço, foi designado mestre de obra. Com a edição em fac-símile que realiza em 1956, graças ao trabalho magistral da Imprimerie Draeger, em Montrouge, um progresso considerável, quase definitivo, foi feito na edição dos manuscritos de Teresa, graças à publicação conjunta das notas históricas de Pe. François e, sobretudo, da perícia de Raymond Trillat e Félix

Michaud, sobre os acréscimos, cortes e rasuras dos *Manuscritos autobiográficos* (novo nome dado à obra de Teresa, para indicar uma ruptura com o texto anterior). Progresso e ruptura concretizados para o grande público por meio da impressão desses mesmos *Manuscritos*, em 1957[1].

Essa última publicação serviu de base para a edição crítica publicada em 1992 na "Nouvelle Edition du Centenaire", e para o texto do presente volume, com as modificações exigidas por novas abordagens críticas (inevitáveis após trinta e cinco anos de estudos sobre um texto tão maltratado); é preciso observar também uma volta à literalidade tipográfica, que Pe. François de Sainte-Marie julgara bom interpretar livremente a fim de traduzir a espontaneidade do pensamento e da escrita teresianos. Para quaisquer esclarecimentos, deve-se recorrer às Notas sobre o estabelecimento do texto e às Notas de crítica textual dos *Manuscritos autobiográficos* (MS/NEC).

---

1. A edição de 1957 do Carmelo de Lisieux foi retomada pelas Éditions du Cerf e Desclée De Brouwer a partir de 1972, sob o duplo título *História de uma alma — Manuscritos autobiográficos*, a fim de não desorientar os leitores que continuavam pedindo nas livrarias a *História de uma alma* em edição corrente.

MANUSCRITO DEDICADO À REVERENDA MADRE INÊS DE JESUS

MANUSCRITO A

1. INFÂNCIA EM ALENÇON (1873-1877)

J.M.J.T.[1]   Janeiro de 1895

Jesus †

História primaveril de uma florzinha branca[2] escrita por ela mesma e dedicada à Reverenda Madre Inês de Jesus.

————————

1. A vós, Madre querida, a vós que sois duas vezes minha mãe, venho confiar a história da minha alma... No dia em que me pedistes para fazê-lo, pareceu-me que isso dissiparia meu coração ocupando-o consigo mesmo, mas depois Jesus fez-me sentir que obedecendo, simplesmente, eu lhe seria agradável; aliás, só vou fazer uma coisa: Começar a cantar o que devo repetir eternamente — "As Misericórdias do Senhor!!!"[3]...

2. Antes de pegar a caneta, ajoelhei-me perante a imagem de Maria[4] (aquela que nos deu tantas provas das maternas preferências da Rainha do Céu por nossa família), supliquei-lhe guiar minha mão a fim de que eu não escrevesse nenhuma linha que não lhe fosse agradável. Depois, abrindo o Santo Evangelho, meus olhos caíram

————————

1. Iniciais de Jesus, Maria, José, Teresa de Ávila. Cabeçalho em uso no Carmelo e que encontramos em quase todos os escritos de Teresa.

2. "*A história da florzinha colhida por Jesus*" (9) desenvolve-se ao longo do Manuscrito A, até as armas (*infra*, p. 161). A "*florzinha branca*" foi a arrebenta-pedra que seu pai lhe deu quando lhe anunciou sua vocação (143). Manuscrito A, 58, 97, 231; Manuscrito B, 257-258; Poesias (PN) 34; 51 etc.

3. O tema principal do Manuscrito A. A palavra *misericórdia*, encontrada na mesma página com a citação de são Paulo, volta vinte e nove vezes nos Manuscritos autobiográficos, ao lado da oração principal, o *Ato de oferenda ao Amor Misericordioso* (Or 6).

4. A "Virgem do Sorriso" que, hoje, encima o relicário da santa. Ocupa um lugar essencial na vida de Teresa, curando-a, na infância, de sua doença nervosa (93/95) e acompanhando-a na agonia, na enfermaria.

sobre as seguintes palavras: "Jesus, tendo subido a uma montanha, chamou a Si quem *Ele quis*; e vieram a Ele".

3. Aqui está o mistério da minha vocação, da minha vida inteira e, sobretudo, o mistério dos privilégios de Jesus sobre minha alma... Não chama os que são dignos, mas os que Ele *quer*[6] ou, como diz são Paulo: "Deus se compadece de quem Ele quer e tem misericórdia para quem quer ter misericórdia. Portanto, não é obra de quem quer nem de quem procura, mas de Deus que tem misericórdia".

4. Durante muito tempo perguntava para mim mesma por que Deus tinha preferências, por que não recebem todas as almas o mesmo grau de graças, estranhava vendo-O prodigalizar favores extraordinários aos santos que o haviam ofendido, como são Paulo, santo Agostinho, e que Ele forçava, por assim dizer, a receber suas graças, ou lendo a vida dos santos que Nosso Senhor se agradou em acariciar do berço ao túmulo, sem deixar no caminho deles obstáculo algum que os impedisse de elevar-se para Ele e cuidando dessas almas com tantos favores que elas nem podiam macular o vestido batismal, perguntava a mim mesma, por que os pobres selvagens, por exemplo, em grande número, morriam antes mesmo de ter podido ouvir pronunciar o nome de Deus...

5. Jesus aceitou instruir-me a respeito desse mistério, pôs diante dos meus olhos o livro da natureza e compreendi que todas as flores que Ele criou são belas, que o brilho da rosa e a alvura do lírio não impedem o perfume da pequena violeta ou a simplicidade encantadora da margarida... Compreendi que, se todas as florzinhas quisessem ser rosas, a natureza perderia seu adorno primaveril, os campos não seriam mais salpicados de florzinhas...

Assim é no mundo das almas, o jardim de Jesus. Ele quis criar os grandes santos que podem ser comparados aos lírios e às rosas e criou também santos menores, e estes devem contentar-se em ser margaridas ou violetas destinadas a alegrar os olhares de Deus quando os baixa aos pés, a perfeição consiste em fazer sua vontade, em ser aquilo que Ele quer que sejamos...

6. Compreendi também que o amor de Nosso Senhor revela-se tanto na alma mais simples, que em nada resiste à sua graça, como

---

5. Teresa insiste na ideia, que lhe é cara, a do *prazer* de Deus, retomada quatorze vezes nos Manuscritos. A *gratuidade* do amor de Deus está no centro da sua mensagem. Cf. Manuscrito C, 270.

na alma mais sublime. Na realidade, o próprio do amor é rebaixar-se[6]. Se todas as almas se parecessem com as dos santos doutores que iluminaram a Igreja com a luz da sua doutrina, parece que Deus não desceria bastante ao vir até o coração deles. Mas criou a criança que nada sabe e só emite fracos gritos, criou o pobre selvagem que só tem como guia a lei natural, e é até o coração deles que se digna descer; são suas flores do campo cuja simplicidade O encanta...

7. Descendo assim, Deus mostra sua infinita grandeza. Assim como o sol ilumina ao mesmo tempo os cedros e cada florzinha, como se ela fosse única sobre a terra, assim Nosso Senhor se ocupa particularmente de cada alma como se não houvesse outra igual. Como, na natureza, todas as estações são determinadas de modo a fazer desabrochar, no dia marcado, a mais humilde margarida, assim tudo corresponde para o bem de cada alma.

8. Sem dúvida, querida Madre, estais vos perguntando aonde quero chegar, pois até aqui nada disse que se pareça com a história da minha vida. Mas pedistes-me para escrever sem constrangimento o que me viesse ao *pensamento*, portanto não é propriamente minha vida que vou escrever, são os *pensamentos* a respeito das graças que Deus quis conceder-me. Encontro-me num momento da minha existência em que posso deitar um olhar sobre o passado, minha alma amadureceu no crisol das provações exteriores e interiores; agora, como a flor fortificada pela tempestade levanto a cabeça e vejo que em mim se realizam as palavras do salmo XXII. (O Senhor é meu pastor, nada me faltará. Faz-me repousar em pastos agradáveis e férteis: conduz-me suavemente ao longo das águas. Conduz minha alma sem cansá-la... Mas, embora desça eu ao vale da sombra da morte, não temerei mal algum, pois estareis comigo, Senhor!...)

9. O Senhor sempre foi compassivo comigo e cheio de doçura... Lento em punir-me e abundante em misericórdia!.... Por isso, Madre, é com alegria que venho cantar junto a vós as misericórdias do Senhor... É *só para vós* que vou escrever a história da *florzinha* colhida por Jesus, por isso vou falar com liberdade, sem preocupar-me com o estilo, nem com as numerosas digressões que vou fazer. Um coração de mãe sempre compreende sua criança, mesmo quando só sabe balbuciar, portanto estou certa de ser compreendida e adivinhada por vós que formastes meu coração e o oferecestes a Jesus!...

---

6. Um dos "gestos", uma das imagens essenciais do amor, da graça divina, segundo Teresa, que aparece vinte e quatro vezes nos Escritos (cf. sobretudo Manuscrito B, 255, fim).

10. Parece-me que, se uma florzinha pudesse falar, contaria simplesmente o que Deus fez para ela, sem procurar esconder os favores; não diria, a pretexto de falsa humildade, que é feia e sem perfume, que o sol a fez murchar e as tempestades lhe quebram o talo quando reconhecesse nela o contrário.

11. A flor que vai agora contar sua história fica feliz em poder tornar públicas as atenções totalmente gratuitas de Jesus, reconhece que nada havia nela capaz de atrair seu divino olhar e que foi só a sua misericórdia que fez tudo o que há de bom nela... Foi Ele quem a fez nascer numa terra santa e impregnada por um *perfume virginal*. Foi Ele que a fez preceder de oito lírios resplandecentes de brancura. Em seu amor, Ele quis preservar sua florzinha do sopro envenenado do mundo, sua corola começava apenas a abrir-se e esse divino Salvador a transplantou para a montanha do Carmelo onde já os dois lírios que a tinham cercado e docemente embalado na primavera da sua vida exalavam seu suave perfume... Sete anos se foram desde que a florzinha enraizou-se[7] no jardim do Esposo das virgens e agora três lírios balançam perto dela suas corolas perfumadas; um pouco mais longe, outro lírio desabrochava sob os olhares de Jesus e os dois caules abençoados que produziram essas flores estão agora reunidos para a eternidade na Celeste Pátria... Aí se reencontraram os quatros lírios que a terra não viu desabrochar... Oh! Que Jesus se digne não deixar por muito tempo na margem estrangeira as flores exiladas; que em breve o ramo de lírio esteja completo no Céu![8]

12. Acabo, Madre, de resumir em poucas palavras o que Deus fez por mim, agora vou entrar nos pormenores da minha vida de criança. Sei que, onde outra pessoa só veria um relato enfadonho, vosso *coração materno* encontrará graças... Além do mais, as recordações que vou evocar são também as vossas, pois foi perto de vós que vivi minha infância e tenho a felicidade de pertencer aos pais inigualáveis que nos cercaram dos mesmos cuidados e dos mesmos carinhos.

Oh! Que se dignem abençoar a menor dos seus filhos e ajudá-la a cantar as misericórdias divinas!...

---

7. Cf. 143.
8. A família toda de Teresa: naquele momento, "*três lírios*" no Carmelo; "*um outro lírio*" (Leônia) na Visitação; "*as duas hastes abençoadas*" (os pais), que foram encontrar "*os quatro lírios*", os irmãos e irmãs mortos na infância.

13. Na história da minha alma até meu ingresso no Carmelo, distingo três períodos delimitados[9]. O primeiro, embora de curta duração, não é o menos fecundo de recordações; vai do despertar da minha razão até a partida da nossa querida mãe para a pátria celeste.

Deus deu-me a graça de abrir minha inteligência muito cedo e de gravar profundamente em minha memória as recordações da minha infância, de sorte que as coisas que vou relatar me parecem acontecidas ontem. Sem dúvida, em seu amor, Jesus quis fazer-me conhecer a Mãe incomparável que me dera, mas que sua mão divina tinha pressa de coroar no Céu!...

14. A minha vida toda, Deus agradou-se em me cercar de *amor*. Minhas primeiras lembranças são impregnadas de sorrisos e das mais ternas carícias!... mas, assim como perto de mim colocara muito *amor*, colocou também no meu coraçãozinho criando-o amoroso e sensível, também amava muito papai e mamãe e exprimia-lhes minha ternura de mil maneiras, pois eu era expansiva. Só que os meios aos quais eu recorria eram, às vezes, estranhos, como prova esta passagem de uma carta para mamãe: "O bebê é um duende sem igual, ele vem me acariciar desejando-me a morte: 'Oh! Como queria que morresses, minha pobre mãezinha!...' Censuram-na e responde: 'Mas é para que tu vás para o Céu, pois dizes que é preciso morrer para lá ir'". Da mesma forma, deseja a morte do pai quando está em seus excessos de amor![10]

15. Em 25 de junho de 1874, quando eu tinha apenas 18 meses, eis o que mamãe dizia de mim: "Vosso pai acaba de instalar um balanço, Celina está pulando de alegria, mas é preciso ver a pequena balançar-se; é de rir, segura-se como uma moça, não há como fazê-la largar a corda e, quando não balançam com bastante força, grita. Amarram-na, na frente, com outra corda e, apesar disso, não fico tranquila quando a vejo empoleirada.

16. "Aconteceu uma aventura esquisita, ultimamente, com a pequena. Costumo ir à missa das 5 e meia. Nos primeiros dias, não ousava ir, mas vendo que nunca despertava acabei por decidir-me a

---

9. Primeira infância, em Alençon (até a morte de sua mãe), infância nos Buissonnets (até a "Graça de Natal"), 1886, e de 1886 até a data da redação do Manuscrito A (1895). As demarcações desses períodos não são bem determinadas, tanto é que, em 45 e 134, Teresa fala dos três períodos "*da sua vida*".

10. Carta da senhora Martin para sua filha Paulina (5/12/1875). Naquele lugar, Teresa acrescenta uma folha (15-19), para transcrever passagens das cartas da senhora Martin que Madre Inês lhe comunicou.

deixá-la. Deitava-a na minha cama e puxava o berço tão perto que era impossível que caísse. Um dia, esqueci-me de puxar o berço. Quando cheguei, a pequena não estava mais na minha cama. No mesmo momento, ouvi um grito. Olhei e a vi sentada numa cadeira que estava de frente à cabeceira da minha cama. Sua cabecinha estava deitada no travesseiro, dormia mal, pois estava mal acomodada. Não consegui entender como caiu sentada nessa cadeira, pois estava deitada. Agradeci a Deus por não ter acontecido mal nenhum a ela, foi verdadeiramente providencial. Deveria ter rolado por terra, mas seu bom anjo cuidou dela e as almas do purgatório, que invoco diariamente para a pequena, a protegeram. Eis como vejo a coisa... vejam como quiserem!..."

17. No fim da carta, mamãe acrescentava: "Eis que o bebezinho acaba de passar a mãozinha no meu rosto e me beijar. Essa pobre pequena não quer deixar-me, está constantemente comigo, gosta muito de ir ao jardim, mas se eu não estiver lá ela não quer ficar e chora até que a tragam até mim..."[11] (Eis uma passagem de outra carta): "A pequena Teresa perguntou-me, outro dia, se irá para o céu. Disse-lhe que sim, se se comportar direito. Respondeu-me: 'Sim, mas se eu não for gentil irei para o inferno..., mas sei o que faria, voaria contigo que estarias no Céu. Como é que Deus faria para me pegar?... Tu me segurarias bem forte em teus braços?' Vi nos olhos dela que acreditava firmemente que Deus nada poderia fazer-lhe se estivesse no colo da mãe..."[12]

18. "Maria gosta muito da irmãzinha, acha-a muito mimosa, o contrário seria difícil, pois essa pobre pequena receia muito desagradá-la. Ontem, quis dar-lhe uma rosa, por saber quanto isso a faz feliz, mas suplicou-me para não a cortar. Maria tinha proibido, estava rubra de emoção, porém dei-lhe duas, não ousava mais aparecer em casa. Embora lhe dissesse que as rosas eram minhas, 'mas não'", dizia ela, são de Maria...

19. "É uma criança que se comove muito facilmente. Quando faz alguma coisa errada, precisa logo contar para todos. Ontem, tendo rasgado, sem querer, um canto do papel de parede, ela ficou num estado lastimável, e quis avisar logo o pai. Ele chegou quatro horas depois, quando mais ninguém, a não ser ela, pensava nisso. Correu imediatamente dizer a Maria: 'Diga logo para papai que eu rasguei o papel'. Ficou aí como um criminoso que aguarda a condenação.

---

11. Da senhora Martin para Maria e Paulina, 25/6/1874.
12. Da senhora Martin para Paulina, 29/10/1876.

Mas tem em sua pequena ideia que obterá mais facilmente o perdão se confessar a falta."[13]

20. Gostava muito da minha querida *madrinha*[14]. Sem deixar perceber, prestava muita atenção a tudo o que se fazia e dizia ao meu redor, tenho impressão que julgava as coisas como agora. Escutava muito atenta o que Maria ensinava a Celina para fazer como ela; depois da sua saída da Visitação, para obter o favor de ser admitida em seu quarto durante as lições que dava a Celina, ficava boazinha e fazia tudo o que ela queria. Ela me enchia de presentes que, apesar de seu pouco valor, causavam-me grande alegria.

21. Eu tinha muita admiração pelas minhas duas irmãs maiores, mas meu *ideal* de criança era Paulina... Quando comecei a falar e quando mamãe me perguntava: "Em que estás pensando?" invariavelmente a resposta era: "Em Paulina!" Em outra ocasião, mexia com meu dedinho nas vidraças e dizia: "Estou escrevendo: Paulina!..." Com frequência, ouvia dizer que Paulina seria *religiosa*, então, sem saber direito de que se tratava, pensava: *Eu* também *serei religiosa*; Esta é uma das minhas primeiras recordações e, desde então, nunca mudei de resolução!... Fostes vós, querida Madre, que Jesus escolheu para me fazer noiva Dele, não estáveis na ocasião perto de mim, mas já um laço se formara entre nossas duas almas... Éreis meu i*deal*, queria ser semelhante a vós e foi vosso exemplo que, desde os meus dois anos, me atraiu para o Esposo das Virgens... Oh! Quantas doces reflexões gostaria de confiar-vos! Mas preciso prosseguir com a história da florzinha, sua história completa e geral, pois, se eu quisesse falar dos detalhes de suas relações com "Paulina", precisaria abandonar todo o restante!

22. Minha querida pequena Leônia ocupava também um amplo espaço no meu coração. Amava-me muito, de noite era ela quem ficava comigo quando a família toda saía para passear... Parece-me ouvir ainda as gentis baladas que ela cantava para me fazer dormir... em tudo ela procurava um meio de me agradar e eu teria ficado muito triste se a tivesse aborrecido.

23. Recordo-me muito bem da primeira comunhão dela[15], sobretudo do momento em que me pegou no colo para entrarmos na casa paroquial, me pareceu tão bonito ser carregada por uma irmã

---

13. *Idem*, 21/5/1876.

14. Sua irmã, Maria. Tinha deixado o internato (a Visitação do Mans) em 2/8/1875.

15. 23/5/1875; Teresa tinha dois anos e meio.

maior, toda de branco como eu!... De noite, puseram-me cedo na cama pois eu era pequena demais para ficar para o jantar, mas ainda vejo papai que, no momento da sobremesa, traz pedaços do bolo para sua rainhazinha... No dia seguinte, ou pouco depois, fomos com mamãe à casa da companheirinha de Leônia[16]. Creio que foi naquele dia que essa boa mãezinha nos levou atrás de um muro para nos dar vinho depois do jantar (que nos servira a pobre senhora Dagorau) pois não queria desagradar à boa mulher e tampouco queria que nos faltasse algo... Ah! Como é delicado o coração de uma mãe, sabe manifestar sua ternura com mil cuidados antecipados nos quais ninguém pensaria!...

24. Agora, resta-me falar da minha querida Celina, a companheirinha da minha infância, mas as lembranças são tantas que não sei quais escolher. Vou extrair algumas passagens das cartas que mamãe vos mandava para a Visitação, mas não vou copiar tudo, será alongar demais... No dia 10 de julho de 1873[17] (ano do meu nascimento), eis o que vos dizia: "A ama[18] levou a pequena Teresa. Quinta-feira, só riu, era sobretudo a pequena Celina que a agradava, ria às gargalhadas com ela, parece que já está com vontade de brincar, isso chegará logo, fica em pé sobre suas perninhas duras como paus. Creio que andará cedo e terá bom caráter, parece muito inteligente e tem aspecto de predestinada..."

Mas foi sobretudo depois de desmamada que demonstrei meu afeto para minha querida pequena Celina. Entendíamo-nos muito bem, só que eu era mais esperta e muito menos ingênua que ela; embora três anos e meio mais nova, parecia-me termos a mesma idade.

25. Eis uma passagem de uma carta de mamãe que vos mostrará quanto Celina era doce e eu má: "Minha pequena Celina é totalmente inclinada para a virtude, é o sentimento íntimo do seu ser, tem uma alma pura e aversão ao mal. Quanto à pequena 'furona' não se sabe como será, é tão pequena ainda, tão estouvada, com inteligência superior à de Celina, mas muito menos doce e, sobretudo, de uma teimosia quase invencível; quando diz 'não', nada consegue fazê-la ceder, poderia ficar um dia inteiro no porão e ainda preferiria passar a noite aí em vez de dizer 'sim'...

---

16. Armandine Dagorau, companheira de primeira comunhão, a quem a senhora Martin "tinha dado a roupa, segundo costume das famílias abastadas de Alençon. Essa criança não se afastou de Leônia um só momento desse dia; à noite, no grande jantar, foi colocada no lugar de honra" (HA).

17. Na realidade, em 1/7/1873.

18. Rose Taillé, que morava em Semallé, a duas horas a pé de Alençon. Teresa foi-lhe entregue de 15 ou 16/3/1873 a 2/4/1874.

INFÂNCIA EM ALENÇON 35

26. "Porém, tem um coração de ouro, é muito carinhosa e muito franca, é estranho vê-la correr atrás de mim para confessar algo — Mamãe, empurrei Celina uma vez, bati nela uma vez, mas não vou fazer mais — (é assim em tudo o que faz). Quinta-feira à noite, fomos dar um passeio nos arredores da estação ferroviária. Quis a todo custo entrar na sala de espera para ir buscar Paulina. Corria à nossa frente com uma alegria contagiante. Porém, quando percebeu que era preciso voltar para casa sem embarcar para ir buscar Paulina, chorou durante todo o percurso"[19].

27. Esse último trecho da carta me faz lembrar a felicidade que sentia vendo-vos voltar da Visitação; vós, querida Madre, me pegáveis no colo e Maria carregava Celina. Então, fazia-vos mil carícias e inclinava-me para trás a fim de admirar vossa grande trança... e me dáveis um tablete de chocolate que tínheis guardado durante três meses, imagineis que relíquia era para mim!... Lembro-me também da viagem que fiz a Le Mans[20]. Era a primeira vez que eu viajava de trem. Que alegria ver-me viajando sozinha com mamãe!... Porém, não sei mais por quê, pus-me a chorar e essa pobre mamãe só pôde apresentar à minha tia de Le Mans uma *feiurinha* rubra pelas lágrimas vertidas a caminho... Não conservei lembrança alguma do parlatório, só do momento em que minha tia me entregou um camundongo branco e uma cestinha de papel bristol cheia de bombons sobre os quais havia dois bonitos anéis de açúcar bem do tamanho do meu dedo; logo gritei: "Que bom! tem um anel para Celina". Mas que tristeza! Peguei minha cestinha pela alça, dei a outra mão para mamãe e partimos. Depois de alguns passos, olhei minha cestinha e vi que meus bombons estavam quase todos esparramados pela rua, como as pedras do pequeno polegar... Olhei com mais atenção e constatei que um dos preciosos anéis sofrera a sorte fatal dos bombons... Não tinha mais nada para dar à Celina!... Nesse momento, minha dor estoura, peço para voltarmos, mamãe não parece me dar atenção. Era demais. Aos gritos seguiram-se minhas lágrimas... Não conseguia compreender como ela não compartilhava a minha tristeza e isso aumentava muito a minha dor...

28. Agora volto às cartas nas quais mamãe vos fala de Celina e de mim. É o melhor meio de que disponho para revelar-vos meu caráter. Eis um trecho no qual meus defeitos despontam com intenso brilho: "Eis que Celina brinca com a pequena de jogar cubos, brigam de vez em quando. Celina cede para ter uma pérola na sua coroa. Vejo-me

---

19. Da senhora Martin para Paulina, 14/5/1876.
20. Em 29/3/1875; visita à irmã da senhora Martin, irmã Maria Dositeia, na Visitação.

obrigada a corrigir esse pobre bebê que fica terrivelmente furioso quando as coisas não andam como ela quer e rola por terra como uma desesperada acreditando que tudo está perdido. Há momentos em que é mais forte que ela, fica sufocada. É uma criança muito agitada, porém muito mimosa e muito inteligente, lembra-se de tudo"[21].

29. Estais vendo, Madre, como eu estava longe de ser uma menina sem defeitos! nem se podia dizer de mim "Que era boazinha quando dormia", pois de noite era ainda mais agitada que de dia, mandava para os ares todos os cobertores e (embora dormindo) dava cabeçadas na madeira da minha caminha; a dor me despertava e então dizia: "Mãe, *bati-me!...*" Essa pobre mãe era obrigada a levantar-se e constatava que, realmente, tinha galos na testa, que *eu me batera*. Cobria-me e voltava a deitar-se, mas depois de algum tempo eu recomeçava a *me bater*. Tanto que foram obrigados a *me amarrar* na minha cama. Todas as noites a Celininha vinha amarrar as numerosas cordas destinadas a impedir o duendinho de *se chocar* e acordar a mamãe. O estratagema deu certo e passei a ficar *boazinha enquanto dormia...*

30. Há outro grande defeito que eu tinha (acordada) e do qual mamãe não fala em suas cartas, um grande amor-próprio. Só vou citar dois exemplos, a fim de não alongar demais meu relato. Um dia mamãe me disse: "Minha pequena Teresa, se quiseres beijar a terra, vou te dar um centavo". Um centavo era para mim uma riqueza apreciável, para consegui-lo não precisava abaixar minha *grandeza*, pois minha *pequena* estatura não colocava grande distância entre mim e a terra; porém, meu orgulho se revoltou diante da ideia de *beijar a terra* e, ficando bem ereta, disse para mamãe: Oh! Não, mãezinha, prefiro não ter centavo!...

31. Em outra ocasião, devíamos ir a Grogny, à casa da senhora Monnier. Mamãe disse para Maria vestir-me com meu lindo vestido azul celeste, enfeitado de rendas, sem deixar meus braços nus a fim de que o sol não me bronzeasse. Deixei que me vestisse com a indiferença que devia ser própria das crianças da minha idade, mas interiormente pensava que ficaria mais engraçadinha com meus bracinhos nus.

Com tal natureza, se eu tivesse sido criada por pais sem virtude ou até, como Celina, tivesse sido mimada por Luísa[22], eu teria ficado muito ruim e, talvez, tivesse me perdido...

---

21. Da senhora Martin para Paulina, 5/12/1875. A respeito da memória de Teresa, cf. Manuscrito A, 13, 46; CA 5.8.7.

22. Luísa Marais, empregada dos Martin em Alençon.

32. Mas Jesus velava sobre sua pequena noiva. Quis que tudo se encaminhasse para seu bem, até os defeitos que, reprimidos cedo, lhe serviam para crescer na perfeição... Como tinha *amor-próprio* e também *amor pelo bem*, logo que comecei a pensar seriamente (o que fiz ainda muito pequena) bastava dizer-me uma vez que tal coisa não era *boa* para eu não querer ouvir duas vezes... Nas cartas de mamãe, vejo com prazer que, ao crescer, lhe dava mais consolo. Tendo apenas bons exemplos a meu redor, queria, naturalmente, segui-los. Eis o que escrevia em 1876: "Até Teresa que, às vezes, quer dar-se às práticas[23]... É uma criança encantadora, é fina como a sombra[24], muito viva, mas de coração sensível.

33. "Celina e ela amam-se muito, elas se bastam para se divertir. Todos os dias, logo após o almoço, Celina vai pegar seu galinho, de um só golpe pega a galinha de Teresa, eu não consigo fazer isso, mas ela é tão esperta que, na primeira tentativa, a segura e chegam as duas com seus bichinhos para sentar-se perto do fogo e brincam muito tempo. (A Rosinha me dera de presente a galinha e o galo, e eu dei este último para Celina.) Outro dia, Celina dormiu comigo; Teresa dormiu no andar de cima na cama de Celina e suplicou que Luísa a levasse para baixo a fim de ser vestida. Luísa sobe para buscá-la e encontra a cama vazia. Teresa tinha ouvido Celina e descera para junto dela. Luísa lhe disse: 'Então, não queres descer para te vestir?' 'Oh, não, pobre Luísa, nós somos como as duas pequenas galinhas, não conseguimos separar-nos!' E, dizendo aquilo, beijavam-se e abraçavam-se... e, de noite, Luísa, Celina e Leônia foram ao círculo católico[25], deixando em casa a pequena Teresa que bem compreendia ser pequena demais para ir. Ela dizia: 'Se, pelo menos, quisessem me deixar dormir na cama de Celina!...' Não quiseram... Ela não disse nada e ficou sozinha com sua lampadinha. Quinze minutos depois dormia profundamente"[26]...

34. Outro dia, mamãe escrevia: "Celina e Teresa são inseparáveis, não se pode encontrar duas crianças que se amem mais. Quando Maria vem buscar Celina para as lições, a pobre Teresa fica chorando. Ai! O que fazer, sua amiguinha se vai!... Maria tem pena dela e leva-a também, e a pobre pequena senta-se numa cadeira durante duas ou três horas. Dão-lhe pérolas para ela enfileirar ou um pano para costurar. Ela não ousa se mexer e, com frequência, solta longos suspiros.

---

23. "Sacrifícios". Ver complementos em HA.
24. "fine comme l'ombre" em vez de "fine comme l'ambre" (*âmbar*).
25. Círculos artísticos e recreativos criados sob o impulso de Albert de Mun; o de Alençon teve início em 1875.
26. Da senhora Martin para Paulina, 8/11/1876.

Quando o fio escapa da agulha, tenta enfiá-lo. Interessante vê-la. Não conseguindo e não ousando atrapalhar Maria; duas grossas lágrimas passam a descer pelo seu rosto... Maria consola-a logo, reenfia o fio na agulha e o pobre anjinho sorri através das lágrimas"[27]...

35. Lembro-me que, de fato, não conseguia ficar sem Celina. Preferia sair sem ter comido a sobremesa a deixar de segui-la logo que ela se levantava da mesa. Virava-me na minha cadeira alta, pedindo que me tirassem dali, e íamos brincar juntas; algumas vezes íamos com a pequena prefeita[28], o que me agradava bastante, por causa do parque e de todos os belos brinquedos que nos mostrava; mas era mais para agradar a Celina que eu ia, preferindo ficar em nosso pequeno jardim, *raspando os muros*, pois tirávamos todas as lantejoulas que encontrávamos e íamos *vendê-las* para papai, que as comprava de nós muito seriamente.

36. Aos domingos, como eu era pequena demais para assistir aos ofícios, mamãe ficava tomando conta de mim. Era muito bem comportada e durante a missa só andava na ponta dos pés, mas logo que via a porta abrir-se era uma explosão de alegria sem igual. Lançava-me sobre minha *linda* irmãzinha então *enfeitada como uma capela*[29]... e lhe dizia: "Oh! Minha Celininha, me dê logo um pedaço do pão bento!" Às vezes, ela não tinha, por ter chegado atrasada... Como fazer então? Era impossível ficar sem, era a "minha missa"... Achou-se logo a solução. "Não tens pão bento, então faças!" Dito e feito. Celina pega uma cadeira, abre o guarda-comida, retira o pão, corta um pedaço e, com muita *seriedade*, reza *uma Ave-Maria* e oferece a mim. Persigno-me com ele e como-o com muita *devoção*, achando nele o *sabor* do *pão bento*... Muitas vezes, fazíamos *conferências espirituais* juntas. Eis um exemplo que encontro nas cartas de mamãe: "Nossas duas queridas pequenas Celina e Teresa são anjos benditos, de natureza angelical. Teresa faz a felicidade de Maria e sua glória. É incrível quanto está orgulhosa dela. Verdade é que tem reflexões raras para a idade dela. De longe ultrapassa Celina, que tem o dobro da idade dela. Outro dia, Celina dizia: 'Como é possível Deus estar em tão pequena hóstia?' A pequena respondeu: 'Não é tão estranho, pois Deus é onipotente'. — 'O que quer dizer onipotente?' — 'É fazer tudo o que Ele quer!'"[30]...

37. Num dia em que Leônia pensou ser crescida demais para brincar de boneca, veio a nosso encontro com um cesto cheio de

---

27. *Idem*, 4/3/1877.
28. A prefeitura encontra-se à rua Saint-Blaise, em frente à casa dos Martin.
29. Expressão da senhora Martin.
30. Da senhora Martin para Paulina, 10/5/1877.

INFÂNCIA EM ALENÇON

vestidos e lindas peças destinadas a fazer outros. Em cima, havia uma boneca deitada. "Irmãzinhas", disse ela, "escolhei, vos dou tudo isso." Celina estendeu a mão e pegou um pequeno pacote de alamar que a agradava. Depois de um breve momento de reflexão, estendi a mão também e disse: "*Escolho tudo!*"[31], e peguei o cesto sem mais cerimônia. Os que presenciaram a cena acharam a coisa muito certa. A própria Celina não pensou em reclamar (aliás, não lhe faltavam brinquedos, seu padrinho[32] lhe dava muitos presentes e Luísa encontrava meio de lhe dar tudo o que ela queria).

Esse pequeno relato da minha infância é o resumo de toda a minha vida. Mais tarde, quando a perfeição passou a ser minha conhecida, compreendi que para tornar-me *uma santa* era preciso sofrer muito, procurar sempre o mais perfeito e esquecer-me de mim mesma. Compreendi que havia muitos graus de perfeição e que cada alma é livre de responder aos convites de Nosso Senhor, de fazer pouco ou muito para Ele, numa palavra, de *escolher* entre os sacrifícios que Ele pede. Então, como nos dias da minha primeira infância, exclamei: "Meu Deus, *escolho tudo*. Não quero ser *santa pela metade*, não tenho medo de sofrer por vós, só temo uma coisa: guardar a minha *vontade*, tomai-a, pois "escolho tudo" o que quiserdes!..."

38. Preciso parar, não posso falar ainda mais da minha juventude, mas do duendinho de quatro anos. Lembro-me de um sonho que devo ter tido naquela idade, que ficou profundamente gravado na minha imaginação. Uma noite, sonhei que saía para passear sozinha no jardim. Tendo chegado ao pé da escada que precisava subir para chegar lá, parei apavorada. Na minha frente, perto do caramanchão, havia um barril de cal e, em cima dele, dois *horrendos diabinhos*[33] dançavam com uma habilidade espantosa, apesar dos ferros de passar que tinham amarrados aos pés. De repente, lançaram para mim olhares flamejantes e, nesse mesmo instante, parecendo mais

---

31. Um dos verbos essenciais do vocabulário teresino (noventa e cinco vezes nos escritos). Aqui, Teresa dá imediatamente a esse gesto infantil a força de uma parábola ("*o resumo da minha vida*"), numa interpretação psicológica muito apropriada, embora paradoxal: em vez de a tudo possuir, trata-se de não escolher entre os sofrimentos e abdicar da própria vontade; insiste no tema do sofrimento, condutor dos Manuscritos (cf. Manuscrito A, 206, 229 etc.). O padre Piat minimiza muito o alcance dessa "avidez" que poderia ser atribuída a Teresa, devido ao pouco valor do presente de Leônia, "pedacinhos de pano"...

32. Vital Romet, amigo do senhor Martin.

33. Esse sonho de criança reflete bem a reação constante de Teresa em relação ao demônio (cf. RP 7, 2r/v; Manuscrito B, 263; Carta 92; 200 e CA *passim*).

40   Manuscrito A

assustados que eu, lançaram-se ao pé do barril e foram esconder-se na rouparia que havia em frente. Vendo-os tão pouco corajosos, quis saber o que iam fazer e aproximei-me da janela. Os pobres diabinhos estavam ali, correndo sobre as mesas e sem saber como fazer para fugir do meu olhar. De vez em quando, aproximavam-se da janela, olhavam com ar inquieto se eu ainda estava por perto e, vendo-me toda vez, recomeçavam a correr desesperados. Sem dúvida, esse sonho nada tem de extraordinário, mas creio que Deus permitiu que eu me lembrasse dele a fim de provar que uma alma em estado de graça nada tem a temer dos demônios, os quais são covardes, capazes de fugir do olhar de uma criança...

39. Eis outra passagem encontrada nas cartas de mamãe. Essa pobre mãezinha já pressentia o final do seu exílio[34]: "As duas pequenas não me preocupam, as duas estão muito bem, são naturezas escolhidas, certamente serão boas. Maria e tu poderão facilmente criá-las. Celina nunca comete a menor falta voluntariamente. A pequena será boa também, não mentiria por todo o ouro do mundo, é espirituosa como nenhuma de vós"[35].

"Outro dia, ela estava no armazém com Celina e Luísa. Falava das suas práticas e discutia muito com Celina. A senhora disse a Luísa: O que quer dizer ela, quando brinca no jardim só se ouve falar em práticas? A senhora Gaucherin põe a cabeça fora da janela para poder compreender o que quer dizer esse debate de práticas?... Essa pequena é nossa felicidade, será boa, já se vê o germe, só fala de Deus, por nada deixaria de fazer suas orações. Gostaria que a visses recitar pequenas fábulas, nunca vi algo tão gentil, encontra sozinha a expressão que se deve dar e o tom, mas é sobretudo quando diz: 'Pequena criança de cabeça loira, onde pensas que Deus está?' Quando chega a: 'Ele está lá, no Céu azul', ela vira seu olhar para o alto com uma expressão angelical. Não nos cansamos de fazê-la repetir, de tão bonito que é. Há alguma coisa de tão celestial em seu olhar que ficamos encantados!"[36]...

40. Oh, Madre! Como eu era feliz nessa idade, já começava a gozar a vida, a virtude tinha encantos para mim, encontrava-me, segundo me parece, nas mesmas disposições em que me encontro agora. Já tinha um grande domínio sobre minhas ações. — Ah! Como passaram depressa os anos ensolarados da minha pequena infância, mas que

---

34. A doença, de natureza cancerosa, já sentida em 1865, declarou-se em outubro de 1876. Cf. o relato pormenorizado do dr. Cadéot, em *Zélie Martin*, pp. 173-194.

35. Da senhora Martin para Paulina, 22/3/1877.

36. *Idem*, 4/3/1877.

doces impressões deixaram na minha alma! Recordo-me com ternura dos dias em que papai nos levava ao *Pavilhão*[37]. Os menores detalhes ficaram gravados em meu coração... Lembro-me, sobretudo, dos passeios de domingo em que mamãe sempre nos acompanhava... Ainda sinto as impressões profundas e *poéticas* que nasciam em minha alma à vista dos trigais salpicados de centáureas e de flores campestres. Já gostava do *horizonte*... O espaço e os pinheiros gigantescos cujos galhos roçavam o chão deixavam em meu coração uma impressão parecida à que sinto hoje vendo a natureza... Muitas vezes, por ocasião desses passeios, encontrávamos pobres e sempre a pequena Teresa era encarregada de lhes levar a esmola, o que fazia muito feliz. Muitas vezes, também, achando papai que o trajeto era longo demais para sua rainhazinha, trazia-a de volta para casa (com grande desagrado para ela). Para consolá-la, Celina enchia de margaridas seu lindo cestinho e lhe entregava na volta. Porém, mamãe[38] achava que sua menina tinha de sobra e pegava uma boa parte para sua santa Virgem... Isso não agradava à pequena Teresa, mas esta insistia em nada dizer, tendo adquirido o bom hábito de nunca se queixar. Mesmo quando se lhe tirava o que era dela ou quando era acusada injustamente, preferia calar-se e não se desculpar, isso não era mérito por parte dela, mas virtude natural... Que pena que essa boa disposição se tenha apagado!...

41. Oh! Na verdade, tudo me sorria na face da terra, descobria flores a cada um dos meus passos e meu gênio feliz contribuía também para tornar a vida agradável a mim. Mas um novo período começaria para minha alma. Devia passar pelo crisol das provações e sofrer desde a infância para poder ser oferecida mais cedo a Jesus. Assim como as flores da primavera começam a brotar debaixo da neve e desabrocham com os primeiros raios do sol, assim a florzinha cujas recordações escrevi teve de passar pelo inverno da provação...

2. A SOMBRA DO SOFRIMENTO (1877-1881)

42. Todos os pormenores da doença de nossa querida mãe estão presentes no meu coração. Lembro-me, sobretudo, das últimas semanas que passou nesta terra. Éramos, Celina e eu, como pequenas exiladas. Todas as manhãs, a senhora Leriche[39] vinha nos buscar e

---

37. Pequena propriedade adquirida pelo senhor Martin antes do seu casamento (atualmente, rua do Pavilhão Santa Teresa).
38. A mãe do senhor Martin.
39. Esposa de um sobrinho do senhor Martin que lhe deixara a joalheria, em 1870.

passávamos o dia na casa dela. Um dia, não tivemos tempo de dizer nossa oração antes de sair de casa. Durante o trajeto, Celina me disse baixinho: "É preciso dizer que não fizemos a nossa oração?" — "Oh, sim!", lhe respondi. Então, muito timidamente, ela o disse para a senhora Leriche, que respondeu: "Então, minhas filhinhas, ide fazê-la" e, colocando-nos num quarto grande, saiu... então, Celina me olhou e dissemos: "Ah! Não é como a mamãe... sempre ela nos acompanhava na oração!..." Quando brincávamos com as crianças, o pensamento da nossa mãe querida nos perseguia sempre. Certa vez, Celina recebeu um belo damasco, inclinou-se para mim e disse baixinho: "Não vamos comê-lo, vou dá-lo a mamãe". Ai! Essa pobre mãezinha já estava doente demais para poder comer os frutos da terra, só iria *fartar-se* da glória de Deus, no céu, e *beber* com Jesus o *vinho misterioso* do qual falou em sua última ceia, prometendo compartilhá-lo conosco no reino de seu Pai.

A comovente cerimônia da extrema-unção imprimiu-se também em minha alma. Ainda vejo o lugar onde eu estava, ao lado de Celina, [as cinco] por ordem de idade, e o pobre pai estava ali, soluçando...

43. No mesmo dia ou no dia seguinte à partida de mamãe[40], pegou-me no colo e disse: "Venha beijar uma última vez sua pobre mãezinha". Sem nada dizer, aproximei meus lábios da testa da minha mãe querida... Não me lembro de ter chorado muito, não falava com ninguém dos sentimentos profundos que eu tinha... Olhava e ouvia em silêncio... Ninguém tinha tempo para ocupar-se de mim, por isso via muitas coisas que queriam esconder. Certa hora, encontrei-me diante da tampa do caixão... parei muito tempo para olhá-lo, nunca tinha visto um, mas compreendia; eu era tão pequena que, apesar da pouca altura de mamãe, era obrigada a *levantar* a cabeça para ver a parte de cima e parecia-me muito *grande*... muito *triste*... Quinze anos depois[41], encontrei-me diante de outro caixão, o de Madre Genoveva[42]. Tinha o mesmo tamanho que o da minha mãe e vi-me de novo nos dias da minha infância!... Todas as minhas recordações voltaram juntas. Era a mesma pequena Teresa que olhava, mas tinha *crescido* e o caixão parecia-lhe *pequeno*, ela não precisava mais *erguer* a cabeça para vê-lo, só a *levantava* para contemplar o *Céu* que lhe

---

40. 28 de agosto de 1877; tinha 45 anos.

41. Na realidade, 14 anos.

42. Madre Genoveva de Santa Teresa, uma das fundadoras do Carmelo de Lisieux; cf. *infra*, Manuscrito A, 194 e 221/223.

A SOMBRA DO SOFRIMENTO   43

parecia muito *alegre*, pois todas as suas provações tinham chegado ao fim e o inverno da sua alma tinha ido embora para sempre...

44. No dia em que a Igreja benzeu os restos mortais da nossa mãezinha do Céu, Deus quis dar-me outra na terra e quis também que eu a escolhesse livremente. Estávamos juntas, as cinco, olhando-nos com tristeza. Luísa estava ali também e, vendo Celina e eu, disse: "Coitadinhas, estão agora sem mãe..." Então, Celina lançou-se ao colo de Maria dizendo: "Então, és tu quem serás minha mãe". Eu, acostumada a fazer igual a ela, virei-me para vós, Madre, e, como se o futuro já houvesse rasgado seu véu, lancei-me em vossos braços exclamando: "Bom! para mim, é Paulina quem será mamãe!"[43]...

45. Como disse acima, a partir desse momento fui obrigada a passar para o segundo período da minha existência, o mais sofrido dos três, sobretudo depois do ingresso no Carmelo daquela que eu tinha escolhido por segunda "mamãe". Esse período estende-se desde meus 4 anos e meio até meu décimo quarto ano[44], época em que reencontrei meu caráter *de criança*, ao entrar no lado sério da vida.

É preciso dizer-vos, Madre, que a partir da morte de mamãe meu caráter alegre mudou completamente. Eu, tão viva, tão expansiva, fiquei tímida e doce, excessivamente sensível. Bastava um olhar para eu me derreter em lágrimas. Para ficar contente, era preciso que ninguém se ocupasse comigo. Não podia suportar a companhia de pessoas estranhas e só reencontrava a alegria na intimidade da família... Continuava, porém, cercada da mais delicada *ternura*. O coração tão *terno* de papai juntara ao amor que já tinha um amor verdadeiramente materno![45]... Vós, Madre, e Maria, não éreis para mim as mais *ternas* e mais desinteressadas mães?... Ah! Se Deus não tivesse prodigalizado seus *raios* benfazejos à sua florzinha[46], esta nunca teria conseguido aclimatar-se à terra. Era ainda fraca demais para suportar as chuvas e as tempestades. Ela precisava de calor, um suave orvalho e brisas primaveris. Nunca lhe faltaram esses favores todos. Jesus a fez encontrá-los, até debaixo da neve da provação!

---

43. Celina conta que Teresa lhe "teria dito mais tarde ter agido dessa forma a fim de que Paulina não ficasse triste e não se considerasse desprezada" (PA, pp. 287 s, e o apêndice de HA).

44. A Graça de Natal de 1886; vai completar 14 anos (cf. Manuscrito A, 133-134).

45. Cf. uma expressão análoga aplicada a Jesus (PN 36,2, *Só Jesus*).

46. Retomada dos temas *sol* e *flor* (cf. *supra*, 7, 10, 41).

46. Não fiquei contrariada ao deixar Alençon, as crianças gostam de mudança e foi com prazer que vim para Lisieux[47]. Lembro-me da viagem, da chegada de noite à casa da minha tia. Ainda vejo Jeanne e Maria esperando-nos à porta... estavam muito felizes por ter priminhas tão gentis. Gostava muito delas, assim como da minha tia e, sobretudo, do meu tio. Só que ele me inspirava medo e eu não estava à vontade na casa dele, como me sentia nos Buissonnets[48]. Ali é que minha vida era verdadeiramente alegre... de manhã cedo vínheis a mim e me perguntáveis se eu tinha dado meu coração a Deus. Depois, me vestíeis falando-me Dele e, na vossa companhia, fazia minha oração. Depois, vinha a lição de leitura; a primeira palavra que eu consegui ler sozinha foi "céus". Minha querida madrinha encarregava-se da minha lição de escrita e vós, Madre, de todas as outras. Não tinha muita facilidade para aprender, mas tinha boa memória. O catecismo e, mais ainda, a história sagrada tinham minha preferência. Estudava-os com alegria. Porém, a gramática custou-me frequentes lágrimas[49]... Lembrai-vos do masculino e do feminino!

47. Logo terminadas as lições, subia até o mirante[50] para mostrar minha roseta e minha nota a papai. Como era feliz quando podia dizer-lhe: "Tenho 5 sem *ressalva*, foi *Paulina* quem o disse *primeiro!...*" Pois, quando eu perguntava se tinha obtido nota 5 sem ressalva e me dizíeis sim, para mim era um grau inferior. Dáveis-me também bons pontos; quando eu tinha juntado um determinado número, tinha uma recompensa e um feriado. Lembro-me que aqueles dias pareciam-me muito mais longos, o que vos agradava, pois era prova de que eu não gostava de ficar à toa.

---

47. 15/11/1877. O senhor Martin resolvera morar em Lisieux a fim de aproximar as filhas da família materna: o senhor e a senhora Guérin, as duas filhas deles, Joana e Maria. Isidoro Guérin tinha uma farmácia na praça São Pedro. Ele foi buscar as sobrinhas.

48. HA esclarece: "No dia seguinte, fomos levadas para a nossa nova morada, quero dizer para os Buissonnets, bairro solitário situado próximo a um belo passeio chamado de 'Jardim da Estrela'. Achei a casa graciosa: um mirante, com uma vista para longe, um jardim inglês na frente, uma grande horta atrás da casa; para a minha jovem imaginação, tudo isso foi uma feliz novidade. De fato, essa residência risonha veio a ser o palco de muitas e doces alegrias, de inesquecíveis cenas familiares". O bairro chamava-se "Bissonnets", as meninas Martin deram o nome de "Buissonnets" a sua nova residência, nome primitivo do bairro, provavelmente.

49. Pode-se acrescentar a ortografia (cf. 117), embora, posteriormente, Teresa tenha dado aulas de ortografia a Leônia, com grande delicadeza (cf. PO, p. 346). A respeito da ortografia, da pontuação, das maiúsculas, dos sublinhados, da letra de Teresa, cf. CG, pp. 62-67.

50. Segundo andar, na mansarda, sobre a fachada dos Buissonnets.

48. Todas as tardes ia dar um pequeno passeio com papai; fazíamos juntos uma visita ao Santíssimo, visitando cada dia uma nova igreja. Foi assim que entrei pela primeira vez na capela do Carmelo. Papai mostrou-me a grade do coro, dizendo-me que, por trás, havia religiosas. Estava muito longe de pensar que nove anos depois eu estaria com elas!...

Depois do passeio (em que papai sempre comprava para mim um presentinho de um ou dois centavos), voltava para casa. Fazia então minhas tarefas escolares e, o restante do tempo, brincava de boneca. Era-me muito agradável preparar chás com grãozinhos e cascas de árvores que recolhia do chão. Levava-as para papai numa bonita xicrinha. Esse pobre paizinho deixava seu trabalho e, sorrindo, fingia beber. Antes de me devolver a xícara perguntava-me (às escondidas) se era preciso jogar fora o conteúdo. Às vezes, eu dizia sim, mas com mais frequência levava meu precioso chá de volta, desejando servi-lo várias vezes...

49. Gostava de cultivar florzinhas no jardim que papai me dera. Brincava de armar pequenos altares na saliência que havia no muro. Quando tinha terminado, corria para papai e, levando-o, dizia-lhe para fechar bem os olhos e só abri-los no momento em que eu lhe dissesse para fazê-lo. Fazia tudo o que eu queria e deixava-se levar para a frente no meu jardinzinho. Então eu gritava: "Papai, abra os olhos!" Abria-os e extasiava-se para me agradar, admirando o que eu pensava ser uma obra-prima! Não acabaria nunca se eu passasse a contar mil pequenos fatos desse gênero que irrompem na minha memória... Ah! Como poderei relatar todas as ternuras que "Papai" prodigalizava à sua rainhazinha? Há coisas que o coração sente mas nem a palavra nem o pensamento conseguem reproduzir...

50. Outros dias lindos foram aqueles em que meu rei querido levava-me a pescar com ele. Gostava tanto do campo, das flores e dos pássaros! Algumas vezes, tentava pescar com minha varinha, mas preferia ir sentar-me, *só*, na relva florida. Então meus pensamentos eram muito profundos e, sem saber o que era meditar, minha alma mergulhava numa oração verdadeira... escutava os ruídos longínquos... O murmúrio do vento e até a música indecisa dos soldados, cujo som chegava até mim, ornavam o meu coração suavemente melancólico... a terra parecia-me um lugar de exílio e eu sonhava com o Céu[51]... A tarde passava depressa, era preciso voltar logo para

---

51. O céu, nos dois sentidos, desempenha grande papel no pensamento e no imaginário de Teresa (não menos de 681 referências nos escritos). Cf. Manuscrito A, 110-111, 131, 227; Manuscrito B, 249; Manuscrito C, 266, 284; PN 22, 1 etc.

os Buissonnets. Porém, antes de partir, tomava o lanche que eu tinha trazido no meu cestinho. A *linda* fatia de pão com geleia que vós tínheis preparado mudara de aspecto: em vez da bonita cor, só via um leve tom rosado, toda envelhecida e murcha... então a terra parecia-me ainda mais triste e compreendia que só no Céu a alegria seria sem nuvens...

51. Falando em nuvens, lembro-me que, um dia, o lindo Céu azul da campina encobriu-se e logo uma tempestade desencadeou-se. Os relâmpagos rasgavam as nuvens escuras e vi um raio cair a curta distância. Longe de ficar apavorada, fiquei maravilhada. Pareceu-me que Deus estava muito perto de mim!... Papai não estava tão contente quanto sua rainhazinha. Não que a tempestade o apavorasse, mas o capim e as grandes margaridas, mais altas que eu, brilhavam como pedras preciosas. Era preciso atravessar diversos prados antes de encontrar uma estrada e meu paizinho querido, temendo que os diamantes[52] molhassem sua filhinha, carregou-a nas costas, apesar da bagagem de anzóis e apetrechos.

52. Durante os passeios que eu fazia com papai, ele gostava de me encarregar de levar esmola aos pobres[53] que encontrávamos. Um dia, vimos um que se arrastava penosamente sobre muletas. Aproximei-me e lhe dei um centavo; mas, não se achando bastante pobre para receber a esmola, olhou-me sorrindo tristemente e recusou-se a tomar o que eu lhe oferecia. Não posso dizer o que se passou em meu coração. Teria desejado consolá-lo, aliviá-lo, em vez disso pensava ter-lhe causado dissabor. Sem dúvida, o pobre doente adivinhou meu pensamento, pois vi-o virar-se e sorrir para mim. Papai acabara de comprar um bolo para mim, e eu queria dá-lo ao pobre, mas não ousava; queria dar-lhe alguma coisa que não pudesse recusar, pois sentia uma grande simpatia por ele. Ora, tinha ouvido dizer que no dia da primeira comunhão obtinha-se o que se pedisse. Esse pensamento consolou-me e, embora tivesse apenas seis anos, disse para mim mesma: "Rezarei pelo *meu pobre* no dia da minha primeira comunhão".

Cinco anos depois, cumpri minha promessa, e espero que Deus tenha acolhido favoravelmente a oração que me inspirara dirigir por um dos seus membros padecentes...

---

52. Os pingos de chuva ou as lágrimas segundo Teresa (cf. *infra*, 152/v, 174, 222).

53. Irmã Maria do Sagrado Coração relata: "Havia então, no seu rosto, uma expressão enternecida e respeitosa; sentia-se que via Nosso Senhor em seus membros padecentes. Aos dez anos, pediu para cuidar de uma pobre mulher que estava morrendo e não tinha quem a assistisse etc." (PO, p. 247).

53. Amava muito a Deus e entregava-lhe meu coração usando da pequena fórmula que mamãe me ensinara[54]. Mas um dia, melhor, uma tarde do lindo mês de maio, cometi uma falta que vale a pena contar, pois me deu um bom motivo para me humilhar e creio ter tido o arrependimento perfeito. Por ser pequena demais para frequentar as cerimônias do mês de Maria, ficava com Vitória[55] e fazia minhas devoções com ela diante do meu *pequeno mês de Maria* que ajeitava a meu modo. Era tudo tão pequeno, castiçais e jarras de flores, que bastavam dois *fósforos*-velas para iluminá-lo todo; algumas raras vezes, Vitória me dava, de imprevisto, duas pequenas velas de estearina. Uma tarde, estava tudo pronto para iniciarmos a oração. Disse: "Vitória, você quer começar o 'Lembrai-vos', eu vou acender". Fingiu começar, não disse nada e olhou-me rindo. Eu via meus preciosos fósforos consumirem-se rapidamente. Supliquei-lhe para iniciar a oração, ela continuava calada. Então, levantando-me, pus-me a dizer-lhe com voz muito alta que ela era má e, saindo da minha habitual mansidão, bati o pé com toda a força... Essa pobre Vitória perdeu a vontade de rir, olhou-me com espanto e mostrou as velas de estearina que havia trazido... Depois de ter derramado lágrimas de raiva, chorei sinceramente arrependida com o firme propósito de nunca mais repetir essa cena!...

54. Aconteceu outra aventura com Vitória, mas daquela vez não precisei ter arrependimento nenhum, pois mantive-me muito calma. Queria um tinteiro que estava sobre o aparador da lareira da cozinha. Pequena demais para alcançá-lo, pedi muito *gentilmente* para Vitória entregá-lo a mim. Recusou, dizendo-me para subir numa cadeira. Sem nada dizer, peguei uma cadeira, mas fiquei pensando que ela não era nada gentil. Querendo fazê-la sentir, procurei na minha cabecinha o que mais me ofendia. Frequentemente, quando ela estava aborrecida comigo, chamava-me de "pirralhinha", o que muito me humilhava. Então, antes de descer da cadeira, virei-me e lhe disse com dignidade: "Vitória, você é uma *pirralha*!" Saí correndo, deixando-a meditar sobre a palavra pesada que eu acabava de lhe dirigir... O resultado não demorou. Ouvi-a gritando: "Senhorita Maria... Teresa acaba de dizer que sou uma *pirralha*!" Maria veio e

---

54. Teresa repetia frequentemente a seguinte fórmula de oferta durante o dia: "*Meus Deus, dou-vos meu coração: tomai-o por favor, a fim de que nenhuma outra criatura possa possuí-lo, mas apenas vós, meu bom Jesus*" (citada por S. Piat, *Histoire d'une famille*, OCI, 1965, p. 189).

55. Vitória Pasquer, empregada da família Martin.

me obrigou a pedir perdão. Submeti-me, mas sem arrependimento, pois achava que, por não querer esticar seu *longo braço* para prestar-me um *pequeno serviço*, merecia ser chamada de *pirralha*...

55. Mas ela me amava muito e eu também a amava. Um dia, tirou-me de *grande perigo* em que eu caíra por culpa minha. Vitória estava passando roupa, tendo ao lado dela um balde cheio de água; eu a olhava enquanto me balançava (era hábito meu) numa cadeira. De repente, a cadeira vira e caio, não no chão, mas dentro do balde!!!... Meus pés tocavam minha cabeça e eu enchia o balde como o pintinho enche o ovo!... Essa pobre Vitória olhava-me assustada, nunca vira coisa igual. Queria sair logo desse balde, mas não conseguia, minha prisão era tão apertada que não conseguia fazer o mínimo movimento. Com um pouco de dificuldade, salvou-me do *grande perigo*, mas teve de trocar minha roupa, que estava toda ensopada.

56. Em outra ocasião caí na lareira. Felizmente, não havia fogo aceso. Vitória só teve o trabalho de tirar-me dali e sacudir a cinza. Essas aventuras aconteciam às quartas-feiras quando estáveis no coral, com Maria. Foi igualmente numa quarta-feira que o padre Ducellier[56] veio visitar-me. Vitória lhe dissera não haver ninguém em casa além de Teresinha, entrou na *cozinha* para me ver e olhou minhas tarefas, eu estava muito contente por receber *meu confessor*, pois confessara-me, pouco antes, pela primeira vez[57]. Que doce recordação para mim!...

57. Ó querida Madre! quanto desvelo em me preparar, dizendo-me que não era a um homem, mas a Deus, que ia confessar meus pecados. Estava muito convicta e fiz minha confissão com grande espírito de fé, chegando até a vos perguntar se eu deveria dizer ao padre Ducellier que o amava de todo o meu coração, pois, na pessoa dele, ia falar com Deus...

Bem informada de tudo o que eu devia dizer e fazer, entrei no confessionário e pus-me de joelhos. Porém, ao abrir a portinhola, o padre Ducellier não viu ninguém. Era tão baixinha que minha cabeça não chegava até o apoio. Disse-me, então, para ficar em pé, obedeci logo, levantei-me e, virando-me bem defronte para vê-lo direito, fiz minha confissão como uma *moça* e recebi sua bênção com *grande devoção*, pois vós me tínheis dito que naquele momento as lágrimas do *menino Jesus* purificariam a minha alma. Lembro-me que a primeira exortação que me foi dirigida convidava-me

---

56. Coadjutor, na catedral São Pedro.
57. Final de 1879 ou início de 1880. Cf. *infra*, 108.

A SOMBRA DO SOFRIMENTO 49

sobretudo para a devoção à Santíssima Virgem. Prometi redobrar minha ternura para com ela. Ao sair do confessionário, sentia-me tão contente e tão leve que nunca tinha sentido tanta alegria em minha alma. A partir desse momento, voltei a me confessar por ocasião de todas as grandes comemorações e era uma verdadeira *festa* para mim cada vez que ia.

58. As *festas!*... Ah! Quantas recordações essa palavra me traz... Gostava tanto das *festas!*... Sabíeis explicar-me tão bem todos os mistérios escondidos em cada uma; eram para mim dias divinos. Gostava sobretudo das procissões com o Santíssimo. Como era agradável semear flores sob os pés de Deus!... mas, antes de deixá-las cair, jogava-as o mais alto que podia e minha maior alegria consistia em ver algumas delas[58] *tocar* na custódia sagrada...

59. As festas! Ah! As grandes eram escassas, mas cada semana trazia uma que me era muito querida: "o domingo". Que belo dia o domingo!... Era a festa de Deus, a festa do *repouso*. Primeiro, ficava na minha caminha até mais tarde e mamãe Paulina mimava sua menininha levando seu chocolate na cama. Depois, vestia-a como a uma rainhazinha... Madrinha vinha anelar o cabelo da *afilhada* que nem sempre ficava boazinha quando lhe puxavam o cabelo mas, depois, ficava muito contente de ir segurar a mão do seu *rei* que, naquele dia, a beijava com mais ternura ainda que nos outros; e toda a família saía para a missa. Durante todo o percurso, e também na igreja, a rainhazinha do papai segurava-lhe a mão, seu lugar era ao lado dele e, quando éramos obrigados a descer para a homilia, ainda precisava-se de duas cadeiras juntas. Não era muito difícil, todos pareciam achar bonito ver um ancião[59] *tão bonito* com uma *menina tão pequena* que mudavam de lugar para que nos acomodássemos. Meu tio, nos bancos dos fabriqueiros[60], alegrava-se vendo-nos chegar; dizia que eu era seu pequeno raio de sol... Eu não me importava em ser olhada, ouvia atentamente as homilias embora entendendo pouco. Uma primeira que *entendi,* e me *comoveu profundamente,* foi um sermão sobre a Paixão pregado pelo padre Ducellier. Depois desse, entendi todos os outros.

60. Quando o pregador falava de santa Teresa, papai inclinava-se e dizia-me baixinho: "Escute, rainhazinha, fala-se da sua santa

---

58. Cf. LT 7; Manuscrito B, 257-258; Pn 34 e 51.
59. O senhor Martin tinha cinquenta e sete anos em 1880.
60. Leigos do "conselho de fábrica", encarregados de administrar os bens da paróquia, no caso da catedral.

50 Manuscrito A

padroeira". De fato, escutava bem, mas olhava papai mais do que ao pregador. Sua linda figura evocava tantas coisas para mim!... Às vezes, seus olhos enchiam-se de *lágrimas* que ele procurava segurar. Parecia já não pertencer à terra, de tanto que sua alma gostava de mergulhar nas verdades eternas... Mas sua caminhada estava ainda bem longe do fim. Longos anos haviam de passar antes de o belo Céu se abrir a seus olhos maravilhados e o Senhor enxugar as *lágrimas* do seu bom e fiel servo!...

61. Volto a meu Domingo. Esse belo dia que passava tão depressa tinha também sua nota de *melancolia*. Recordo-me que minha alegria era total até Completas[61]. Durante esse ofício, pensava que o dia do *repouso* chegava a seu final... que no dia seguinte seria preciso recomeçar a vida, trabalhar, estudar, e meu coração sentia o *exílio* da terra... ansiava para o repouso eterno do Céu, para o *Domingo* sem ocaso[62] na *Pátria*!... Até os passeios que dávamos antes de voltar aos Buissonnets deixavam um sentimento de tristeza em minha alma. A família já não estava mais completa pois, para agradar a meu tio, papai deixava Maria ou Paulina, com ele, todo domingo. Eu me sentia muito contente quando ficava também. Preferia assim a ser convidada sozinha, porque me dava menos atenção. Meu maior prazer era escutar o que meu tio dizia, mas não gostava quando me fazia perguntas e tinha muito medo quando me assentava *num só* dos seus joelhos e cantava Barba-Azul com voz formidável... Via com prazer a chegada de papai, que vinha nos buscar.

62. Na volta, eu olhava as *estrelas*[63] que piscavam docemente e essa visão me encantava... Havia sobretudo um grupo de *pérolas de ouro* que eu notava com prazer, achando que tinham a forma de um T (eis mais ou menos sua forma: ⁜). Mostrava a papai dizendo que era meu nome que estava escrito no céu e, nada querendo ver da vil terra, pedia-lhe para conduzir meus passos. Então, sem olhar onde pisava, olhava para cima sem cansar-me de contemplar o azul estrelado!...

63. Que dizer dos serões de inverno, sobretudo aos domingos? Ah! Como era bom, depois da *partida de damas* sentar-me com Celina

---

61. Celebradas imediatamente depois das vésperas; naquela época, no início da tarde.

62. Imagem da eternidade, de que Teresa gostava; cf. PN 54, 16; Manuscrito A, 111; LT 137, final; PN 5, 14; Pri 7.

63. Filha do sol, Teresa demonstra pouco interesse pela lua, mas gosta muito das estrelas (cf. *infra*, 63, 139; PN 18, 27).

no colo de papai[64]... Com sua bela voz, ele cantava melodias que enchiam a alma de pensamentos profundos... ou, embalando-nos, recitava versos repletos das verdades eternas... Subíamos depois para a oração em comum e a rainhazinha estava sozinha junto do seu rei, bastava olhá-lo para saber como rezam os santos... No fim, vínhamos todas, por ordem de idade, desejar uma boa noite a papai e receber um beijo. Naturalmente, a *rainha* vinha por último. Para beijá-la, o rei levantava-a pelos *cotovelos* e ela gritava: "Boa noite papai, boa noite, durma bem". Todas as noites, era a mesma coisa... Depois, a mamãezinha tomava-me no colo e me levava para a cama da Celina. Então eu dizia: "Paulina, será que fui bem boazinha, hoje?... Será que os *anjinhos vão voar ao meu redor?*" A resposta era sempre *sim*, caso contrário passaria a noite inteira chorando... Depois de ela e minha querida madrinha me beijarem, *Paulina* descia e a pobre Teresinha ficava sozinha no escuro. Embora imaginasse os *anjinhos voando em torno dela*, o medo vencia-a logo, as trevas a amedrontavam, pois de sua cama não via as estrelas piscando docemente...

64. Vejo como verdadeira graça ter sido acostumada por vós, querida Madre, a vencer meus temores; enviastes-me, às vezes, sozinha, de noite, buscar um objeto num quarto afastado. Se não fosse tão bem dirigida , ter-me-ia tornado muito medrosa, enquanto agora sou verdadeiramente difícil de amedrontar... Pergunto-me, às vezes, como pudestes criar-me com tanto *amor* e delicadeza sem estragar-me; pois é verdade que não deixáveis passar uma única imperfeição, nunca me censuráveis sem motivo, mas *nunca* voltáveis atrás numa coisa já decidida. Sabia-o tão bem que eu não teria podido nem desejado dar um passo se mo proibistes. Até papai era obrigado a conformar-se com vossa vontade. Sem o consentimento de Paulina, não ia a passeio e, quando papai dizia para eu ir, eu respondia: "Paulina não quer". Então, ele ia pedir por mim. Para agradar-lhe, algumas vezes, Paulina dizia sim, mas Teresinha percebia pela sua fisionomia que contra sua vontade. Punha-se a chorar sem aceitar consolo até que Paulina dissesse *sim* e *a beijasse cordialmente.*

65. Quando Teresinha adoecia, o que acontecia todos os invernos[65], não é possível dizer com que ternura era tratada. Paulina

---

64. HA acrescenta: "Maria ou Paulina lia *O ano litúrgico* (de dom Guéranger); e algumas páginas de um livro ao mesmo tempo interessante e instrutivo".

65. "Os resfriados se transformavam em bronquite, posteriormente isso deixou de acontecer. No Carmelo, raras vezes se resfriava" (nota de Madre Inês).

fazia-a dormir em sua cama (favor indizível) e lhe dava tudo o que ela queria. Um dia, Paulina pegou debaixo do travesseiro uma *linda faquinha* que lhe pertencia e, dando-a à sua filhinha deixou-a mergulhada num deslumbramento indescritível: "Ah! Paulina", exclamou ela, "tu me amas muito para te desfazeres por mim da tua linda faquinha que tem uma estrela de *madrepérola*... Mas, sendo que me amas tanto, farias o sacrifício do teu relógio para eu não morrer?..." "Não só para tu não morreres, daria meu relógio; mas faria logo o sacrifício dele para ficares boa logo." Ao ouvir essas palavras de Paulina, meu espanto e minha gratidão foram tantos que não sei expressá-los... No verão, às vezes, eu tinha náuseas; Paulina tratava-me ainda com ternura. Para distrair-me, o que era o melhor remédio, carregava-me num carrinho de mão em volta do jardim e, fazendo-me descer, colocava no lugar um bonito pé de margaridas que ela carregava com muita precaução até meu jardim para onde ele era transplantado com grande solenidade...

66. Paulina recebia todas as minhas confidências íntimas, dissipava todas as minhas dúvidas... Uma vez, estranhei que Deus não desse glória igual no Céu a todos os eleitos e receava que não fossem todos felizes. Então, Paulina fez-me buscar o copo grande de papai e colocá-lo ao lado do meu pequeno dedal e disse para encher os dois. A seguir, perguntou-me qual dos dois estava mais cheio. Respondi que os dois estavam cheios e não podiam conter mais. Minha mãe querida fez-me então compreender que no Céu Deus dá a seus eleitos tanta glória[66] quanto podem conter e que, assim, o último nada tem a cobiçar ou invejar do primeiro. Assim é que, pondo ao meu alcance os mais sublimes segredos, sabíeis, Madre, dar à minha alma o alimento que lhe era necessário...

67. Com quanta alegria via, a cada ano, chegar a premiação pelo estudo!... Aí, como sempre, a *justiça* reinava e só recebia as recompensas merecidas. *Sozinha*, de pé no meio da *nobre assembleia*, ouvia minha sentença, lida pelo Rei da França e [de] Navarra. Meu coração batia forte ao receber os prêmios e a coroa... para mim, era como uma representação do juízo final!... Logo após a distribuição dos prêmios, a rainhazinha tirava o vestido branco e apressavam-se em fantasiá-la para tomar parte na *grande peça teatral*...

Como eram alegres essas festas familiares... Como eu estava longe, então, ao ver meu rei querido e radiante, de prever as provações que iriam visitá-lo!...

---

66. Esse problema do grau de glória dos eleitos preocupa Teresa; cf. RP 7, 3v.

A SOMBRA DO SOFRIMENTO

68. Um dia, porém, Deus mostrou-me numa *visão* verdadeiramente extraordinária[67] a imagem *viva* da provação que Ele estava preparando para nós, seu cálice já enchia[68].

Papai estava viajando havia vários dias e ainda faltavam dois para seu regresso. Eram duas ou três horas da tarde, o sol brilhava e a natureza parecia em festa. Eu estava sozinha na janela de uma água-furtada que dava para o grande jardim; olhava diante de mim, a mente ocupada por pensamentos alegres, quando avistei, em frente à lavanderia que se encontrava logo adiante, um homem vestido exatamente como papai, mesma estatura e mesmo modo de andar, apenas *muito mais curvado...* Sua cabeça estava coberta[69] por uma espécie de avental de cor indefinida, de sorte que eu não podia ver-lhe o rosto. Estava com chapéu igual ao de papai. Vi-o andar em passos regulares, beirando meu jardinzinho... Logo, um sentimento de pavor sobrenatural invadiu minha alma. Num instante, imaginei que papai tivesse voltado e que se escondesse a fim de surpreender-me. Então, chamei-o em voz bem alta, com voz trêmula de emoção: "Papai, Papai!..." Mas o estranho personagem não parecia ouvir-me. Continuou sua caminhada regular sem olhar para trás. Seguindo-o com os olhos, vi-o dirigir-se para o pequeno bosque que cortava ao meio a grande alameda. Esperava vê-lo aparecer do outro lado das grandes árvores, mas a visão profética esvaíra-se!... Tudo isso só durou um instante, mas gravou-se tão profundamente em meu coração que hoje, depois de quinze anos... a lembrança me é tão presente como se a visão estivesse ainda diante dos meus olhos...

69. Maria estava convosco, Madre, num quarto que se comunicava com aquele onde eu me encontrava. Ouvindo-me chamar por papai, sentiu impressão de pavor, percebendo que, contou-me depois, devia estar acontecendo alguma coisa de extraordinário. Sem externar sua emoção, correu junto a mim e me perguntou por que

---

67. Essa *visão*, acontecida em pleno dia, não em sonho, se deu no verão, quando o senhor Martin estava em viagem a Alençon. O ano fica impreciso: mais 1880 (cf. 68, 69) que 1879. A própria Teresa admite não se lembrar do ano: "*na idade de seis para sete anos*" (70).

68. Frase restabelecida recentemente (cf. MS/NEC). Uma ideia muito teresiana: Deus prevê, prepara no instante presente eterno. Encontra-se uma expressão paralela a respeito da provação do senhor Martin, *infra*, em 206. Talvez, para Teresa, haja sempre por detrás da provação do seu pai a imagem da agonia no Jardim das Oliveiras.

69. Irmã Maria do Sagrado Coração confirma o aspecto profético deste pormenor ao informar que, no início da sua terrível doença, "era visto (o senhor Martin) cobrindo frequentemente a cabeça" (PA, pp. 244-245).

eu estava chamando papai, que fora a Alençon. Contei, então, o que acabava de ver. Para me acalmar, Maria disse que, sem dúvida, Vitória quisera pregar-me uma peça e escondera a cabeça com seu avental. Interrogada, essa afirmou não ter saído da cozinha. Aliás, eu tinha certeza de ter visto um homem que se parecia com papai. Então fomos as três ao bosque, mas, como não achamos sinal nenhum da passagem de alguém, dissestes-me para não mais pensar nisso...

70. Não mais pensar estava além do meu poder. Muitas vezes minha imaginação representou-me a cena misteriosa que eu tinha presenciado... Muitas vezes procurei levantar o véu que me escondia o sentido, pois no fundo do meu coração conservava a convicção íntima de que essa visão possuía um *sentido* que havia de ser-me revelado um dia... Esse dia demorou a chegar, mas após catorze anos Deus rasgou o véu misterioso. Estando de licença com Irmã Maria do Sagrado Coração, falávamos, como sempre, das coisas da outra vida e das nossas recordações de infância, quando lembrei-lhe a visão que eu tivera na idade de 6 para 7 anos. De repente, relatando os pormenores dessa cena estranha, ambas compreendemos o que significava... Era papai, sim, que eu vira andando, curvado pela idade... Era ele carregando no seu rosto venerável, na sua cabeça branca, a marca da sua *gloriosa* provação[70]... Como a Face Adorável de Jesus, velada durante sua Paixão, assim a face do seu fiel servo devia ficar velada nos dias dos seus sofrimentos a fim de poder resplandecer na Pátria Celeste junto a seu Senhor, o Verbo Eterno!... Foi do seio dessa glória inefável onde reina no céu que nosso pai querido obteve para nós a graça de compreender a visão que sua rainhazinha tivera numa idade em que não é necessário temer a ilusão! Foi desde o seio da glória que obteve para nós esse doce consolo de podermos compreender que, dez anos antes da nossa grande provação, Deus no-la mostrou como um pai deixa seus filhos entreverem o futuro glorioso que lhes prepara e se compraz em considerar por antecipação as riquezas incalculáveis que lhes são destinadas...

71. Ah! por que foi a mim que Deus deu essa luz? Por que mostrou a uma criança tão nova uma coisa que ela não podia compreender, uma coisa que, se a tivesse compreendido, a teria matado de dor, por quê?... Sem dúvida, esse é mais um daqueles mistérios que só compreenderemos no céu e que nos causará uma admiração eterna!...

---

70. A paralisia cerebral que anuviará as faculdades do senhor Martin no final da vida e o obrigará a uma internação no hospital psiquiátrico. Cf. *infra*, 201-214.

72. Como Deus é bom!... Como proporciona as provações com as forças que nos dá. Nunca, como acabo de dizer, teria podido suportar, mesmo só em pensamento, as penas amargas que o futuro me reservava... Nem podia pensar sem tremer que papai *pudesse morrer...* Uma vez que tinha subido ao alto de uma escada e que eu ficava bem embaixo, gritou para mim: "Afasta-te, coitadinha, se eu cair vou esmagar-te". Ouvindo isso, senti uma revolta interior e, em vez de afastar-me, abracei a escada pensando: "Pelo menos, se papai cair não terei a dor de vê-lo morrer, pois morrerei com ele!" Não sei dizer quanto amava a papai; tudo nele causava-me admiração. Quando me explicava seus pensamentos [como se eu fosse adulta], dizia-lhe que, se explicasse essas coisas todas aos grandes do governo, eles o fariam rei e que então a França seria feliz como nunca fora... Mas no fundo eu ficava contente [e censurava-me por esse pensamento egoísta] por saber que só eu *conhecia bem* a papai, pois se fosse *Rei da França* e de *Navarra* eu sabia que ele seria infeliz já que essa é a sina de todos os monarcas e, sobretudo, não seria mais rei só para mim!...

73. Eu tinha 6 ou 7 anos quando papai nos levou a Trouville[71]. Nunca esquecerei a impressão que o mar me causou. Não conseguia desviar os olhos, sua majestade, o rugido das ondas, tudo evocava a grandeza e o poder de Deus. Lembro-me que, durante o passeio que dávamos na praia, um senhor e uma senhora me olhavam correr alegre em volta de papai e, aproximando-se, perguntaram-lhe se eu *era dele* e disseram que eu era uma gentil menina. Papai respondeu sim, mas percebi que lhes fez sinal para não me elogiar... Era a primeira vez que ouvia dizer que eu era gentil, isso me agradou bastante, pois não acreditava. Éreis tão atenta, Madre querida, em não deixar perto de mim nada que pudesse embaciar a minha inocência, em não me deixar ouvir palavra que pudesse instalar a vaidade em meu coração... Como só dava atenção às vossas palavras e às de Maria, e nunca me elogiaram, não atribuía muita importância às palavras e olhares de admiração da senhora. À tarde, na hora em que o sol parece mergulhar na imensidão das ondas deixando diante de si um *sulco luminoso*, ia sentar-me com Paulina num rochedo... Recordei-me, então, da história comovente "Do sulco de ouro[72]!..." Contemplei esse sulco de ouro durante longo tempo, imagem da graça que deve

---

71. Em 8/8/1878; portanto, Teresa tinha cinco anos e oito meses. Tratava-se de uma visita breve à família Guérin.

72. Num compêndio de leitura, *La Tirelire aux histoires*, de Louise S. W. Belloc (com o título de "A senda do ouro"); trata-se do sonho simbólico de uma menina que

iluminar o caminho do naviozinho de graciosa vela branca... Perto de Paulina, tomei a resolução de nunca afastar minha alma do olhar de Jesus, a fim de que ela navegue em paz para a Pátria celeste!...

Minha vida corria tranquila e feliz. O afeto que me envolvia nos Buissonnets fazia-me crescer, por assim dizer. Mas, sem dúvida, eu era bastante crescida para começar a lutar, para começar a conhecer o mundo e as misérias que o inundam...

3. ALUNA DAS BENEDITINAS (1881-1883)

74. Eu tinha 8 anos e meio quando Leônia saiu do internato e fui substituí-la na Abadia[73]. Muitas vezes ouvira dizer que o tempo passado no internato era o melhor e o mais doce da vida. Não foi assim para mim. Os cinco anos que aí passei foram os mais tristes. Se não tivesse comigo minha querida Celina, não teria conseguido ficar um único mês sem adoecer... A pobre florzinha fora acostumada a mergulhar suas raízes em *terra de escol*, feita sob medida para ela, por isso pareceu-lhe muito difícil ser transplantada em meio a flores de toda espécie, de raízes frequentemente pouco delicadas, e ver-se obrigada a encontrar numa *terra comum* a seiva necessária[74] à sua subsistência!...

75. Ensinastes-me tão bem, Madre querida, que ao chegar ao internato eu era a mais adiantada das crianças da minha idade. Fui colocada numa classe de alunas todas superiores a mim em tamanho. Uma delas, com 13 ou 14 anos, era pouco inteligente mas sabia impor-se às alunas e até às mestras. Vendo-me tão nova, quase sempre a primeira da turma[75] e querida por todas as religiosas, sentiu, sem dúvida, uma inveja bem perdoável numa interna e fez-me pagar de mil maneiras meus pequenos sucessos...

---

navega no rastro de ouro do sol poente, imagem da graça (texto e comentário em VT, n. 61, pp. 74-80). Mas o episódio se dá, sem dúvida, no outro ano, em 1879 ou 1881.

73. Internato das beneditinas estabelecido perto da Abadia de Notre-Dame-du-Pré, em Lisieux. Teresa encontra as primas Guérin e a irmã Celina, semi-interna como ela.

74. Uma antiga companheira de Teresa relata ter havido uma grande diferença entre "a grande delicadeza" do seu meio familiar e a "educação vulgar" de muitas das companheiras (PO, p. 555).

75. Teresa acrescentou modestamente "*quase*" na entrelinha. De acordo com sua professora, era "um pouco fraca em cálculo e em ortografia", muito esforçada em tudo, sempre primeira na instrução religiosa. "Quanto à inteligência, era verdadeiramente bem provida, embora tivesse em sua sala de aula êmulas de igual valor" (PA, pp. 390-391).

Com minha natureza tímida e delicada, não sabia defender-me e contentava-me em chorar sem nada dizer, não me queixando, *nem a vós*, do que eu sofria. Não tinha virtude bastante para elevar-me acima dessas misérias da vida, e meu pobre coração sofria muito... Felizmente, toda noite, reencontrava o lar paterno e então meu coração se alegrava[76]. Pulava no colo do meu rei, contava-lhe as notas recebidas, e seu beijo fazia-me esquecer todas as aflições... Quanta alegria ao anunciar o resultado da minha *primeira redação* [uma redação sobre História Sagrada], só *faltava um ponto* para ter o máximo, não tendo sabido o nome do pai de Moisés[77]. Era a primeira e trazia uma bela medalha de prata. Para recompensar-me, papai me deu uma *bonita moedinha* de quatro centavos que coloquei numa caixa destinada a receber, quase toda quinta-feira, nova moeda sempre do mesmo tamanho... (era nessa caixa que me abastecia quando, por ocasião de algumas festas maiores, eu queria dar uma esmola pessoal, fosse para a Propagação da Fé ou outras obras semelhantes). Maravilhada com o êxito da sua aluninha, Paulina deu-lhe de presente um belo bambolê para encorajá-la a continuar sendo estudiosa. A coitadinha precisava realmente dessas alegrias familiares; sem elas, a vida de interna teria sido árdua demais para ela.

76. A tarde de cada quinta-feira era de folga. Mas não era como os *feriados de Paulina*, não ficava no mirante com papai... Era preciso brincar, não com minha Celina, o que me agradava quando eu estava *sozinha com ela*, mas com minhas priminhas e as meninas Maudelonde[78]. Era um sacrifício para mim, pois eu não sabia brincar como as demais crianças[79]; não era companheira agradável. Esforçava-me, contudo, para imitar as outras. Mas sem conseguir. Aborrecia-me muito, sobretudo quando era preciso passar uma tarde inteira a *dançar quadrilhas*. A única coisa que me agradava era ir ao *jardim da estrela*[80]. Então, eu era a primeira em tudo, colhendo muitas flores, e, por saber encontrar as mais bonitas, despertava a inveja das minhas companheirinhas...

---

76. "Era muito alegre e expansiva no seio da sua família e conosco. Via-se, então, que compensava o constrangimento que o internato lhe impunha" (testemunho ao PO, p. 266, da antiga empregada dos Guérin).

77. Amram (Ex 6,20).

78. Primas das meninas Guérin.

79. Teresa não gostava das brincadeiras das crianças de sua idade (cf. PA, p. 391, e *infra*, 115).

80. Parque em forma de estrela, no caminho de Pont-l'Evêque, próximo aos Buissonnets, loteado posteriormente.

77. O que ainda me agradava era, por acaso, ficar sozinha com a Mariazinha, não tendo mais Celina Maudelonde a arrastá-la para *brincadeiras comuns*. Deixava-me livre para escolher e eu escolhia uma brincadeira totalmente nova. Mariazinha e Teresa passavam a ser duas *solitárias* tendo apenas uma pobre cabana, um campinho de trigo e alguns legumes para cultivar. Sua vida corria numa contemplação contínua; quer dizer que uma das *solitárias* substituía a outra na oração quando era preciso cuidar da vida ativa. Tudo era feito com entendimento, silêncio e maneiras tão religiosas que era perfeito. Quando titia vinha buscar-nos para o passeio, nossa brincadeira prosseguia até na rua. As duas solitárias rezavam o terço juntas, usando os dedos a fim de não mostrar sua devoção ao público indiscreto. Porém, um dia, a mais jovem solitária distraiu-se. Tendo recebido um bolo para o lanche, antes de comer fez um grande sinal da cruz, o que fez rir todos os profanos do século...

78. Maria e eu pensávamos sempre igual, os nossos gostos eram tão idênticos que, uma vez, nossa *união* de *vontades* passou dos limites. Uma tarde, ao voltar da Abadia, disse a Maria: "Conduza-me, vou fechar os olhos". "Quero fechá-los também", respondeu ela. Dito e feito. Sem discutir, cada uma fez o que quis... Estávamos numa calçada, não havíamos de temer os carros. Depois de passear assim por alguns minutos, tendo saboreado as delícias de andar sem ver, as duas tontinhas caíram *juntas* sobre caixas depositadas à porta de uma loja. Melhor, fizeram *as caixas cair*. O comerciante saiu bravo para pegar sua mercadoria. As duas ceguinhas voluntárias haviam se levantado sozinhas e andavam depressa, com os olhos bem abertos, ouvindo as justas reclamações de Jeanne que estava tão irada quanto o comerciante!... Para castigar-nos, resolveu nos separar. A partir daquele momento, Maria e Celina iam juntas enquanto eu ia com Jeanne. Isso pôs fim à nossa grande união de vontade e não foi mau para as mais velhas, que, pelo contrário, nunca estavam de acordo e discutiam o tempo todo. A paz foi completa.

79. Ainda não disse nada do meu relacionamento íntimo com Celina. Ah! Se precisasse relatar tudo não acabaria nunca...

Em Lisieux, os papéis haviam mudado. Celina tornara-se duende malandrinha e Teresa uma mocinha muito meiga, embora chorona.... Isso não impedia Celina e Teresa de amar-se sempre mais. Havia algumas discussões, às vezes, mas no fundo entendiam-se perfeitamente. Posso dizer que minha irmãzinha querida *nunca* me magoou[81]; era para mim um raio de sol, me alegrando e consolando sempre... Quem poderia imaginar a intrepidez com que me defendia na Abadia quando eu era acusada?... Interessava-se tanto pela minha saúde que, às vezes, me aborrecia. O que não me cansava era *vê-la se divertir*. Alinhava a tropa toda das nossas bonecas para dar-lhes aula, como hábil mestra; fazia questão, contudo, que as filhas dela fossem sempre bem comportadas enquanto as minhas eram frequentemente mandadas fora da sala de aula por mau comportamento... Sempre me contava as novidades aprendidas em sua classe, o que me divertia muito, e olhava-a como poço de conhecimentos. Recebi o título de "filhinha da Celina", de sorte que, quando ela estava irritada comigo, dizia: "Não és mais minha filhinha, acabou, *vou me lembrar sempre!*..." Só me restava, então, chorar como Madalena, suplicar-lhe que me considerasse ainda como sua filhinha. Logo me beijava e prometia não se *lembrar de nada!*... Para consolar-me, pegava uma das bonecas dela e dizia: "Querida, beija tua tia". Uma vez, a boneca estava tão apressada em me beijar com ternura que enfiou seus dois bracinhos no meu *nariz*... Celina não fizera de propósito e olhou-me espantada. A boneca estava pendurada no meu nariz. A *tia* não demorou em se livrar do abraço excessivamente carinhoso da *sobrinha* e pôs-se a rir gostosamente de aventura tão singular.

80. O mais divertido era ver-nos comprar nossos presentes, ao mesmo tempo, no bazar, escondendo-nos cuidadosamente uma da outra. Tendo dez centavos para gastar, precisávamos, pelo menos, de cinco ou seis objetos diferentes. Havia competição para comprar as *coisas mais bonitas*. Encantadas com nossas compras, esperávamos pacientemente a passagem do ano para poder oferecer-nos os *magníficos presentes*. Aquela que acordava primeiro apressava-se em ir desejar feliz ano novo à outra; depois, entregavam-se os presentes e cada uma extasiava-se com os *tesouros* conseguidos com dez centavos!... Esses presentinhos causavam-nos quase tanto prazer quanto os *presentes bonitos* dados por meu *tio*, aliás era apenas o começo das alegrias. Naquele dia, vestíamo-nos depressa e cada uma ficava de espreita para pular no pescoço de papai. Logo que saía do quarto dele, eram gritos de alegria na casa toda e esse paizinho coitado parecia feliz em nos ver tão alegres... Os presentes que Maria e Paulina davam às suas filhinhas não tinham grande valor, mas causavam-lhes *imensa felicidade...*

---

81. Não esquecer que, em 1895, irmã Genoveva (Celina) é a primeira leitora dos caderninhos do Manuscrito A, à medida que são redigidos.

81. Ah! É que nessa idade, não éramos *entediadas*; com todo o seu frescor, nossa alma desabrochava como uma flor feliz por receber o orvalho da madrugada... O mesmo sopro fazia balançar nossas corolas[82], e o que causava alegria ou aflição a uma causava-o à outra. Sim, nossas alegrias eram mútuas, senti-o muito bem no dia da primeira comunhão da minha Celina querida[83]. Ainda não frequentava a Abadia por ter apenas 7 anos, mas conservei no coração a suavíssima lembrança da preparação que vós, querida Madre, levastes Celina a fazer. Toda noite, a tomáveis no colo e lhe faláveis do grande ato que ela ia realizar. Eu escutava, ansiosa por me preparar também. Muitas vezes, porém, mandáveis afastar-me por ser eu ainda pequena demais; então, eu ficava triste e pensava que quatro anos de preparo não eram demais para receber Deus...

Uma noite, vos ouvi dizer que, a partir da primeira comunhão, era preciso começar uma vida nova. Resolvi logo que eu não esperaria, começaria ao mesmo tempo que Celina... Nunca sentira tanto que a amava como durante seu retiro de três dias. Pela primeira vez na vida, estava longe dela, não dormia na cama dela... No primeiro dia, tendo esquecido que ela não ia voltar, guardei um raminho de cerejas que papai comprara para mim; queria dividi-lo com ela. Não a vendo chegar, fiquei muito triste. Papai consolou-me dizendo que me levaria à Abadia no dia seguinte a fim de ver minha Celina e que eu lhe daria outro raminho de cerejas!... O dia da primeira comunhão de Celina deixou-me uma impressão semelhante à do dia da minha primeira comunhão. Ao acordar, de manhã, sozinha na grande cama, senti-me *inundada de alegria*. "É hoje!... Chegou o grande dia..." Não me cansava de repetir essas palavras. Parece que era eu quem ia fazer a primeira comunhão. Creio ter recebido grandes graças naquele dia e considero-o como um dos mais *belos* da minha vida...

82. Voltei um pouco a fim de recordar essa deliciosa e suave passagem. Agora, devo falar da dolorosa provação que partiu o coração de Teresinha quando Jesus lhe tirou sua querida *mamãe*, sua *Paulina* tão ternamente amada!...

Um dia, disse a Paulina que eu queria ser solitária, refugiar-me com ela num deserto longínquo; respondeu-me que meu desejo era

---

82. A respeito da irmanação das duas irmãs, cf. Cartas 134; Manuscrito A, 171; Or 9.

83. Quinta-feira, 13/5/1880. Teresa volta no tempo (desde 74, falava da Abadia onde só ingressou em outubro de 1881).

também dela e que *esperava* eu fosse bastante crescida para partir. Sem dúvida, isso não foi dito seriamente, mas Teresinha levou-o a sério. Por isso, qual não foi sua tristeza quando ouviu sua querida Paulina falar com Maria de seu próximo ingresso no Carmelo... Não sabia o que era o Carmelo, mas compreendia que Paulina ia deixar-me para entrar no convento. Compreendia que não me *esperaria* e que eu ia perder minha segunda *Mãe*. Ah! Como descrever a angústia do meu coração?... Num instante, compreendi o que é a vida, até então não a vira tão triste, mas apresentou-se a mim em toda a sua realidade. Vi que era só sofrimento e separação contínua[84]. Derramei lágrimas muito amargas, pois ainda não compreendia a *alegria* do sacrifício. Era *fraca*, tão *fraca* que vejo como grande graça ter conseguido suportar uma provação que me parecia muito superior às minhas forças!... Se tivesse sido informada suavemente da partida da minha Paulina querida, talvez não tivesse sofrido tanto, mas, sabido de surpresa, foi como um dardo cravado em meu coração.

83. Recordarei sempre, Madre querida, a ternura com que me consolastes... Explicastes a vida do Carmelo, que me pareceu muito bonita. Rememorando tudo o que me dissestes, senti que o Carmelo era o *deserto* onde Deus queria que eu também fosse me esconder... Senti-o com tanta força que não sobrou a menor dúvida em meu coração, não era um sonho de criança que se deixa levar, mas a *certeza* de um chamado de Deus. Queria ir para o Carmelo, não por causa de *Paulina*, mas *só por Jesus*... Pensei muitas coisas que as palavras não podem expressar, mas que deixaram uma grande paz em minha alma.

No dia seguinte contei meu segredo a Paulina que, vendo meus desejos como sendo vontade do Céu, disse-me que logo iria com ela encontrar a Madre Priora do Carmelo e que seria preciso dizer-lhe o que Deus me fazia sentir... Escolheu-se um domingo para essa visita solene. Meu embaraço foi grande quando me disseram que Maria G.[85] ficaria comigo. Sendo ainda bastante pequena para ver[86] as carmelitas, precisava encontrar o meio de ficar sozinha. Eis o que me veio à mente:

---

84. A separação é uma das obsessões de que Teresa não consegue livrar-se completamente (cf. Manuscrito A, 33, 126, 130, 171, 191; Cartas 21, 134, 167 e outras). Ver-se-á, contudo, no Manuscrito C, 284, o heroísmo com que aceitou o exílio das suas irmãs para a Indochina.

85. Maria Guérin, futura irmã Maria da Eucaristia.

86. Só a família próxima e as criancinhas podiam, naquela época, "*ver as carmelitas*".

disse a Maria que, tendo o privilégio de ver a Madre Priora[87], precisávamos ser muito gentis e muito educadas. Era preciso confiar-lhe nossos *segredos*, portanto cada uma precisava sair por um momento e deixar a outra sozinha. Maria acreditou sem mais e, apesar de sua relutância em confiar *segredos que ela não tinha*, ficamos sós, uma após a outra, junto a M. M. de G. Tendo ouvido minhas grandes confidências, essa boa Madre acreditou na minha vocação, mas disse-me que não recebiam postulantes de *9 anos* e que precisaria esperar pelos meus 16 anos... Resignei-me apesar do meu vivo desejo de ingressar o mais cedo possível e de fazer minha primeira comunhão no dia da tomada de hábito de Paulina... Foi naquele dia que, pela segunda vez, recebi elogios; Irmã Th. de Santo Agostinho fora me encontrar e não parava de dizer que eu era gentil. Não esperava vir ao Carmelo para receber elogios, por isso, depois de sair, não parei de repetir para Deus que era *só para Ele* que eu queria ser carmelita.

84. Procurei aproveitar bastante da minha Paulina querida durante as semanas em que ficou ainda no mundo. Cada dia, Celina e eu comprávamos para ela um bolo e bombons, pensando que logo ela não comeria mais disso; ficávamos sempre ao lado dela, não lhe deixando um minuto de descanso. Chegou afinal o *2 de outubro*[88], dia de lágrimas e de bênçãos em que Jesus colheu a primeira das suas flores, que viria a ser a *madre* daquelas que iriam alcançá-la alguns anos mais tarde.

Ainda vejo o lugar onde recebi o último beijo de Paulina. Em seguida, minha tia nos levou todas à missa enquanto papai subia a montanha do Carmelo para oferecer seu *primeiro sacrifício*... A família toda estava banhada em lágrimas, de forma que as pessoas que nos viam entrar na igreja olhavam-nos com espanto. Mas isso importava-me pouco e não me impedia de chorar. Creio que, se tudo tivesse desabado a meu redor, não teria percebido. Olhava o belo céu azul e espantava-me com o fato de o sol poder brilhar tanto quando minha alma estava submersa na tristeza!...

Pensais, talvez, Madre querida, que exagero a pena que senti?... Tenho plena consciência de que ela não deveria ter sido tão grande, pois tinha esperança de vos reencontrar no Carmelo, mas minha alma estava LONGE do *amadurecimento*, faltava-me passar por muitos crisóis antes de atingir o estado tão desejado...

---

87. Madre Maria de Gonzaga.
88. 2 de outubro de 1882.

85. O 2 de outubro era o dia fixado para a entrada na Abadia. Foi preciso ir, apesar da minha tristeza... De tarde, minha tia veio nos buscar para ir ao Carmelo e vi minha *Paulina querida* atrás das *grades...* Ah! Como sofri nesse parlatório do Carmelo! Como estou escrevendo a história da minha alma, devo dizer tudo à minha Madre querida. Admito que os sofrimentos que precederam sua entrada nada foram, comparados aos que se seguiram... Todas as quintas-feiras íamos em *família* ao Carmelo e eu, acostumada a conversar intimamente com Paulina, só conseguia obter dois ou três minutos no final da visita. Obviamente, passava-os chorando e voltava com o coração dilacerado... Não compreendia que era por delicadeza com minha tia que vos dirigíeis preferencialmente a Joana e a Maria em vez de conversar com vossas filhinhas... Não compreendia e dizia comigo mesma, no fundo do meu coração: "Paulina está perdida para mim!!!" É espantoso como minha mente se desenvolveu no seio do sofrimento. Desenvolveu-se tanto que não demorei a adoecer.

86. A doença que me atingiu vinha certamente do demônio. Furioso com vosso ingresso no Carmelo, quis vingar-se em mim dos prejuízos que nossa família ia causar-lhe no futuro. Ele não sabia que a doce Rainha do Céu velava sobre sua florzinha, que ela lhe sorria do alto do seu trono e preparava-se para parar a tempestade no momento em que sua flor ia quebrar-se sem remédio...

Pelo fim do ano, fui tomada por uma dor de cabeça contínua, mas que não me fazia sofrer muito. Podia prosseguir com meus estudos e ninguém se preocupava comigo. Isso durou até a Páscoa de 1883[89]. Estando papai em Paris com Maria e Leônia, ficamos, eu e Celina, com minha tia. Uma noite, meu tio falou-me de mamãe, de lembranças, com tal bondade que fiquei profundamente comovida e chorei. Disse que eu era sensível demais, que precisava de muitas distrações e resolveu, com minha tia, procurar distrações para nós durante o feriado da Páscoa. Naquela noite, devíamos ir ao centro católico, mas, achando que eu estava muito cansada, minha tia me pôs na cama. Ao tirar a roupa, fui tomada por uma tremedeira estranha. Pensando que eu estava com frio, cercou-me com cobertores e garrafas quentes. Nada conseguia diminuir minha agitação, que durou quase a noite inteira. Ao voltar do círculo católico, com minhas

---

89. 25 de março; Teresa tinha dez anos.

primas e Celina, meu tio ficou surpreso por me encontrar num estado que julgou muito grave, mas não quis comentar com minha tia para não a apavorar. No dia seguinte, foi consultar o doutor Notta[90], que, como meu tio, achou minha doença muito grave e nunca vista antes numa criança tão nova. Todos estavam consternados. Minha tia foi obrigada a guardar-me na casa dela e cuidou de mim com uma solicitude verdadeiramente *materna*. Quando papai voltou de Paris com minhas irmãs, Aimée[91] os recebeu com uma fisionomia tão triste que Maria pensou que eu tivesse morrido... Mas essa doença não era para levar-me à morte; era mais como a de Lázaro, para que Deus fosse glorificado... De fato, o foi. Pela resignação admirável do meu pobre *pai*, que pensou que "sua filhinha ia ficar louca ou morrer", e pela resignação de *Maria!*... Ah! Como sofreu por minha causa... como lhe sou grata pelos tratamentos que me deu com tanto desinteresse... seu coração dizia-lhe o que me era necessário e, na verdade, um coração materno entende muito melhor que um médico. O dela sabia adivinhar o que era conveniente para mim...

87. Essa pobre Maria foi obrigada a vir instalar-se na casa do meu tio, pois não era possível transportar-me para os Buissonnets. Mas a tomada de hábito de Paulina aproximava-se, evitava-se falar nela diante de mim por causa da pena que sentia em não poder assistir. Mas eu falava muito dela, dizendo que ficaria bastante boa para poder ver minha Paulina querida. De fato, Deus não quis recusar-me esse consolo, ou melhor, quis consolar sua *noiva* querida que tanto sofrera com a doença da sua filhinha... Reparei que Jesus não manda provações a seus filhos no dia do noivado[92]. Essa festa deve passar sem nuvens, um antegosto das alegrias do Paraíso. Não o mostrou já cinco vezes[93]?... Portanto, pude abraçar minha mãe querida, sentar-me no seu colo e enchê-la de carícias... Pude contemplá-la tão radiante com o vestido branco de noiva... Ah! Foi um belo dia em meio à minha triste provação, mas esse dia passou depressa... Logo tive de subir no carro que me levou para muito longe de Paulina... muito longe do meu Carmelo querido.

---

90. Consultado pela senhora Martin durante sua última doença, esse médico cuidou do senhor Martin, de 1887 a 1889; parece que não entendeu a doença de Teresa.

91. Aimée Roger, cozinheira dos Guérin.

92. Cf. João da Cruz, CE, estrofes XIV e XV, p. 230 da edição de Teresa.

93. As tomadas de hábito das cinco irmãs Martin (incluindo Leônia).

Primeira fotografia de família (fins de 1894). Celina, com hábito de noviça; Madre Maria de Gonzaga e Madre Inês, com capas brancas de coro; ao centro, irmã Maria do Sagrado Coração, a mais velha das quatro carmelitas Martin, e Teresa.

Teresa e sua irmã, Genoveva, nos papéis de Joana d'Arc e Santa Catarina.

Maurício Bellière (1874-1907).

As irmãs Martin (Maria e Celina, Paulina e Teresa),
com Maria Guérin (agachada).

Visão desde a janela da cela de Teresa: o claustro e o campanário do Carmelo de Lisieux.

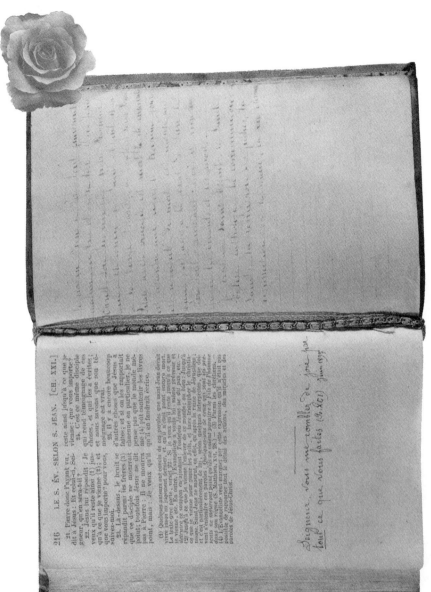

O Credo, que Teresa escreveu com o próprio sangue na guarda de seu evangelho de bolso.

Entre a noviça, ajoelhada, e a Priora, sentada, Teresa, de pé, séria e serena. Veem-se aqui, da esquerda para a direita, as irmãs Marta, Maria do Sagrado Coração, Maria Madalena do Santíssimo Sacramento, Maria da Eucaristia e Teresa. De joelhos, atrás da neoprofessa, irmã Genoveva, que professara em 24 de fevereiro de 1896 (a foto é de 30 de abril de 1896).

Pe. Adolfo Roulland (1870-1934).

Fotografia do início de julho de 1896.

Consagração à Sagrada Face, composta por Teresa em 6 de agosto de 1896, na festa da Transfiguração.

Fotografia de 7 de junho de 1897.

O primeiro túmulo de Teresa (1897-1910).

Capa da primeira edição de *História de uma alma*, de 30 de setembro de 1898, exatamente um ano após a morte de Teresa, da qual circularam 2.000 exemplares de 476 pp.

Retrato realizado por irmã Genoveva em 1911.

Leônia.

Teresa do Menino Jesus e da Sagrada Face, padroeira das missões.
Quadro de irmã Maria do Espírito Santo.

ALUNA DAS BENEDITINAS 65

88. Ao chegar aos Buissonnets, obrigaram-me a deitar, pois dizia estar perfeitamente curada e não precisar mais de cuidados. Ai de mim, só estava no começo da minha provação!... No dia seguinte, tive uma recaída, e a doença agravou-se tanto que não devia sarar segundo as previsões humanas.... Não sei como descrever tão estranha doença. Estou persuadida, agora, de que era obra do demônio[94], mas por muito tempo depois de estar curada pensei que tinha adoecido de propósito e isso foi um verdadeiro *martírio* para minha alma.

Disse-o a Maria, que me tranquilizou da melhor maneira que pôde, com sua *bondade* costumeira. Disse-o também a meu confessor, que respondeu não ser possível fingir doença a ponto de ficar como fiquei. Deus queria purificar-me, sem dúvida, e sobretudo *humilhar*-me[95]. Por isso, deixou esse *martírio íntimo* até meu ingresso no Carmelo, onde o *Pai* das nossas almas[96] me livrou de todas as dúvidas e, desde então, fiquei perfeitamente tranquila.

89. É estranho ter receado fingimento de doença, pois dizia e fazia coisas sem pensar, parecia quase sempre delirando, dizendo palavras sem sentido e, contudo, tenho *certeza* de não ter sido *privada* um *só instante* do *uso da razão*... Frequentemente, parecia desmaiada, sem fazer o mais leve movimento, teria deixado, portanto, que se fizesse de mim o que se quisesse, até matar-me. Mas ouvia tudo o que se dizia perto de mim e lembro-me de tudo ainda. Aconteceu-me uma vez ficar muito tempo sem poder abrir os olhos e abri-los durante um momento enquanto estava sozinha...

90. Creio que o demônio recebera um poder *exterior* sobre mim mas que não podia chegar perto da minha alma nem da minha mente, a não ser para inspirar-me *pavores*[97] muito grandes de certas coisas, por exemplo de remédios simples que se procurava, em

---

94. Era a opinião dos Guérin, segundo testemunho de Joana La Néele ao PO (pp. 240-241). Segundo o doutor Gayrat, tratava-se de uma neurose, depois de seis meses de angústia: "Vivendo com a impressão de ter sido abandonada pela segunda mãe, afundou num comportamento infantil a fim de ser mimada como bebê" (revista *Carmel*, 1959/2, pp. 81-96).

95. Segundo Teresa, a humilhação aceita por Deus é sempre sinal de amor (cf. particularmente Manuscrito C, 321).

96. O padre Almire Pichon, jesuíta. Cf. *infra*, nota 311, e "Petit Dictionnaire des noms propres".

97. *Exterior* e *temor*, sublinhadas, indicam uma citação; encontram-se numa passagem de João da Cruz (CE, estrofes XX-XXI, pp. 307-308).

vão, fazer-me aceitar. Deus, que permitia ao demônio chegar perto de mim, enviava-me também anjos visíveis... Maria estava sempre ao lado da minha cama, cuidando de mim, consolando-me com a ternura de uma mãe, nunca manifestou o mínimo aborrecimento, embora lhe causasse muitos, não admitindo que se afastasse. Era preciso participar das refeições, com papai, mas eu não parava de chamá-la o tempo todo. Vitória, que ficava comigo, era obrigada, às vezes, a ir buscar minha querida "Mama" como eu a chamava... Quando Maria queria sair, tinha de ser para ir à missa ou (para) visitar *Paulina*, então não reclamava...

91. Meu tio e minha tia eram também muito bons comigo; minha querida tiazinha vinha visitar-me *todos os dias* e trazia-me mil guloseimas. Outras pessoas amigas da família também vinham visitar-me, mas pedia a Maria para dizer-lhes que eu não queria visitas, desagradava-me "ver pessoas sentadas em *fileira* ao redor da minha cama e olharem-me como bicho estranho". A única visita[98] de que eu gostava era a do meu tio e da minha tia.

Não saberia dizer quanto meu afeto por eles cresceu a partir dessa doença. Compreendi mais do que antes que eles não eram para nós parentes quaisquer. Ah! Esse pobre paizinho tinha muita razão quando repetia para nós as palavras que acabo de escrever. Mais tarde, experimentou não se ter enganado e, agora, deve proteger e abençoar a quem lhe prodigalizou cuidados tão dedicados... Eu, ainda exilada, não sei provar-lhes minha gratidão, só tenho um meio para sossegar meu coração: rezar para os parentes que amo, que foram e são ainda tão bons para mim!

92. Leônia era também muito boa comigo, procurando divertir-me da melhor maneira que podia. Causava-lhe alguma aflição, pois bem via que não podia substituir Maria perto de mim...

E minha Celina querida, o que deixou de fazer para sua Teresa?... Aos domingos, em vez de passear, fechava-se horas inteiras com uma menininha que parecia uma idiota; francamente, era preciso ter amor para não fugir de mim... Ah! Queridas irmãzinhas, como vos fiz sofrer!... ninguém vos causara tanta aflição como eu causei e ninguém recebeu tanto amor quanto me destes... Felizmente, terei o Céu para vingar-me. Meu Esposo é muito rico e aproveitarei os

---

98. As linhas seguintes até o final do parágrafo ("*para mim*") foram acrescidas tardiamente por Teresa no seu manuscrito.

seus tesouros de amor para vos retribuir centuplicado tudo o que sofrestes por minha causa...

93. Meu maior consolo quando estive doente era receber carta de *Paulina...* Lia-a, relia-a até decorá-la... Uma vez, querida Madre, enviastes-me uma ampulheta e uma das minhas bonecas vestida de carmelita. Não há como traduzir minha alegria... Meu tio não estava contente, dizia que em vez de lembrar-me o Carmelo seria melhor afastá-lo da minha mente; mas, pelo contrário, sentia que era a esperança de ser carmelita, um dia, que me permitia viver... Sentia prazer em trabalhar para Paulina, fazia para ela pequenos trabalhos de cartolina, e minha maior preocupação consistia em confeccionar coroas de margaridas e de miosótis para a Santíssima Virgem. Estávamos no belo mês de maio, a natureza toda enfeitava-se de flores e exalava alegria, só a "florzinha" definhava e parecia murcha para sempre... Tinha, porém, um Sol perto dela; esse Sol era a *imagem milagrosa* da Virgem Maria que falara duas vezes com mamãe[99] e, frequentes, frequentíssimas vezes a florzinha virava sua corola para esse Astro abençoado... Um dia, vi papai entrar no quarto de Maria, onde eu estava deitada; com expressão de grande tristeza, deu-lhe muitas moedas de ouro e disse para encaminhá-las para Paris onde queria se celebrassem missas a Nossa Senhora das Vitórias[100] pela cura da sua pobre filhinha. Ah! Como fiquei comovida vendo a Fé e o Amor do meu querido Rei. Queria poder dizer-lhe que estava curada, mas já lhe havia causado falsas alegrias. Meus desejos não haviam de provocar um *milagre* e precisava-se de um para me curar... Precisava-se de um *milagre* e foi Nossa Senhora das Vitórias quem o fez. Num domingo[101] (durante a novena de missas) Maria foi ao jardim deixando-me sozinha com Leônia que lia junto à janela. Depois de alguns minutos, pus-me a chamar, em voz baixinha: "Mamã... Mamã". Acostumada a me ouvir chamar assim, Leônia não prestou atenção. Isso durou muito tempo. Então, chamei com mais força e, enfim, Maria voltou. Eu a vi entrar perfeitamente, mas não podia dizer que a reconhecia e continuava a chamar sempre mais forte: "Mamã..." *Sofria muito* com essa luta forçada e inexplicável, e Maria sofria talvez mais do que eu; após esforços inúteis para mostrar que estava perto de mim, pôs-se de joelhos ao lado da minha cama, com Leônia e Celina, e, virando-se

---

99. Uma única vez, após a morte de Heleninha, segundo nota de Madre Inês.

100. Devoção e santuário parisienses, caros aos Martin; cf. *infra*, 95, 158; Manuscrito C, 281; PO, p. 366; PN 35.

101. Pentecostes, 13/5/1883; Teresa estava doente havia quarenta e nove dias.

para a Santíssima Virgem, pedindo-lhe com o fervor de uma *mãe* que pede a vida de seu filho, *Maria* obteve o que desejava[102]...

94. Não encontrando socorro nenhum na terra, a pobre pequena Teresa apelou para sua Mãe do Céu. Pedia-lhe de todo o coração que se compadecesse dela... De repente, a Santíssima Virgem pareceu-me *bonita*, tão *bonita* que nunca vira algo semelhante, seu rosto exalava uma bondade e uma ternura inefáveis, mas o que calou fundo em minha alma foi o "sorriso encantador da Santíssima Virgem". Todas as minhas penas se foram naquele momento, duas grossas lágrimas jorraram das minhas pálpebras e rolaram pelo meu rosto, eram lágrimas de pura alegria... Ah! Pensei, a Santíssima Virgem sorriu para mim, estou feliz... sim, mas nunca o direi a quem quer que seja, pois então minha *felicidade iria embora*. Baixei os olhos sem esforço nenhum e vi Maria que me olhava com amor. Parecia comovida e duvidosa do favor que a Santíssima Virgem me concedera... Ah! Fora por causa dela, das suas intensas orações, que eu tivera a graça do *sorriso* da Rainha dos Céus. Vendo meu olhar fixado na Santíssima Virgem, ela dissera para si mesma: "Teresa está curada!" Sim, a florzinha ia renascer para a vida, o *Raio* luminoso que a aquecera não ia parar com seus favores, não faz tudo de uma vez só, mas suavemente, docemente, levantou sua flor e a fortificou[103] de tal forma que, cinco anos mais tarde, desabrochava no monte fértil do Carmelo.

95. Como disse, Maria adivinhou que a Santíssima Virgem me concedera alguma graça escondida, por isso, quando estive a sós com ela, perguntando-me o que eu tinha visto, não pude resistir a suas perguntas tão ternas e tão insistentes. Pasma por saber meu segredo descoberto sem que o tivesse revelado, confiei-o inteiramente à minha querida Maria... Ai, assim como tinha pressentido, minha felicidade desapareceu e transformou-se em amargura[104]. Durante quatro anos, a recordação da graça inefável que recebera foi para mim um verdadeiro *sofrimento de alma*. Só consegui reaver minha felicidade aos pés de Nossa Senhora das Vitórias; mas, então, foi-me devolvida em *toda a sua plenitude*... falarei mais tarde dessa segunda graça da Santíssima Virgem. Agora, preciso dizer-lhe, querida Madre,

---

102. Descrição mais detalhada em HA e, por Maria, ao PO, p. 241; ao PA, p. 228.

103. Essa grave doença nervosa não deixou sequelas, fora dois alertas, relatados por Leônia (PO, p. 344).

104. A palavra é empregada trinta e duas vezes nos Manuscritos e nas Cartas; evoca, como em transparência, a *amargura do cálice* de Cristo (Cartas 100 e 213). Cf. por exemplo Manuscrito A, 113; Manuscrito B, 259; Carta 81 etc.

como foi que minha alegria se transformou em tristeza. Após ter ouvido o relato ingênuo e sincero da "minha graça", Maria pediu-me permissão para informar o Carmelo. Não podia negar... Por ocasião da minha primeira visita a este Carmelo querido, fiquei toda feliz ao ver minha *Paulina* com o hábito da Santíssima Virgem. Foi um momento muito terno para nós duas... eram tantas as coisas que tínhamos para contar que não conseguia dizer nada. Meu coração transbordava... A boa Madre Maria de Gonzaga estava aqui também, dando-me mil provas de afeto. Vi outras irmãs e, na presença delas, perguntaram-me sobre a graça que eu recebera. [Maria] perguntando se a Santíssima Virgem tinha o Menino Jesus no colo, se havia muita luz etc. Todas essas perguntas me perturbaram e entristeceram. Só podia dizer uma coisa: "A Santíssima Virgem me pareceu *muito bonita* e a vi *sorrir para mim*". Só seu rosto me impressionara. Vendo que as carmelitas imaginavam outra coisa (meus sofrimentos espirituais já começando a respeito da minha doença), imaginei *ter mentido...* Sem dúvida, se tivesse guardado meu segredo, teria guardado minha felicidade também; mas a Santíssima Virgem permitiu essa aflição para o bem da minha alma. Talvez, sem ela, tivesse eu tido pensamentos de vaidade em vez de *humilhação*[105]. Não podia olhar-me sem sentir profundo *horror...* Ah! O que sofri só poderei dizê-lo no Céu!...

4. AVANÇOS NO ESTUDO E FERVOR RELIGIOSO (1883-1886)

96. Falando em visita às carmelitas, recordo-me da primeira, que se deu pouco tempo após a entrada de *Paulina*. Esqueci-me de falar dela acima, mas há um detalhe que não devo omitir. Na manhã do dia em que devia ir ao parlatório, refletindo na *cama* (pois era aí que fazia minhas mais profundas orações e, contrariamente à Esposa dos Cânticos, sempre encontrava meu Bem-amado), pensava no nome que eu teria no Carmelo. Sabia haver uma santa Teresa de Jesus, mas não podia ser alijada do meu belo nome de Teresa. De repente, pensei no *Menino* Jesus a quem tanto amava e disse para mim mesma: "Oh! Como seria feliz em ser chamada de Teresa do Menino Jesus!" *Nada disse,* no parlatório, do *sonho* que tivera acordada, mas essa boa Madre *M. de Gonzaga,* perguntando para as irmãs qual nome[106] deveria usar, veio-

---

105. A expressão particularmente forte mostra aqui que a *humilhação* é vivida sem contrapartida, mais duramente talvez que em outros momentos da vida de Teresa.

106. Teresa é a primeira, no Carmelo de Lisieux, a se chamar "*do Menino Jesus*".

70 MANUSCRITO A

lhe à mente chamar-me pelo nome que eu tinha *sonhado*... Minha alegria foi grande, e esse feliz encontro de pensamento pareceu-me uma delicadeza do meu Bem-Amado Menino Jesus.

97. Esqueci mais alguns detalhes da minha infância antes do meu ingresso no Carmelo. Não vos falei do meu gosto pelas estampas e pela leitura... Contudo, querida Madre, devo às belas estampas[107] que me mostrava como recompensa uma das mais doces alegrias e das mais fortes impressões que me incentivaram à prática da virtude... Olhando-as, esquecia-me das horas. Por exemplo: A *florzinha* do Divino Prisioneiro[108] evocava tantas coisas que eu ficava mergulhada[109]. Vendo que o nome de *Paulina* estava escrito embaixo da florzinha, queria que o de Teresa o fosse também e oferecia-me a Jesus para ser sua *florzinha*...

98. Não sabia brincar, mas gostava muito de leituras[110]; teria passado minha vida nelas. Felizmente, tinha por guias *anjos* da terra que escolhiam os livros que, ao mesmo tempo em que me distraíam, alimentavam meu coração e meu espírito. Também, só podia passar um tempo limitado na leitura, o que era questão de grandes sacrifícios para mim, pois tinha de interromper a leitura no meio da mais cativante passagem... Essa atração pela leitura durou até meu ingresso no Carmelo. Não sei dizer quantos livros passaram por minhas mãos, mas nunca Deus permitiu que eu lesse um que me fizesse algum mal. Claro que ao ler certos relatos de cavalaria não sentia, no primeiro momento, a *verdade* da *vida*; mas logo Deus fazia-me sentir que a verdadeira glória é aquela que durará eternamente e que para alcançá-la não são necessárias obras grandiosas, basta esconder-se e praticar a virtude de forma que a mão esquerda ignore o que faz a mão direita...

99. Foi assim que, lendo os relatos das ações patrióticas das heroínas francesas, particularmente da *Venerável* JOANA D'ARC[111], tinha grande desejo de imitá-las. Parecia sentir dentro de mim o mesmo

---

107. Ver o álbum *Thérèse et Lisieux* de H. N. Loose e P. Descouvemont (DLTH), 336 pp.

108. Imagem dada por Celina em 8/5/1884; texto em CG, pp. 1.165 s.

109. "Profundamente recolhida", expressão usada no Carmelo de Lisieux; cf. Cartas 54r.

110. Essa atração permanecerá, mas concentrar-se-á quase exclusivamente na Escritura Sagrada, em João da Cruz, na Imitação (que sabia quase de cor), e em alguns autores espirituais, tais como Arminjon; cf. Manuscrito A, 236; Manuscrito B, 243; Manuscrito C, 317.

111. Joana d'Arc passara a ser *Venerável*, pouco antes (27/1/1894).

ardor que as animava, a mesma inspiração celeste. Recebi então uma graça que sempre considerei como das maiores da minha vida, pois naquela idade não recebia *luzes* como agora, quando estou inundada[112]. Pensei ter nascido para a *glória* e, na busca do meio de alcançá-la, Deus inspirou-me os sentimentos que acabo de escrever. Fez-me compreender também que a minha *glória* não pareceria aos olhos dos mortais, consistiria em tornar-me uma grande *Santa*!!!... Esse desejo poderia parecer temerário se se considera como era fraca e imperfeita e como ainda o sou após sete anos passados em religião. Porém, sinto sempre a mesma confiança audaciosa de tornar-me uma grande santa. Pois não conto com meus méritos, tendo *nenhum*, mas espero Naquele que é a Virtude, a Própria Santidade. É ele só que, contentando-se com meus fracos esforços, me elevará até Si[113] e, cobrindo-me com seus méritos infinitos, tornar-me-á *santa*. Não pensava então que fosse necessário sofrer muito para alcançar a santidade. Deus não tardou em demonstrá-lo a mim, mandando-me as provações que relatei acima... Agora devo retomar meu relato no ponto em que o deixei.

100. Três meses após minha cura, papai nos levou a Alençon[114]. Retornava pela primeira vez, e minha alegria foi bem grande ao rever os locais onde passara minha infância, sobretudo poder rezar junto ao túmulo de mamãe[115] e pedir-lhe para proteger-me sempre...

Deus fez-me a graça de conhecer o *mundo* apenas o suficiente para desprezá-lo e me afastar dele. Poderia dizer que foi durante minha estada em Alençon que fiz minha *primeira entrada* no *mundo*. Era tudo alegria e felicidade a meu redor, era festejada, mimada, admirada; em suma, durante quinze dias, minha vida só foi coberta de flores... Admito que essa vida tinha encantos para mim. A Sabedoria tem razão em dizer que "o enfeitiçamento das bagatelas do mundo seduz o espírito mais afastado do mal". Aos 10 anos, o coração se deixa facilmente deslumbrar; por isso, considero como sendo uma grande graça não ter ficado em Alençon. Os amigos que tínhamos eram excessivamente mundanos, sabiam aliar demais as alegrias da

---

112. 1895 é um ano particularmente luminoso para Teresa, que não é nada modesta em relação às *luzes* que recebe; cf. Manuscrito A, 133, 209, 236; com uma restrição em relação ao Manuscrito C, 304, efeito indireto da "noite" da fé?

113. É uma primeira intuição do *elevador* (Manuscrito C, 271), ainda que Teresa continue a esperar poder *voar* para Deus (PN 22).

114. Agosto de 1883.

115. Os restos mortais da senhora Martin foram transferidos para Lisieux depois da morte do seu marido.

terra com o serviço de Deus. Não pensavam bastante na *morte*[116] e, porém, a *morte* veio visitar muitas pessoas que conheci, jovens, ricos e felizes!!! Gosto de reportar meu pensamento aos lugares onde viveram, perguntar-me onde estão, o que usufruem dos castelos e dos parques onde os vi gozar das comodidades da vida... E vejo que tudo é vaidade e aflição de espírito sob o sol... Que o *único bem* consiste em amar a Deus com todo o coração e ser na terra *pobre de espírito*...

101. Talvez Jesus tenha querido mostrar-me o mundo antes da *primeira visita* que devia me fazer para eu escolher mais livremente a via que eu devia prometer-Lhe seguir. A época da minha primeira comunhão ficou gravada em meu coração como uma recordação sem nuvens. Parece-me que não podia ser mais bem disposta e meus sofrimentos espirituais abandonaram-me durante quase um ano. Jesus queria fazer-me provar uma alegria tão perfeita quanto é possível neste vale de lágrimas...

102. Estais lembrada, querida Madre, do charmoso livrinho que me destes[117] três meses antes da minha primeira comunhão?... Foi ele que me ajudou a preparar meu coração de uma maneira contínua e rápida, pois embora desde muito o preparasse[118] era preciso dar-lhe um novo impulso, enchê-lo de *novas flores* para que Jesus pudesse descansar nele com prazer... Cada dia fazia grande número de bons atos que formavam *flores*. Fazia um número maior de aspirações que tínheis escrito no meu livrinho, para cada dia, e esses atos de amor formavam os *botões* de flores[119]...

Toda semana me escrevíeis uma bonita cartinha[120] que enchia minha alma de pensamentos profundos e me ajudava a praticar a virtude. Era um consolo para vossa pobre menina que aceitava o *tão grande sacrifício* de não ser preparada, toda noite, no vosso colo, como havia sido minha querida Celina...

---

116. Sem dúvida, Teresa censura a si mesma: sentiu-se lisonjeada, feliz em ser admitida em Alençon... A carmelita de 1895 julga com alguma severidade a menina de dez anos.

117. Um método propondo para cada dia sacrifícios e orações curtas, simbolizados por flores e perfumes (cf. VT, n. 76, pp. 310 ss, e DLTH, p. 55).

118. Cf. *supra*, 81; a idade-limite era fixada em 10 anos completos antes de primeiro de janeiro. Teresa lastimava ter nascido num dia 2 de janeiro e imaginava várias possibilidades para escapar à regra (cf. VT, n. 123, p. 154, e PO, p. 241).

119. De fato, para Teresa, os *perfumes*. Cf. *Orações*, p. 72.

120. LC 24 a 31, em CG.

103. Maria substituía Paulina para mim. Sentava-me no colo dela e escutava *avidamente* o que me dizia. Parecia que todo o seu coração, tão *grande*, tão *generoso*, passava para dentro de mim. Assim como os ilustres guerreiros ensinam aos filhos o ofício das armas, assim me falava dos *combates* da vida, da palma dada aos vitoriosos... Falava-me ainda das riquezas imortais que se oferecem a nós, todos os dias; da infelicidade de passar ao lado delas sem querer esticar o braço para colhê-las, e indicava-me o meio de ser *santa* pela fidelidade nas menores coisas. Deu-me a folhinha "Da renúncia"[121], que eu meditava com prazer...

Ah! Como era eloquente minha querida madrinha! Desejava não ser a única a ouvir seus ensinamentos profundos. Sentia-me tão *atingida* que, na minha ingenuidade, acreditava que os maiores pecadores[122] teriam sido atingidos, como eu, e, abandonando suas riquezas perecíveis[123], teriam passado a desejar apenas as do Céu...

104. Naquela época, ninguém me havia ensinado ainda o meio de fazer oração. Embora o desejasse muito, Maria achava-me bastante piedosa e só me deixava com minhas rezas. Um dia, uma das minhas mestras da Abadia perguntou-me o que fazia nos feriados quando sozinha. Respondi-lhe que me escondia atrás da minha cama, num espaço vazio que podia facilmente fechar com a cortina, e que, aí, pensava!... Mas em que pensais? perguntou. Penso em Deus, na vida, na ETERNIDADE, enfim, *penso*[124]!... A boa religiosa riu muito de mim; mais tarde, gostava de lembrar o tempo em que eu *pensava*, perguntando se continuava a *pensar*... Compreendo agora que fazia oração sem o saber e que já naquele tempo Deus instruía-me em segredo[125].

105. Os três meses de preparo passaram depressa. Logo tive de entrar em retiro[126] e, para isso, tornar-me interna em tempo integral, dormindo na Abadia. Não consigo traduzir a doce recordação que esse

---

121. Cf. CG, pp. 1.166 ss.

122. Modo de pensar parecido em Manuscrito C, 276

123. Cf. *Imitação*, 1,1, parágrafo 4, e *Recreios*, p. 371 (5v, 2).

124. Cf. PO, pp. 548, 554 s. E uma recordação mais antiga de Celina: "Sonhava com vida de eremita e, às vezes, afastava-se (...) atrás das cortinas da sua cama para conversar com Deus. Tinha então 7 ou 8 anos" (PO, p. 269).

125. Cf. *infra*, 141. Sobre os segredos revelados aos pequeninos: Cartas 127; 190; 247; Manuscrito B, 5v; Manuscrito C, 4r; RP 6, 8v, 11r; Ima 2 (cf. BT, pp. 212-213).

126. De 4 a 8/5/1884.

retiro deixou em mim. Francamente, se sofri muito como interna, fui amplamente recompensada pela felicidade inefável desses poucos dias passados à espera de Jesus... Não creio que se possa experimentar essa alegria fora das comunidades religiosas onde, sendo reduzido o número das crianças, é fácil ocupar-se de cada uma em particular, e de fato nossas mestras prodigalizavam-nos, naquela ocasião, atenções maternas. Ocupavam-se ainda mais de mim do que da outras. Toda noite, a primeira mestra vinha, com sua lanterninha, beijar-me na minha cama demonstrando-me grande afeto. Uma noite, comovida com sua bondade, disse-lhe que ia confiar-lhe um *segredo* e, tirando misteriosamente meu *precioso livrinho* que estava debaixo do meu travesseiro, mostrei-lho com olhos brilhando de alegria... Na manhã seguinte, achei muito bonito ver todas as alunas levantarem-se ao toque da campainha e quis fazer como elas, mas eu não era acostumada a me arrumar sozinha. Maria não estava ali para me pentear e via-me obrigada a ir timidamente apresentar meu pente à camareira. Ela ria vendo uma moça de 11 anos que não sabia se arrumar; mas penteava-me, se bem que não tão *delicadamente* quanto Maria. Assim mesmo, não ousava *gritar*, o que fazia todos os dias sob a mão *suave da madrinha*... Dei-me conta, durante o retiro, de que eu era uma criança mimada e protegida como poucas na face da terra; sobretudo entre as crianças órfãs de mãe... Todos os dias, Maria e Leônia vinham visitar-me com papai, que me enchia de mimos; assim, não sofri com o afastamento da família e nada veio obscurecer o belo Céu do meu retiro.

106. Escutava com muita atenção as instruções do padre Domin[127] e escrevia o resumo, até; para meus *pensamentos*, não quis escrever uma só, certa de que eu me lembraria; o que aconteceu... Era para mim uma grande alegria ir com as religiosas a todos os ofícios; fazia-me notar no meio das minhas companheiras por um *grande Crucifixo* que Leônia me dera e que colocava na minha cintura, à maneira dos missionários. Esse crucifixo dava inveja às religiosas e as deixava pensar que eu o carregava para imitar minha *irmã carmelita*... Ah! Era para ela que meus pensamentos se dirigiam, sabia que *minha Paulina* estava em retiro, como eu[128], não para que Jesus

---

127. Capelão das beneditinas e confessor de Teresa na Abadia. As notas de retiro de Teresa são publicadas nos "Escritos diversos" das Obras completas. Essas primeiras *instruções* têm, sem dúvida, alguma relação com sua *"terrível doença dos escrúpulos"* (cf. *infra*, 121).

128. Para a sua profissão prevista para o mesmo dia (8 de maio).

AVANÇOS NO ESTUDO E FERVOR RELIGIOSO   75

se desse a ela, mas para ela mesma se dar a Jesus[129]. Essa solidão passada na expectativa era-me duplamente querida...

107. Lembro-me de que, certa manhã me encaminharam à enfermaria porque tossia muito (desde minha doença, minhas mestras me davam muita atenção; uma leve dor de cabeça ou vendo-me mais pálida que de costume, mandavam-me tomar ar puro ou descansar na enfermaria). Vi entrar minha *querida Celina,* que obtivera licença para me visitar apesar do retiro a fim de me oferecer uma estampa que muito me agradou. Era "A florzinha do Divino Prisioneiro". Oh! Como foi doce para mim receber essa lembrança das mãos de *Celina!*... Quantos pensamentos de amor tive por causa dela!...

108. Na véspera do grande dia, recebi a absolvição pela segunda vez[130]. Minha confissão geral deu grande paz à minha alma e Deus não permitiu que fosse perturbada pela mais leve nuvem. À tarde, pedi perdão à *família toda* que foi me visitar, mas só pude falar com as lágrimas, estava emocionada demais... Paulina não estava aí, mas sentia-a presente pelo coração. Tinha mandado, por Maria, uma *bela estampa* que não cansava de admirar e fazê-la admirar por todos!... Tinha escrito para o bom padre Pichon a fim de recomendar-me às orações dele, dizendo-lhe que logo eu seria carmelita e ele seria meu diretor. (Foi o que, de fato, aconteceu quatro anos depois, pois foi no Carmelo que lhe abri minha alma...) Maria deu-me uma *carta dele*[131], o que me fez muito feliz!... Todas as felicidades chegavam-me juntas. O que mais me alegrou na carta dele foi esta frase: "Amanhã, subirei ao Santo Altar por vós e por vossa Paulina!" Paulina e Teresa, em 8 de maio, tornaram-se ainda mais unidas, pois Jesus parecia confundi-las inundando-as de graças...

109. O belo dia entre os belos dias chegou afinal. Quantas recordações inefáveis deixaram em minha alma os *menores detalhes* desse dia do Céu!... O alegre despertar da aurora, os beijos *respeitosos* e ternos das mestras e das grandes companheiras... O grande quarto cheio de *flocos de neve* de que cada criança se via revestida por sua vez... Sobretudo a entrada na capela e o canto *matutino* do belo cântico: "Ó santo Altar que de anjos sois rodeado!"

---

129. Belo paralelo entre Eucaristia e Profissão; porém, já por ocasião da sua primeira comunhão, Teresa *"entregou-se para sempre"* (109).

130. Não se costumava dar absolvição às crianças cada vez que se confessavam. Segundo o padre Domin, Teresa lhe teria perguntado: *"O senhor pensa que o bom Jesus está contente comigo?"* (PA, p. 395; cf. Manuscrito A, 176, 225-228; Manuscrito B, 248).

131. Cf. LC 32, CG, p. 172.

Mas não quero entrar nos pormenores. Há coisas que perdem o perfume quando expostas ao ar, e há *pensamentos da alma* intraduzíveis em linguagem terrestre sem perder o sentido íntimo e celeste. São como essa "Pedra branca que será dada ao vencedor e sobre a qual está escrito um nome que ninguém *conhece* a não ser *quem* a recebe". Ah! Como foi doce o primeiro beijo de Jesus[132] à minha alma!...

Foi um beijo de *amor, sentia-me amada* e dizia também: "Amo-vos, dou-me a vós para sempre". Não houve pedidos, lutas, sacrifícios; havia muito que Jesus e a Teresinha se haviam *olhado e compreendido...* Naquele dia, não era mais um olhar, mas uma *fusão*, não eram mais *dois*, Teresa havia sumido como a gota d'água que se perde no oceano[133]. Só ficava Jesus. Era o mestre, o Rei. Teresa não lhe pedira para tirar-lhe a *liberdade*[134], pois sua *liberdade* amedrontava-a, sentia-se tão fraca, tão frágil, que queria unir-se para sempre com a Força Divina[135]. Sua alegria era grande demais, profunda demais, para ser contida. Lágrimas deliciosas inundaram-na logo para grande espanto das suas companheiras que, mais tarde, diziam umas às outras: "Por que será que ela chorou? Alguma coisa a atrapalhava?... Não, era mais por não ter sua mãe perto dela ou sua irmã a quem tanto ama e que é carmelita". Não compreendiam que, quando toda a alegria do Céu vem a um coração, esse coração *exilado*[136] não pode suportá-la sem derramar lágrimas...Oh! Não, a ausência de mamãe não me causava pena no dia da minha primeira comunhão; o céu não estava na minha alma e mamãe não tinha lugar assegurado havia muito tempo? De forma que, ao receber a visita de Jesus, recebia também a da minha mãe querida que me abençoava alegrando-se com minha felicidade... Não chorava a ausência de Paulina. Sem dúvida, teria gostado de vê-la a meu lado, mas meu sacrifício era desde muito tempo aceito. Naquele dia, só a alegria enchia meu coração, unia-me a ela que se dava irrevogavelmente Àquele que se dava a mim tão amorosamente!...

---

132. Cf. Manuscrito A, 141; Cartas 182, 187; PN 18,51; 20,6; 24,9; 26,6; RP 1, 10v; 3,23rbis; Or 3 e 16.

133. Atitude oblativa de Teresa, que será total no final da vida (cf. PN 51).

134. A fusão de Teresa em Jesus é dom da sua liberdade (cf. Manuscrito C, 286; Cartas 36; 103; Or 6, 35-36).

135. Cf. João da Cruz, CE, estrofe XXII, p. 328.

136. Para Teresa, a vida terrestre é um *exílio* do céu (cf. 50, 61, 125 etc.), como aliás para Jesus (PN 13, 9 e 12, 2).

110. De tarde, pronunciei o ato de consagração à Santíssima Virgem. Era justo que eu *falasse* à minha Mãe do Céu em nome das minhas companheiras, eu que, tão nova, havia sido privada da minha mãe terrestre... Pus meu coração todo em lhe *falar*, em consagrar-me a ela, como uma criança que se joga nos braços da mãe e lhe pede para velar sobre ela. Creio que a Santíssima Virgem olhou sua pequena flor e lhe *sorriu*; não fora ela quem a curara com um *sorriso visível*?... No cálice da sua florzinha, ela não havia colocado seu Jesus, sua Flor dos Campos, o Lírio do vale?...

111. À noite desse belo dia, reencontrei minha família da terra. De manhã, depois da missa solene, abraçara papai e todos os meus queridos familiares; mas então era a verdadeira reunião. Segurando sua rainhazinha pela mão, papai dirigiu-se ao *Carmelo*... Vi então minha *Paulina*, que havia passado a ser esposa de Jesus, vi-a de véu branco como o meu e sua coroa de rosas... Ah! Minha alegria não comportava amargura, esperava juntar-me a ela em breve e aguardar o *Céu* com ela![137]

Não fiquei insensível à festa de família que se deu na noite da minha primeira comunhão, o belo relógio que meu Rei me deu causou-me grande prazer, mas minha alegria era tranquila, nada veio perturbar minha paz íntima.

Maria tomou-me consigo na noite que se seguiu a esse belo dia, pois os mais radiosos dias são seguidos de trevas; só o dia da primeira, da única, da eterna Comunhão do Céu será sem ocaso!...

112. O dia seguinte à minha primeira comunhão foi também um belo dia, porém marcado pela melancolia. A roupa linda que Maria comprara para mim, os presentes todos que recebera não enchiam meu coração. Só Jesus podia contentar-me. Ansiava pelo momento em que poderia recebê-lo uma segunda vez. Cerca de um mês depois[138] da minha primeira comunhão, fui confessar-me para a Ascensão e atrevi-me a pedir permissão para comungar. Contrariamente a toda expectativa, o padre permitiu e tive a felicidade de ir ajoelhar-me à mesa de comunhão entre papai e Maria. Que doce lembrança guardei dessa segunda visita de Jesus! Minhas lágrimas rolaram de novo com inefável doçura. Repetia para mim mesma essas palavras de são Paulo: "Não sou mais eu quem vive, é Jesus que vive em mim!..." A

---

137. Cf. PN 21, 3; 22, 11; 24, 32.
138. Na realidade, quinze dias, para a Ascensão, 22 de maio.

MANUSCRITO A

partir dessa comunhão, meu desejo de receber Deus passou a ficar sempre maior. Obtive autorização para comungar em todas as principais festas[139]. Na véspera desses dias felizes, Maria tomava-me no colo e preparava-me como fizera para minha primeira comunhão. Lembro-me que, um dia, me falou do sofrimento, dizendo-me que, provavelmente, eu não iria caminhar por essa via, mas que Deus me carregaria sempre como a uma criança...

113. No dia seguinte, depois da comunhão, as palavras de Maria voltaram ao meu pensamento; senti nascer no meu coração um *grande desejo do sofrimento*[140] e, ao mesmo tempo, a íntima certeza de que Jesus me reservava um grande número de cruzes. Senti-me tomada de tão *grandes* consolações que as vejo como uma das *maiores* graças da minha vida. O sofrimento tornou-se meu atrativo, possuía encantos que me enfeitiçavam embora não os conhecesse direito. Até então, tinha sofrido sem *amar* o sofrimento; a partir daquele dia, senti por ele um verdadeiro amor. Sentia também o desejo de só amar a Deus, de só encontrar alegria Nele. Frequentemente, nas minhas comunhões, repetia estas palavras da Imitação: "Ó Jesus! *doçura* inefável, transformai em *amargura*, para mim, todas as consolações da terra"[141]... Essa oração saía sem esforço dos meus lábios, sem constrangimento. Parecia que a repetia não por vontade minha, mas como uma criança que repete as palavras que uma pessoa amiga lhe inspira... Posteriormente, dir-vos-ei, querida Madre, como Jesus se agradou do meu desejo, como Ele foi sempre minha única *doçura*. Se vos contasse desde já, anteciparia o tempo da minha vida de moça. Ainda tenho muitos detalhes a contar sobre minha vida de criança.

114. Pouco depois da minha primeira comunhão, entrei novamente em retiro para minha crisma[142]. Preparei-me com muito cuidado para receber a visita do Espírito Santo. Não compreendia a pouca importância dada à recepção desse sacramento de *Amor*. Habitualmente, faziam apenas um dia de retiro para a crisma, mas,

---

139. Vinte e duas comunhões entre 8/5/1884 e 8/9/1885 (cf. suas cadernetas de criança, em Escritos diversos).

140. A reação de Teresa é espantosa: ela "*deseja o sofrimento*", pede para "*transformar em amargura todas as consolações da terra*" (113). Em resumo, "*a partir daquele dia*" ela "*escolhe tudo*" (cf. Manuscrito A, 37, 94-95; CJ 25. 7. 1 e DE, p. 485).

141. *Imitação*, III, 26, 3.

142. Sábado, 14/6/1884, por dom Hugonin. Celina é testemunha do extraordinário entusiasmo de Teresa (PO, pp. 266-267).

como o bispo não pôde vir no dia marcado, tive a consolação de ter dois dias de retiro. Para distrair-nos, nossa mestra nos levou ao Monte Cassino[143] e colhi aí *grandes margaridas* para a festa de Corpus Christi. Ah! Como minha alma estava alegre... Como os apóstolos, aguardava feliz a visita do Espírito Santo... Regozijava-me com a ideia de que em breve eu seria uma perfeita cristã e com aquela de ter eternamente na minha fronte a cruz misteriosa que o bispo marca ao impor o sacramento... Chegou afinal o feliz momento. Não senti um vento impetuoso na descida do Espírito Santo, mas *brisa leve*[144] cujo murmúrio o profeta Elias menciona ter ouvido no monte Horeb... Naquele dia recebi a força para *sofrer*, pois logo depois o martírio da minha alma devia começar... Minha pequena Leônia serviu-me de madrinha. Estava tão comovida que não pôde impedir as lágrimas durante a cerimônia inteira. Recebeu comigo a santa comunhão, pois ainda tive a felicidade de unir-me a Jesus nesse belo dia.

115. Depois dessas deliciosas e inesquecíveis festas, minha vida entrou na *rotina*, retornei à vida de interna que me era tão penosa. No momento da primeira comunhão, gostava da convivência com crianças da minha idade, cheias de boa vontade, que tinham tomado, como eu, a resolução de praticar seriamente a virtude. Mas era preciso retomar o contato com alunas bem diferentes, desatentas, nada dispostas à obediência, e isso me entristecia. Tinha índole alegre, mas não sabia entregar-me às brincadeiras da minha idade[145]. Muitas vezes, durante os recreios, apoiava-me contra uma árvore e contemplava o *panorama*, entregando-me a reflexões sérias! Tinha inventado uma brincadeira que me agradava, enterrar os pobres passarinhos que encontrávamos mortos debaixo das árvores. Muitas alunas quiseram me ajudar, de sorte que nosso cemitério ficou muito bonito, plantado de árvores e flores proporcionais ao tamanho dos nossos emplumados. Gostava também de contar histórias que inventava na medida em que se desenrolavam. Minhas companheiras rodeavam-me então e, às vezes, alunas mais adiantadas se misturavam à turma de ouvintes. A mesma história durava muitos dias, pois comprazia-me em torná-la sempre mais interessante na medida em que via as impressões produzidas no rosto das minhas companheiras.

---

143. Um pequeno morro atrás do jardim das beneditinas; a festa de Corpus Christi era no dia seguinte à Crisma.

144. Cf. *infra*. 218.

145. Segundo Celina, a pequena Teresa não podia correr, ficava facilmente sem fôlego.

Logo, a mestra proibiu-me de prosseguir com meu ofício de *oradora*, querendo ver-nos *correr* e não *discorrer*.

116. Lembrava-me facilmente do sentido das coisas que aprendia, mas tinha dificuldade em decorar os textos. Por isso, com o catecismo, quase todos os dias do ano da minha primeira comunhão, pedi permissão para decorá-lo durante os recreios. Meus esforços foram coroados de êxito e sempre me classifiquei primeira. Se, por acaso, devido a uma *única palavra esquecida*, perdia o primeiro lugar, minha dor manifestava-se por lágrimas amargas que o padre Domin não sabia como estancar... Estava muito satisfeito comigo (não quando chorava) e chamava-me de seu *doutorzinho*, por causa do meu nome Teresa. Uma vez, a aluna que se seguia a mim não pôde formular para sua companheira a pergunta do catecismo[146]. Tendo dado, em vão, a volta a todas as alunas, voltou-se para mim dizendo que ia verificar se eu merecia meu lugar de primeira aluna. Na minha *profunda humildade*[147], só esperava por isso; levantando-me com segurança disse o que me era pedido sem um único erro, para espanto de todos... Depois da minha primeira comunhão, meu zelo pelo catecismo continuou até minha saída do pensionato. Tinha muito bom êxito em meus estudos, quase sempre alcançava o primeiro lugar; meus maiores sucessos eram em história e redação. Todas as minhas mestras me consideravam como aluna muito inteligente. Não era assim em casa do meu tio, onde eu era tida por pequena ignorante, boa e meiga, com um juízo reto, mas incapaz e desajeitada...

117. Não estranho essa opinião que meu tio e minha tia tinham e, sem dúvida, ainda têm de mim; por ser muito tímida, quase não falava e, quando escrevia, meus rabiscos e minha ortografia, que não passam de normais, não eram de natureza a *seduzir*... Segundo minhas mestras, eu era boa nos pequenos trabalhos de costura, rendas etc., mas a maneira desajeitada como segurava meu trabalho justificava a opinião pouco lisonjeira que se fazia de mim. Vejo isso como uma graça. Deus queria meu coração só para Ele e já atendia a meu pedido "transformando em amargura as consolações da terra"[148]. Precisava daquilo, na medida em que não era insensível aos elogios[149].

---

146. Perguntas e respostas deviam ser decoradas e fornecidas a pedido.

147. O destaque (*grifo*) indica um pouco de ironia por parte de Teresa a seu próprio respeito.

148. De novo *Imitação* III, 26, 3.

149. O pecado contra o qual Teresa se previne; cf. Manuscrito A, 83, 100, 123; Manuscrito C, 269; CJ 14.7.6.

Frequentemente, elogiava-se diante de mim a inteligência dos outros, mas nunca a minha; concluí, então, que eu não a tinha e resignei-me em ficar sem...

118. Meu coração sensível e amoroso ter-se-ia entregado facilmente se tivesse encontrado um coração capaz de compreendê-lo[150]... Tentei ligar-me com meninas da minha idade, sobretudo com duas delas, amava-as e elas me amavam tanto quanto eram *capazes*; mas o coração das criaturas é *estreito e volúvel*!!!... Vi logo que meu amor era incompreendido. Uma das minhas amigas, obrigada a voltar para sua família, retornou alguns meses depois; durante sua ausência eu tinha *pensado nela* e guardado preciosamente um anelzinho que me havia dado. Ao revê-la, minha alegria foi grande, mas só obtive dela um olhar indiferente... Meu amor não era compreendido, senti e não *mendiguei* um afeto que me era recusado. Deus deu-me um coração tão fiel que, quando amo puramente, amo sempre; continuei a rezar por minha companheira e continuo a amá-la...

119. Vendo Celina *amar* uma das nossas mestras, quis imitá-la; mas, não *sabendo* conquistar as boas graças das criaturas, não consegui. Oh! Bendita ignorância que me livrou de grandes males!... Quanto agradeço a Jesus por me ter feito encontrar só "amargura nas amizades da terra". Com um coração igual ao meu, ter-me-ia deixado seduzir e cortar as asas; como poderia então ter "voado e descansado"? Como o coração entregue ao afeto das criaturas[151] pode unir-se intimamente a Deus?... Sinto que isso não é possível. Sem ter bebido na taça envenenada do amor excessivamente ardente das criaturas, *sinto* que não posso enganar-me, vi tantas almas seduzidas por essa *luz falsa* voar como pobres borboletas, queimar as asas e voltar para a verdadeira, a doce luz do *amor* que lhes dava novas asas, mais brilhantes e mais leves, para poderem voar até Jesus, esse Fogo divino[152] "que queima sem consumir-se"... Ah! Sinto-o. Jesus sabia que eu era fraca demais para me expor à tentação. Talvez me tivesse deixado queimar inteira pela *luz enganadora* se a tivesse visto brilhar perante meus olhos... Não foi assim; só encontrei amargura onde almas mais fortes encontram a alegria e se desprendem dela por fi-

---

150. O tom exato e quase os mesmos termos que nos primeiros versos de PN 36.

151. Cf. João da Cruz: "A alma que dá seu afeto às criaturas (...) não poderá de modo algum unir-se ao Ser infinito de Deus" (*Subida do Carmelo* 1, 4, 4).

152. Aqui, o *Fogo* não é o *Espírito*, mas Jesus: é nele que, segundo Teresa, o Fogo queima; e é no coração Dele que, em 9 de junho desse mesmo ano de 1895, quando escreve, vai buscar o *Amor misericordioso* (Or 6). Para ela, não há Espírito fora de Jesus.

82 MANUSCRITO A

delidade. Portanto, não tenho mérito algum em não me ter entregado ao amor das criaturas, sendo que fui preservada pela grande misericórdia de Deus!... Reconheço que, sem Ele, poderia ter caído tão baixo quanto santa Madalena e a palavra profunda de Nosso Senhor a Simão ressoa com grande doçura em minha alma...

120. Sei: "Aquele a quem se devolve menos ama menos"[153], mas sei também que Jesus devolveu a mim mais que a santa Madalena, sendo que me devolveu com *antecipação*, impedindo-me de cair. Ah! Como gostaria de poder explicar o que sinto!... Eis um exemplo que externará um pouco meu pensamento. Suponho que o filho de um hábil médico[154] tropeça numa pedra e quebra um membro. Logo o pai vem a ele, levanta-o com amor, cuida dos seus ferimentos, pondo nisso todos os recursos da sua arte e, logo, seu filho completamente curado testemunha-lhe sua gratidão. Sem dúvida, esse filho tem toda razão de amar a seu pai! Vou fazer outra suposição. Sabendo o pai que no caminho do seu filho há uma pedra, apressa-se em ir na frente para retirá-la (sem ser visto por ninguém). Certamente, esse filho, objeto de sua obsequiosa ternura, não SABENDO da desgraça de que foi preservado por seu pai, não lhe testemunhará gratidão e o *amará menos* do que se tivesse sido curado por ele... mas, se vier a saber do perigo do qual escapou, não o *amará ainda mais*? Eu sou essa criança objeto do amor previdente de um Pai que não enviou seu Verbo para resgatar os *justos*, mas os *pecadores*. Quer que eu o *ame* não porque me *perdoou* muito, mas porque me perdoou *tudo*. Não esperou que eu o amasse muito, como santa Madalena, mas quis que EU SOUBESSE quanto me amou com um amor de inefável previdência, a fim de que agora o ame *loucamente*[155]!... Ouvi falar que não houve alma pura que amasse mais que uma alma arrependida.[156] Ah! Como gostaria de desmentir essa afirmação!...

121. Percebo estar muito longe do meu assunto, portanto apresso-me em voltar. O ano que se seguiu à minha primeira comunhão

---

153. A palavra *ama*, muito aumentada, parece furar a página.

154. A parábola de Teresa empresta traços das do Bom Samaritano e do Filho Pródigo e, talvez, das *Confissões* de santo Agostinho (Livro II, 7, Ed. Sagnier-Bray, 1854, pp. 59-60).

155. A característica do amor de Teresa para com Jesus; cf. Manuscrito A, 147, 235, 237; Manuscrito B, 3r, 4f/v, 5v; PN 17, 13; 24, 26 e sete vezes nas Cartas. A grafia, os destaques em todo esse parágrafo mostram que Teresa está fortemente emocionada, levada pelo assunto tratado em que revela algo de fundamental para ela.

156. Em parte, é o debate de *Jesus em Betânia* (de 29/7/1895) em RP 4, 27, 3-4 e 29, 1-2; cf. Cartas 130.

passou-se quase inteiramente sem provações interiores para minha alma. Foi durante o retiro para minha segunda comunhão[157] que passei a ser assaltada pela terrível doença dos escrúpulos... É preciso ter passado por esse martírio para compreendê-lo. Dizer o que sofri durante um *ano e meio* seria impossível... Todos os meus pensamentos e minhas ações mais simples passavam a ser objetos de perturbação para mim. Só conseguia acalmar-me contando a Maria[158], o que me era custoso, pois acreditava ter de contar os pensamentos extravagantes que tinha dela. Logo que entregava a carga, sentia um momento de paz; mas essa paz passava como relâmpago e logo meu martírio recomeçava. De quanta paciência minha querida Maria precisou para escutar-me sem nunca manifestar aborrecimento!... Logo que eu voltava da Abadia, ela anelava meu cabelo para o dia seguinte (pois todos os dias, para agradar a papai, a rainhazinha tinha os cabelos frisados, para espanto das minhas companheiras e, sobretudo, das mestras, que não viam crianças tão mimadas pelos pais). Durante a sessão, não parava de chorar ao contar todos os meus escrúpulos. No fim do ano, tendo Celina terminado seus estudos, voltou para casa. A pobre Teresa, obrigada a ficar sozinha, não demorou a ficar doente, pois o único interesse que a mantinha interna consistia em estar com sua inseparável Celina. Sem ela, nunca "sua filhinha" pôde ficar...

122. Portanto, saí da Abadia aos 13 anos e continuei meus estudos tomando muitas lições semanais com a "senhora Papineau"[159]. Era uma pessoa muito boa, *muito culta*, mas com ares de solteirona. Vivia com a mãe e era charmoso ver a pequena *família de três* (pois a gata fazia parte da família e eu tinha de suportar suas sonecas em cima dos meus cadernos e, inclusive, admirar seu porte). Tinha a vantagem de viver na intimidade da família. Os Buissonnets estando longe para as pernas um pouco envelhecidas da minha mestra, pedira que eu fosse ter as aulas em sua casa. Quando chegava, geralmente só encontrava a velha senhora Cochain, que me olhava "com seus grandes olhos claros" e chamava com voz calma e sentenciosa: "Senhô

---

157. De 17 a 20/5/1885.

158. Maria relata: "Era sobretudo às vésperas das suas confissões que (os escrúpulos) aumentavam. Ela vinha contar-me todos os seus supostos pecados. Procurava curá-la dizendo que tomava para mim os pecados dela, os quais nem eram imperfeições, e lhe permitia acusar só dois ou três que eu apontava (cf. 126). (...) A paz não demorou a voltar a inundar a alma dela" (PO, pp. 241-242). Assim mesmo, o martírio durou um ano e meio...

159. Uma senhora de 51 anos; o ritmo das aulas parece ter sido suave e espaçado.

rra Papineau... A Se nho rrita Te rresa está aí!..." Sua filha respondia logo com sua voz *infantil*: "Já vou, *mamãe*". E logo começava a lição.

123. Essas lições tinham a vantagem (além dos conhecimentos que adquiria) de fazer-me conhecer o mundo... Quem poderia acreditar!... nesse quarto mobiliado à antiga, cercada de livros e cadernos, assistia frequentemente a visitas de todo gênero: sacerdotes, senhoras, moças etc. Na medida do possível, a senhora Cochain fazia sala a fim de deixar a filha me dar aula; mas, naqueles dias, não aprendia muita coisa. O nariz num livro, ouvia tudo o que se dizia e até o que teria sido melhor não ouvir, a vaidade penetra tão facilmente no coração[160]!... Uma senhora dizia que eu tinha cabelo bonito... outra, ao sair, acreditando não ser ouvida, perguntava quem era essa menina tão bonita, e suas palavras, tanto mais lisonjeiras quanto não pronunciadas na minha frente, deixavam em minha alma uma impressão de prazer que me mostrava claramente quanto eu era cheia de amor-próprio.

124. Oh! Como tenho compaixão das almas que se perdem!... É fácil extraviar-se nas sendas floridas do mundo... sem dúvida, para uma alma mais instruída, a doçura que ele oferece se mistura com a amargura, e o vazio *imenso* dos *desejos*[161] não poderia ser preenchido por lisonjas de um instante... Mas se meu coração não *tivesse sido elevado para Deus desde seu despertar*, se o mundo me tivesse sorrido desde minha entrada na vida, o que teria sido de mim?... Oh, Madre querida (Sl 88, 2), com que gratidão canto as misericórdias do Senhor! Segundo as palavras da Sabedoria, não "me retirou do mundo antes que meu espírito ficasse corrompido pela malícia e que as aparências enganadoras tivessem seduzido a minha alma"? A Santíssima Virgem também velava sobre sua florzinha e, não querendo que perdesse o brilho no contato com as coisas da terra, trouxe-a para *sua montanha*[162] antes de ela desabrochar... Aguardando esse feliz momento, Teresinha crescia no amor da sua Mãe do Céu. Para provar-lhe esse amor, fez uma coisa que lhe *custou muito* e que vou narrar em poucas palavras, apesar da sua *extensão*...

---

160. Cf. *supra*, notas 116 e 149. Teresa não perde uma ocasião para castigar e perseguir o "amor-próprio" (125), particularmente o próprio (cf. Manuscrito A 30, 123, 208), até a violenta filípica de Lúcifer em *O Triunfo da Humildade* (RP 7, 3v). Cf. também o Manuscrito C, 323.

161. Expressão parecida na Carta 93 (a respeito das tentações de Maria Guérin): *"As criaturas são pequenas demais para preencher o imenso vazio que Jesus fez em ti"*.

162. *"A Santíssima Virgem... sua florzinha... sua montanha"*: cf. as armas *infra*, pp. 157-158.

AVANÇOS NO ESTUDO E FERVOR RELIGIOSO

125. Quase logo depois do meu ingresso na Abadia, fui recebida na Associação dos Santos Anjos. Gostava muito das práticas de devoção que ela impunha, sentindo atração particular em rezar aos bem-aventurados espíritos celestes e particularmente aquele que Deus me deu para ser o companheiro de meu exílio[163]. Algum tempo depois da minha primeira comunhão, a fita de aspirante a Filha de Maria substituiu a dos Santos Anjos, mas deixei a Abadia antes de ser recebida na Associação da Santíssima Virgem. Tendo saído antes de ter concluído meus estudos, não tinha o direito de ingressar como antiga aluna. Admito que não cobiçava muito esse privilégio, mas o fato de todas as minhas irmãs terem sido "Filhas de Maria" fez-me recear ser menos filha de minha Mãe do Céu do que elas. Por isso (embora me custasse muito), fui muito humildemente pedir para ser recebida na Associação da Santíssima Virgem na Abadia. A primeira mestra não quis recusar-me, mas impôs como condição que eu fosse duas vezes por semana, de tarde, a fim de mostrar se eu era digna de ser admitida. Longe de me agradar, essa permissão custou-me muito. Não tinha, como as demais antigas alunas, *mestras amigas* com quem pudesse passar várias horas conversando. Contentava-me em cumprimentar a mestra e trabalhava em silêncio até o final da lição programada. Ninguém me dava atenção; por isso, subia na tribuna da capela e ficava diante do Santíssimo até o momento em que papai vinha me buscar. Era meu único consolo. Jesus não era meu *único amigo?*...[164] Eu só sabia falar com Ele; as conversações com as criaturas, mesmo as conversações piedosas, cansavam minha alma... Sentia que era melhor falar com Deus do que de Deus, pois há tanto amor-próprio nas conversações espirituais!... Ah! Sem dúvida, era só pela Santíssima Virgem que eu ia à Abadia... Às vezes, sentia-me *só*, muito só, como nos dias da minha vida de interna; então, andava triste e doente no grande pátio, repetia essas palavras que sempre faziam renascer a paz e a força em meu coração: "A vida é teu navio, não tua moradia"![165] Quando pequena, essas palavras davam-me coragem; ainda agora, apesar dos anos que apagam tantas impressões de piedade infantil, a imagem do navio encanta ainda minha alma e

---

163. O Anjo da guarda desempenha papel privilegiado na paisagem teresiana: cf. PN 46; PN 3, 41-48; RP 1, 5f/v, 6v; RP 2, 2v; RP 8, 5v; Cartas 140; 161.

164. Mesma expressão em PN 15, 9, e Carta 141, 1r. Cf. Manuscrito B, 250; PN 45, 3; RP 8, 6v: "*meu único Amor*"; Cartas 98v, 109r: o "*único Bem-Amado*"; Carta 261v: o "*único Tesouro*".

165. Teresa cita, com um erro, um verso de *Reflexão*, poema de Lamartine que o senhor Martin gostava de recitar: "O tempo é teu navio, não tua morada" (cf. também CG, p. 273).

a ajuda a suportar o exílio... A Sabedoria não afirma também que "A vida é como o navio que singra as ondas agitadas e não deixa após si vestígios da sua rápida passagem"?... Quando pensa nessas coisas, minha alma mergulha no infinito; parece que já estou tocando nas margens da eternidade... Tenho o sentimento de estar recebendo os abraços de Jesus... Penso ver minha Mãe do Céu vindo a meu encontro, com Papai... Mamãe... os quatro pequenos anjos... Creio gozar, enfim e para sempre, da eterna vida em família...

126. Antes de ver a família reunida no *lar paterno* dos Céus, eu devia atravessar ainda muitas separações; no ano em que fui recebida como filha da Santíssima Virgem, ela me tirou minha querida Maria[166], o único sustento da minha alma... Era Maria quem me guiava, me consolava, me ajudava a praticar a virtude; era meu único oráculo. Sem dúvida, Paulina tinha ficado bem firme em meu coração, mas estava longe, muito longe de mim!... sofri o martírio para me acostumar a viver sem ela, por ver entre nós muros intransponíveis, mas, enfim, tinha acabado por reconhecer a triste realidade: Paulina estava perdida para mim, quase como se estivesse morta. Continuava a me amar, rezava por mim, mas, aos meus olhos, *minha Paulina* querida tornara-se uma santa que não devia mais compreender as coisas da terra. As dificuldades da sua pobre Teresa, se as tivesse conhecido, a teriam espantado e impedido de amá-la tanto... Aliás, mesmo que tivesse desejado confiar-lhe meus pensamentos, como nos Buissonnets, não teria conseguido; os parlatórios eram apenas para Maria. Celina e eu só tínhamos autorização para chegar no *final*, só para sentir aperto no coração... Na realidade, só tinha Maria. Para mim, ela era praticamente indispensável. Só a ela eu contava meus escrúpulos, e era tão obediente que nunca meu confessor soube da minha doença. Dizia-lhe apenas o número de pecados que Maria me autorizava a confessar, nenhum a mais. Poderia ter passado pela menos escrupulosa alma da terra, mesmo o sendo no mais alto grau... Portanto, Maria sabia tudo o que se passava na minha alma, sabia também dos meus anseios pelo Carmelo, e amava-a tanto que não podia viver sem ela.

127. Todos os anos, minha tia nos convidava a passar, uma após a outra, alguns dias na casa dela, em Trouville. Teria gostado muito de ir, mas com Maria; sem ela, enfastiava-me. Uma vez, contudo, tive prazer em Trouville[167], foi o ano da viagem de papai a Constantinopla.

---

166. 15/10/1886.
167. Fim de setembro de 1885, durante a viagem do senhor Martin a Constantinopla (cf. Dr. Cadéot, *Louis Martin*, pp. 78ss).

Para nos distrair um pouco (estávamos muito tristes por saber papai tão longe), Maria nos enviou, Celina e eu, a passar quinze dias à beira-mar. Diverti-me muito, porque tinha a minha Celina comigo. A tia nos propiciou todos os prazeres possíveis: passeios de burro, pesca etc. Era ainda muito criança apesar dos meus 12 anos e meio; lembro-me da minha alegria ao colocar as bonitas fitas azul-celeste que titia me dera para meus cabelos, lembro-me também de ter confessado, ainda em Trouville, esse prazer infantil que me pareceu pecado... Uma noite, fiz uma experiência que me espantou muito. Maria (Guérin), que estava quase sempre doente, *choramingava* com frequência. Minha tia, então, a afagava, chamava-a pelos nomes mais carinhosos e minha querida priminha continuava choramingando dizendo que estava com dor de cabeça. Eu, que quase todo dia sentia dor de cabeça, nunca me queixava. Uma noite, quis imitar Maria. Pus-me a choramingar numa poltrona num canto da sala. Logo, Joana e titia acorreram perguntando o que eu tinha. Respondi como Maria: "Estou com dor de cabeça". Parece que a lamúria não ficava bem em mim, não consegui convencê-las de que a dor de cabeça me levava a chorar. Em vez de afagar-me, falaram-me como a uma pessoa adulta e Joana me censurou por não confiar bastante na minha tia, pois pensava que eu estava com escrúpulo de consciência... enfim, tive o que merecia e resolvi nunca mais imitar os outros. Compreendi a fábula "Do burro e do cachorrinho"[168]. Eu *era o burro* que tendo visto as carícias dadas ao *cachorrinho* foi colocar sua pesada pata em cima da mesa para receber sua parte de beijos; mas ai! se não recebi bastonadas como o pobre animal, recebi de fato o troco da minha moeda e sarei para sempre do desejo de chamar a atenção. O único esforço que fiz para isso custou-me caro demais!...

No ano seguinte, que foi o da partida da minha querida madrinha, minha tia me convidou de novo. Mas, sozinha, fiquei tão perdida que depois de dois ou três dias adoeci e foi preciso levar-me de volta a Lisieux[169]. Pensou-se que minha doença fosse grave, mas era apenas saudade dos Buissonnets. Logo que cheguei, a saúde voltou... E era dessa criança que Deus ia arrancar o único apoio que a ligava à vida!...

128. Logo que eu soube da resolução de Maria, resolvi não encontrar mais prazer na terra[170]... Desde minha volta do internato,

---

168. Fábula de La Fontaine (livro IV, 5).
169. Julho de 1886.
170. Uma decisão heroica, bem de acordo com o caráter de Teresa (cf. Carta 78v).

passara a ocupar o antigo quarto de pintura de *Paulina,* que ajeitei do meu gosto. Era um verdadeiro bazar, um assortimento de piedade e de curiosidades, um jardim e um viveiro... No fundo, destacava-se uma *grande cruz* preta de madeira, sem Cristo, alguns desenhos que me agradavam; numa outra parede, uma cesta guarnecida de musselina e fitas cor-de-rosa com ervas finas e flores; enfim, na última parede, o retrato de *Paulina* aos 10 anos reinava sozinho; debaixo desse retrato eu tinha uma mesa sobre a qual havia uma *grande gaiola,* cheia de pássaros cujos cantos melodiosos atordoavam os visitantes, mas sua pequena dona gostava muito deles... Havia ainda o "pequeno móvel branco" cheio dos meus livros de estudo, cadernos etc. Em cima dele, uma imagem da Santíssima Virgem cercada de vasos sempre cheios de flores naturais e tochas. Ao redor, numerosas estatuetas de santos e santas, cestinhas de conchas, caixa de cartolina etc.! Enfim, meu jardim estava *suspenso* na janela onde cuidava de vasos de flores (as mais raras que eu podia encontrar). Possuía ainda uma jardineira dentro do meu "museu" e guardava aí minha planta preferida... Em frente à janela, minha mesa coberta com um tapete verde, e sobre esse tapete coloquei, no meio, uma *ampulheta,* uma pequena estatueta de são José, um porta-relógio, corbelhas de flores, um tinteiro etc. Algumas cadeiras *mancas* e a linda cama de boneca de *Paulina* completavam minha mobília. Verdadeiramente, esse pobre quarto de sótão constituía um mundo para mim e, como o senhor de Maistre, eu poderia compor um livro intitulado: "Passeio ao redor do meu quarto". Era nesse quarto que eu gostava de ficar sozinha horas inteiras para estudar e meditar diante da bela vista que se oferecia ao meu olhar...

129. Ao tomar conhecimento da partida de Maria, meu *quarto* perdeu para mim todos os seus encantos, não queria deixar um único instante a irmã querida que ia sair logo de casa... Quantos atos de paciência a fiz praticar, *cada vez* que eu passava diante da porta do seu quarto, batia até ela abrir e beijava-a de todo o meu coração. Queria fazer provisão de beijos para o tempo em que ia ser privada.

Um mês antes do seu ingresso no Carmelo, papai levou-nos a Alençon[171], mas faltou muito a essa viagem para se parecer com a primeira. Para mim, tudo foi tristeza e amargura. Não poderia contar as lágrimas que derramei sobre o túmulo de mamãe porque tinha-me esquecido de levar o buquê de centáureas colhidas para ela. Francamente, ficava triste com *tudo,* era o contrário de agora,

---

171. Realmente, alguns dias antes da partida de Maria.

pois Deus me deu a graça de não me abater com coisa alguma passageira. Quando recordo os tempos idos, minha alma transborda de gratidão vendo os favores que recebi do Céu. Operou-se tal mudança em mim que não sou reconhecível... Verdade é que eu desejava ter "sobre minhas ações um domínio absoluto, ser a dona, não a escrava"[172]. Essas palavras da Imitação comoviam-me profundamente, mas devia, por assim dizer, comprar essa graça inestimável pelos meus desejos; ainda parecia uma criança que só quer o que os outros querem. O que fazia as pessoas de Alençon dizerem que eu era fraca de caráter...

130. Foi durante essa viagem que Leônia fez experiência nas clarissas[173]. Fiquei triste com sua entrada *extraordinária*, pois amava-a muito e não pude beijá-la antes da partida.

Nunca me esquecerei da bondade e do embaraço desse pobre paizinho quando veio anunciar-nos que Leônia já vestia o hábito das clarissas... Como nós, achava isso muito engraçado, mas não queria dizer nada, vendo quanto Maria estava descontente. Levou-nos ao convento, e lá senti um *aperto* no *coração* como nunca tinha sentido ao ver um mosteiro. Isso produziu em mim o efeito contrário do Carmelo, em que tudo dilatava minha alma... A vista das religiosas tampouco me encantou, e não fiquei tentada a permanecer no meio delas. A pobre Leônia parecia muito gentil no novo traje; disse-nos para olhar bem os *olhos* dela, porque não devíamos vê-los mais (as clarissas só se mostram de olhos baixos). Mas Deus contentou-se com dois meses de sacrifício e Leônia voltou a nos mostrar seus *olhos* azuis, frequentemente molhados de lágrimas... Ao deixar Alençon, pensava que ela ia ficar com as clarissas, por isso foi com muita tristeza que me afastei da *triste* rua da *meia-lua*. Ficávamos apenas três e, logo, nossa querida Maria ia nos deixar... 15 de outubro foi o dia da separação! Só restavam as duas últimas da numerosa e alegre família dos Buissonnets... As pombas haviam fugido do ninho paterno e as que ficavam queriam também segui-las, mas suas asas eram ainda fracas demais para poder alçar voo... Deus, que queria chamar para si a menor e a mais fraca de todas elas, apressou-se em desenvolver suas asas. Ele, que se compraz em mostrar sua bondade e seu poder servindo-se dos instrumentos menos dignos, quis chamar-me antes de Celina que, sem dúvida, merecia antes esse

---

172. *Imitação*, III, 38, 1.
173. Tendo ingressado por teimosia nas clarissas de Alençon, amigas da mãe dela, em 7/10/1886, Leônia regressa em 1º de dezembro.

favor. Mas Jesus sabia como eu era fraca e foi por isso que me escondeu antes no recôncavo do rochedo[174].

131. Eu era ainda muito escrupulosa quando Maria ingressou no Carmelo. Não podendo mais confiar-me a ela, voltei-me para o lado dos Céus. Dirigi-me aos quatro anjinhos[175] que lá me precederam, pois pensava que essas almas inocentes que nunca conheceram as perturbações nem o temor deveriam ter pena da sua pobre irmãzinha que sofria sobre a terra. Falava-lhes com a simplicidade das crianças, fazendo observar que, por ser eu a mais nova, sempre fui a mais amada da família, a maior recebedora das ternuras das minhas irmãs; que, se eles tivessem ficado na terra, provavelmente me teriam dado provas de afeto... Sua partida para o Céu não me parecia ser motivo para se esquecerem de mim, pelo contrário, por estar em condições de se servir dos tesouros divinos, deviam extrair a *paz* para mim e assim me mostrar que, no Céu, sabe-se amar[176]!... A resposta não se fez esperar. A paz veio logo inundar a minha alma com suas ondas deliciosas e compreendi que se eu era amada na terra também o era no Céu... A partir desse momento, minha devoção para com meus irmãozinhos e irmãzinhas aumentou e gosto de conversar frequentemente com eles, falar-lhes das tristezas do exílio... do meu desejo de ir alcançá-los, em breve[177], na Pátria!...

5. ADOLESCÊNCIA (1886-1887)

132. Se o Céu me cobria de graças, não era porque as merecia, era ainda muito imperfeita; de fato, tinha um grande desejo de praticar a virtude, mas agia de maneira estranha. Eis um exemplo: por ser a mais nova, não estava acostumada a me servir. Celina arrumava o quarto em que dormíamos e eu não fazia nenhum trabalho caseiro; depois da entrada de Maria no Carmelo, acontecia-me, às vezes, para agradar a Deus, tentar arrumar a cama ou, na ausência de Celina,

---

174. Imagem cara a Teresa, inspirada no Cântico dos Cânticos, cuja mais bela expressão se encontra em PN 3, 53 (cf. RP 2, 5v).

175. Os irmãozinhos e as irmãzinhas mortos na infância.

176. A esperança e a fé de Teresa, em que se assenta seu voto de "*passar (seu) céu em fazer algum bem sobre a terra*" (CJ 17, 7). Cf. Manuscrito B, 249.

177. Palavra favorita de Teresa (218 vezes nos Escritos). Esse *em breve* da impaciência do Céu encontra-se em todas as épocas nas cartas e nas poesias (Cartas 71, 72, 82, 85, 94, 95, 101; PN 22,13; Manuscrito A, 11, 143, 207, 218; Manuscrito B, 248; Manuscrito C, 275 etc.

ADOLESCÊNCIA   91

guardar os vasos de flores à noite. Como disse, era *só por Deus* que eu fazia essas coisas, portanto não devia esperar o agradecimento das criaturas. Ai! Era todo o contrário. Se Celina não demonstrasse contentamento pelos meus servicinhos, eu ficava contrariada e provava-a com minhas lágrimas...

Era verdadeiramente insuportável pela minha sensibilidade excessiva. Se me acontecesse causar involuntariamente aflição a alguém a quem amava, em vez de me controlar e não *chorar*, o que aumentava meu erro em vez de diminuí-lo, *chorava* como uma Madalena e, quando começava a consolar-me pela coisa que me levara a chorar, *chorava por ter chorado...* Todos os raciocínios eram inúteis e não conseguia corrigir-me desse desagradável defeito.

133. Não sei como acalentava a doce ideia de ingressar no Carmelo, estando ainda nos *cueiros!...*[178] Foi preciso Deus fazer um pequeno milagre para eu crescer de repente, e esse milagre se deu num dia inesquecível de Natal[179], nessa *noite* luminosa que ilumina as delícias da Santíssima Trindade[180]. Jesus, a doce *criancinha* recém-nascida, transformou a noite da minha alma em torrentes de luz... nessa noite em que se fez *fraco* e sofrido pelo meu amor, fez-me *forte* e corajosa, equipou-me com suas armas[181] e, desde essa noite abençoada, não saí vencida em nenhum combate. Pelo contrário, andei de vitórias em vitórias[182] e iniciei, por assim dizer, "uma corrida de gigante!..."[183] A fonte das minhas lágrimas secou e só voltou a jorrar pouquíssimas vezes e com dificuldade, o que justificou essa palavra que me fora dita: "Choras tanto na infância que, mais tarde, não terás mais lágrimas para derramar!..."

Foi em 25 de dezembro de 1886 que recebi a graça de sair da infância, em suma, a graça da minha completa conversão. Estávamos voltando da missa do galo, em que tinha tido a felicidade de receber o Deus *forte e poderoso*. Ao chegar aos Buissonnets, alegrava-me por pegar meus sapatos na lareira. Esse costume antigo causara-nos tanta

---

178. Expressão de João da Cruz em A noite escura, I, cap. 12.
179. A noite de sexta-feira 24 para sábado 25/12/1886, dia da "conversão" de Paul Claudel e o "primeiro Natal cristão" de Charles de Foucauld.
180. Na Carta 201, 2r, Teresa é mais explícita, embora retomando algumas palavras exatas do Manuscrito A.
181. Cf. PN 18, 19 e PN 48, 1.
182. Cf. CJ 8.8.3, em que Teresa lembra "*o ato de coragem que tive outrora no Natal*".
183. Imagem do sol já utilizada por Teresa, mas aplicada a Cristo, em Carta 141, 2r.

alegria durante a infância que Celina queria continuar a me tratar como um bebê, por ser a menor da família... Papai gostava de ver minha felicidade, ouvir meus gritos de alegria ao tirar cada surpresa dos *sapatos encantados*, e a alegria do meu Rei querido aumentava muito a minha. Mas, querendo Jesus mostrar-me que devia me desfazer dos defeitos da infância, tirou de mim também as inocentes alegrias; permitiu que papai, cansado da missa do galo, sentisse tédio vendo meus sapatos na lareira e dissesse essas palavras que me magoaram: "Enfim, felizmente, é o último ano!..." Subi a escada para ir tirar meu chapéu, Celina conhecendo minha sensibilidade e vendo já as lágrimas em meus olhos ficou também com vontade de chorar, pois amava-me muito e compreendia meu sofrimento: "Oh, Teresa!", disse-me, "não desça, te causará tristeza demais olhar já teus sapatos". Mas Teresa não era mais a mesma, Jesus havia mudado o coração dela! Reprimindo minhas lágrimas, desci rapidamente e, comprimindo as batidas do coração, peguei meus sapatos... então, colocando-os diante de papai, tirei *alegremente* todos os objetos, parecendo feliz como uma rainha. Papai ria também, voltara a ficar alegre e Celina pensava *sonhar!...*[184] Felizmente, era uma doce realidade. Teresinha reencontrara a força de alma que perdera aos 4 anos e meio e ia conservar para sempre!...

134. Nessa *noite de luz*, começou o terceiro período da minha vida[185], o mais bonito de todos, o mais cheio das graças do Céu... Num instante, a obra que eu não pude cumprir em dez anos, Jesus a fez contentando-se com a *boa vontade* que nunca me faltara. Como os apóstolos, podia dizer-Lhe: "Senhor, pesquei a noite toda sem nada pegar". Ainda mais misericordioso comigo do que com os discípulos, Jesus *pegou Ele mesmo* a rede, lançou-a e retirou-a cheia de peixes... Fez de mim um pescador de *alma*, senti um desejo imenso de trabalhar pela conversão dos pecadores, desejo que não sentira tanto antes... Em suma, senti a *caridade* entrar em meu coração, a necessidade de me esquecer para agradar[186] e, desde então, fiquei feliz!... Num domingo[187], ao olhar uma foto de Nosso Senhor na Cruz, fiquei impressionada com o sangue que caía de uma das

---

184. Cf. os testemunhos de Celina (PO, p. 269; PA, p. 258).
185. Cf. *supra*, nota 9.
186. Um grande tema teresiano; cf. Manuscrito C, 272, n. 24.
187. Em julho de 1887, segundo os *Novíssima Verba*. Imagem de Cristo em cruz, de Müller (cf. DLTH, p. 77; DE, p. 511; VT, n. 77).

suas mãos divinas. Senti grande aflição pensando que esse sangue caía no chão sem que ninguém se apressasse em recolhê-lo. Resolvi ficar, em espírito, ao pé da Cruz para receber o divino orvalho[188] que se desprendia, compreendendo que precisaria, a seguir, espalhá-lo sobre as almas... O grito de Jesus na Cruz ressoava continuamente em meu coração: "*Tenho sede!*"[189] Essas palavras despertavam em mim um ardor desconhecido e muito vivo... Queria dar de beber a meu Bem-Amado e sentia-me devorada pela *sede das almas*... Ainda não eram as almas dos sacerdotes[190] que me atraíam, mas as dos *grandes pecadores*. *Ardia* do desejo de arrancá-los às chamas eternas...

135. Para estimular meu zelo, Deus mostrou-me que meus desejos eram-Lhe agradáveis. Ouvi falar de um grande criminoso que acabava de ser condenado à morte por crimes horríveis[191]. Tudo fazia crer que morreria impenitente. Quis, a qualquer custo, impedi-lo da cair no inferno[192]. Para conseguir, usei de todos os meios imagináveis: sentindo que, de mim mesma, nada poderia, ofereci a Deus os méritos infinitos[193] de Nosso Senhor, os tesouros da santa Igreja, enfim, pedi a Celina para mandar celebrar uma missa nas minhas intenções, não ousando pedi-la eu mesma, temendo ser obrigada a dizer que era para Pranzini, o grande criminoso. Não queria, tampouco, dizê-lo a Celina, mas insistiu com tanta ternura que lhe confiei meu segredo; longe de zombar de mim, pediu para ajudar a converter *meu pecador*. Aceitei com gratidão, pois teria desejado que todas as criaturas se unissem a mim a fim de implorar a graça para o culpado. No fundo do meu coração, tinha *certeza* de que nossos desejos seriam atendidos. Mas,

---

188. A palavra *orvalho* aparece cinquenta vezes nos escritos de Teresa e, certamente, faz uma associação de ideias entre o orvalho (*rosée*), a rosa (sua flor) e o sangue, sem se esquecer das *lágrimas* (cf. Manuscrito A, 200).

189. A sede de Jesus, seu sangue derramado, desperta em Teresa a "*sede das almas*", o desejo de "*purificá-las das sujeiras*" (136), que lhe inspiram as ações audaciosas e os pensamentos inflamados relatados nas páginas seguintes (cf. *infra*, 136).

190. Cf. *infra*, 157, 195.

191. Henri Pranzini, de 31 anos, tinha estrangulado duas mulheres e uma menina para roubar, em 17/3/1887, em Paris. Seu processo terminou em 13/7/1887 com sua condenação à morte e foi guilhotinado em 31/8. Há de se notar que, no Manuscrito A, Teresa não acompanha a cronologia; sua ação a favor de Pranzini situa-se dois meses após o pedido a seu pai para ingressar no Carmelo (143-144).

192. Teresa fala raramente do inferno, exceto em RP 7. Cf. Manuscrito A, 17, 134, 147; Cartas 43Av; 43B,2v; 245v; PN 48,4: RP 1, 6v; RP 7; CJ 14.7.2.

193. Atitude extraordinária essa de uma adolescente de 14 anos, oferecendo "*os méritos infinitos de Nosso Senhor*" (cf. Carta 129v; Or 6, 16). Teresa gosta de insistir no caráter *infinito* dos méritos de Jesus. Cf. também Or 7, 10, 13; Manuscrito A, 32r.

94 MANUSCRITO A

a fim de ter coragem para continuar a rezar pelos pecadores, disse a Deus estar segura de que Ele perdoaria o pobre infeliz Pranzini, que acreditaria mesmo que não se *confessasse* e não desse *sinal nenhum de arrependimento*, enorme era minha confiança na misericórdia infinita de Jesus, mas Lhe pedia apenas um *sinal* de arrependimento, para meu próprio consolo... Minha oração foi atendida ao pé da letra! Apesar da proibição de papai de lermos jornais, não pensava desobedecer lendo as passagens que falavam de Pranzini. No dia seguinte à sua execução, cai-me às mãos o jornal "La Croix"[194]. Abro-o apressada e o que vejo?... Ah! Minhas lágrimas traíram minha emoção e fui obrigada a me esconder... Pranzini não se confessou, subiu ao cadafalso e preparava-se a colocar a cabeça no buraco lúgubre quando, numa inspiração repentina, virou-se, apanhou um *Crucifixo*[195] que lhe apresentava o sacerdote e *beijou por três vezes suas chagas sagradas*!... Sua alma foi receber a sentença *misericordiosa*[196] Daquele que declarou que no Céu haverá mais alegria por um só pecador arrependido do que por 99 justos que não precisam de arrependimento!...

136. Obtive o "sinal" pedido e esse sinal era a reprodução fiel de graças que Jesus me fizera para atrair-me a rezar pelos pecadores. Não foi diante das *chagas de Jesus*, vendo cair seu *sangue* divino, que a sede de almas entrou em meu coração? Queria dar-lhes de beber esse *sangue imaculado* que devia purificá-las das suas sujeiras, e os lábios do "meu *primeiro filho*" foram colar-se às chagas sagradas!!!... Que resposta indizivelmente doce!... Ah! Desde essa graça única, meu desejo de salvar as almas cresceu a cada dia. Parecia-me ouvir Jesus dizendo como para a samaritana: "Dê-me de beber!" Era uma verdadeira troca de amor; às almas, eu dava o *sangue* de Jesus; a Jesus, oferecia essas mesmas almas refrescadas pelo seu *divino orvalho*. Dessa forma, eu parecia desalterá-lo e mais Lhe dava de beber, mais a sede da minha pequena alma aumentava, e era essa sede ardente que Ele me dava como a mais deliciosa bebida do seu amor...

137. Em pouco tempo, Deus conseguira fazer-me sair do círculo apertado no qual eu girava sem encontrar saída. Vendo o caminho

---

194. Desde abril de 1886, o jornal *La Croix* está à venda, toda manhã, em Lisieux.

195. De mãos atadas, Pranzini só pediu para beijar o crucifixo. Cf. os textos de *La Croix* e os relatos do capelão da cadeia, em MS/NEC; PO, pp. 387 s; VT, n. 48, pp. 275 s.

196. Teresa não esqueceu Pranzini e, mais tarde, no Carmelo, quando tinha algum recurso, fazia celebrar uma missa para seu *filho* (PO, p. 283, e CSG, p. 84).

que Ele me fizera percorrer, minha gratidão é grande, mas preciso convir que, se o passo maior fora dado, ainda restavam muitas coisas para ser abandonadas. Livre dos escrúpulos, da sua sensibilidade excessiva, meu espírito desenvolveu-se[197]. Sempre gostara do grandioso, do belo, mas naquela época fui tomada de um desejo extremo de *saber*. Não satisfeita com as lições e as tarefas que minha mestra me dava, dedicava-me, sozinha, a estudos especiais de *história* e de *ciências*. Os outros estudos deixavam-me indiferente, mas essas duas áreas atraíam minha atenção. Em poucos meses, adquiri mais conhecimentos que durante meus anos de estudos. Ah! Isso só era vaidade e aflição de espírito... O capítulo da Imitação em que se fala das *ciências* voltava à minha mente, mas achava o meio de prosseguir assim mesmo, dizendo-me que estando na idade de estudar não havia mal nenhum em fazê-lo. Não creio ter ofendido a Deus (embora reconheça ter passado nisso um tempo inútil), pois só ocupava certo número de horas que não queria ultrapassar a fim de mortificar meu desejo excessivo de saber... Estava na mais perigosa idade para as moças, mas Deus fez por mim o que relata Ezequiel[198] em suas profecias: "Passando perto de mim, Jesus viu que havia chegado para mim o tempo de ser *amada*, Ele fez aliança comigo e passei a ser *sua*... Estendeu sobre mim seu manto, lavou-me em perfumes preciosos, revestiu-me de roupas bordadas, dando-me colares e joias sem preço... Alimentou-me com a mais pura farinha, com mel e azeite *abundante*... então passei a ficar bela aos olhos Dele e fez de mim uma poderosa rainha!..."

138. Sim, Jesus fez tudo isso por mim, poderia retomar cada palavra do que acabo de escrever e provar que se realizou em meu favor, mas as graças que relatei acima são prova suficiente. Vou apenas falar da alimentação que me prodigalizou "com *abundância*". Havia muito que me alimentava da "pura farinha" contida na Imitação, era o único livro que me fazia bem, pois ainda não havia achado os

---

197. Com muita sutileza, Teresa descreve sua abertura de espírito, acelerada pelo caso Pranzini que a fez amadurecer de repente, e, ao mesmo tempo, a consciência que tinha de tudo o que tinha ainda de *abandonar*. Sabiamente, não se arrepende do tempo que passou estudando *história e ciência*, apesar da advertência da *Imitação* (III, 43, "Contra a vã ciência do século"), pois, a fim de se mortificar, limitava as horas de estudo. Notável atitude de crescimento e de abandono numa menina de 14 anos.

198. Teresa busca o texto de Ezequiel em João da Cruz (CE, estr. XXIII, pp. 334 ss; cf. PN 26). Note-se que, apesar do seu pudor, ela não hesita em afirmar a força do sentimento amoroso, humano ou divino.

tesouros escondidos no Evangelho[199]. Sabia de cor quase todos os capítulos da minha querida Imitação[200], nunca me desfazia desse livrinho. No verão, levava-o no bolso; no inverno, no meu regalo. O hábito tornou-se tradicional e, na casa da minha tia, divertiam-se muito abrindo-o ao acaso e fazendo-me recitar o capítulo que se apresentava aos olhos. Aos 14 anos, com meu desejo de ciência, Deus achou necessário acrescentar "à pura farinha, mel e azeite em abundância". Esse mel e esse azeite, fez-me encontrá-los nas conferências do padre Arminjon, sobre o fim do mundo atual e os mistérios do mundo futuro[201]. Esse livro havia sido emprestado a papai pelas minhas queridas carmelitas; por isso, contrariamente a meus hábitos (pois eu não lia os livros de papai) pedi para lê-lo.

139. Essa leitura foi ainda uma das maiores graças da minha vida. Eu a fiz à janela do meu quarto de estudo e a impressão que tive é por demais íntima e doce para que possa expressá-la...

Todas as grandes verdades da religião, os mistérios da eternidade, mergulhavam minha alma numa felicidade que não era da terra... Já pressentia o que Deus reserva a quem o ama (não com o olho do homem, mas com o do coração) e, vendo que as recompensas eternas não tinham proporção alguma com os leves sacrifícios da vida, quis *amar, amar* Jesus com *paixão*, pedir-lhe mil marcas de amor, enquanto ainda podia... Copiei muitas passagens sobre o amor perfeito e a recepção que Deus deve fazer a seus eleitos no momento em que *Ele próprio* se tornará sua grande e eterna recompensa[202]. Repetia sem parar as palavras de amor que haviam abrasado meu coração... Celina tornara-se a confidente íntima dos meus pensamentos; desde o Natal, podíamos nos compreender, a distância de idade não existia mais, pois eu me tornara grande em tamanho[203] e, sobretudo, em graça... Antes dessa época, reclamava com frequência por não conhecer os segredos de Celina. Dizia-me

---

199. Cf. *infra*, 236.

200. "Sabia de cor a Imitação de Jesus Cristo" (irmã Genoveva, PO, p. 269).

201. Conferências do padre Charles Arminjon, proferidas na catedral de Chambéry, em 1881, e editadas com o título indicado por Teresa; uma das suas leituras espirituais essenciais, desde 1887 (cf. Cartas, n. 79, pp. 219 s, e n. 110, pp. 105 ss e 114 s). As cópias feitas por ela de diversas passagens estão nas *Obras completas* ("Escritos diversos").

202. Versículo do Gênesis muito caro a Teresa e, antes, ao senhor Martin (cf. *Obras completas*, Carta 182, n. 15).

203. Terá 1,62 m e será a mais alta das irmãs Martin (cf. CSG, p. 39).

ADOLESCÊNCIA

que eu era pequena demais, que precisaria crescer à altura de um banquinho para ela ter confiança em mim... Gostava de subir nesse precioso banquinho quando estava ao lado dela, e lhe dizia para falar-me intimamente, mas meu esforço era inútil, uma distância nos separava ainda!...

Jesus queria fazer-nos avançar juntas e, por isso, formou em nossos corações laços ainda mais fortes que os do sangue. Tornou-nos *irmãs de almas*. Realizaram-se em nós essas palavras do Cântico de são João da Cruz[204] (falando com o Esposo, a esposa exclama): "Seguindo vossas pegadas, as moças percorrem leves o caminho; o toque da centelha, o vinho condimentado fazem-nas produzir aspirações divinamente perfumadas". Sim, era *com leveza* que seguíamos as pegadas de Jesus, as centelhas do amor que semeava profusamente em nossas almas, o vinho delicioso e forte que nos dava de beber faziam desaparecer a nossos olhos as coisas passageiras e dos nossos lábios saíam aspirações de amor inspiradas por Ele. Como eram doces as conversações que tínhamos, toda noite, no mirante![205] O olhar fixo no horizonte, observávamos a branca lua içando-se atrás das altas árvores... os reflexos argênteos que se espalhavam sobre a natureza adormecida, as brilhantes estrelas cintilando no azul profundo... o sopro ligeiro da brisa noturna fazia flutuar as nuvens nevadas, tudo elevava nossas almas para o Céu, o belo Céu do qual ainda só contemplávamos "o *reverso* límpido"[206]...

Não sei se estou enganada, mas parece-me que a efusão das nossas almas assemelhava-se à de santa Mônica com seu filho[207] quando, no porto de Óstia, ficavam perdidos em êxtase à vista das maravilhas do Criador!... Creio que recebíamos graças de uma categoria tão alta como as concedidas aos grandes santos. Como diz a Imitação, às vezes Deus se comunica em meio a um vivo esplendor, outras vezes "suavemente velado, por sombras e figuras"[208]. Era dessa última maneira que se dignava manifestar às nossas almas, mas como era *transparente e leve* o véu que separava Jesus dos nossos

---

204. CE, estr. XXV, texto já citado em Cartas 137, 1f.

205. Sobre suas conversações espirituais no mirante, cf. o relato de Celina ao PO, p. 269; e também CSG, p. 18; Manuscrito A, 207.

206. Alusão a uma poesia de Alfred Besse de Larzes, *O inverso do céu*, copiada por Teresa na escola.

207. Comparação ousada que tem origem em *Fabíola*, romance do cardeal Wiseman (cf. Cartas, n. 71, pp. 230-240).

208. *Imitação*, III, 43, 4.

olhares!...[209] A dúvida era impossível, já não havia necessidade da Fé e da Esperança[210], o *amor* fazia-nos encontrar na terra Aquele que buscávamos. "Tendo-o encontrado sozinho, dava-nos seu beijo, a fim de que, no futuro, ninguém pudesse nos desprezar" (Ct 8,1).

140. Graças tão grandes não haviam de ficar sem frutos. E foram abundantes. A prática da virtude tornou-se para nós suave e natural; no começo, meu rosto deixava transparecer a luta, mas aos poucos essa impressão desapareceu e a renúncia passou a ser fácil para mim, quase espontânea. Jesus disse: "A quem possui dar-se-á mais e ficará na abundância". Em troca de uma graça fielmente recebida, dava-me muitas outras... Ele próprio se dava a mim na santa Comunhão mais vezes que eu teria ousado esperar. Adotei como regra de conduta comungar todas as vezes que fosse autorizada pelo meu confessor e deixar a este resolver o número das minhas comunhões, sem nunca interferir. Não tinha na época a audácia que tenho agora, pois teria agido de outro modo. Tenho certeza que uma alma deve dizer claramente a seu confessor a atração que tem para receber seu Deus. Não é para ficar no cibório de ouro que Ele desce do céu *todos os dias*[211], mas para encontrar um outro céu, infinitamente mais querido que o primeiro, o céu da nossa alma, feito à sua imagem, o templo vivo da adorável Trindade!...

Jesus, que via meu desejo e a retidão do meu coração, permitiu que durante o mês de maio meu confessor me dissesse para comungar quatro vezes por semana e, findo esse belo mês, acrescentou mais um dia toda vez que houvesse uma festa. Doces lágrimas caíram dos meus olhos ao sair do confessionário, parecia-me que era o próprio Jesus quem queria se dar a mim, pois eu ficava muito pouco tempo em confissão, nunca falava dos meus sentimentos interiores. O caminho pelo qual andava era tão reto, tão claro, que não precisava de outro guia que Jesus... Comparava os diretores a espelhos fiéis que refletiam Jesus nas almas e dizia que para mim Deus não usava intermediário, mas agia diretamente!...

141. Quando um jardineiro cerca de cuidados uma fruta que ele quer fazer amadurecer prematuramente, nunca é para deixá-la na

---

209. Comparar com Manuscrito C, 280.
210. Sem dúvida, eco de 1Cor 13.
211. Teresa insiste no seu desejo de comunhão frequente (cf. 112), até diária, caso seja possível, o que obterá para suas irmãs depois da sua morte (cf. PO, p. 249; PA, pp. 156 e 232; e a importante nota sobre Or 6, 31-34 em *Orações*, pp. 95 s).

ÁRVORE, mas para apresentá-la numa mesa brilhantemente servida. Era com uma intenção semelhante que Jesus prodigalizava suas graças a sua florzinha... Ele que, nos dias da sua vida mortal, exclamava: "Pai, bendigo-vos por ter escondido essas coisas aos sábios e aos prudentes e tê-las revelado aos humildes", queria revelar em mim sua misericórdia, porque eu era pequena e fraca, inclinava-se para mim, instruía-me em segredo das *coisas* do seu *amor*. Ah! Se sábios que passaram a vida estudando tivessem vindo interrogar-me[212], teriam, sem dúvida, ficado espantados ao ver uma criança de 14 anos compreender os segredos da perfeição, segredos que toda a ciência não pudera lhes revelar, pois para possuí-los é preciso ser pobre de espírito!....

Como diz são João da Cruz em seu cântico: "Não tinha guia nem luz, fora aquela que brilhava em meu coração, essa luz guiava-me com mais segurança que a do meio-dia para o lugar onde me aguardava Aquele que me conhece perfeitamente"[213]. Esse lugar era o Carmelo. Antes de "descansar à sombra Daquele que eu desejava", devia passar por muitas provações, mas o chamamento divino era tão intenso que, mesmo que tivesse de atravessar as *chamas*[214], o teria feito para ser fiel a Jesus...

142. Para encorajar-me em minha vocação, só encontrei uma *alma*, foi a da minha *Madre querida*... meu coração encontrou no dela um eco fiel e, sem ela, não teria, sem dúvida, chegado à praia abençoada onde ela fora acolhida cinco anos antes sobre as margens impregnadas do orvalho celeste... Sim, havia cinco anos que estava afastada de vós, *querida Madre*, pensava vos ter perdido, mas no momento da provação foi vossa mão que me indicou o caminho a seguir... Precisava desse alívio, pois minhas visitas ao Carmelo haviam se tornado sempre mais penosas, não podia falar do meu desejo de ingresso sem sentir-me rejeitada. Achando-me jovem demais, Maria fazia tudo para impedir meu ingresso; vós, Madre, para pôr-me à prova, procuráveis, algumas vezes, diminuir meu ardor; enfim, se eu não tivesse tido verdadeiramente a vocação, teria desistido logo no início, pois encontrei obstáculos logo que comecei a responder ao chamamento de Jesus. Não quis contar para Celina o meu desejo de entrar tão nova no Carmelo e isso fez-me sofrer mais pois era-me muito difícil esconder dela alguma coisa... Esse

---

212. Reminiscência de Lc 2,46-47?
213. João da Cruz, *Noite escura*, estr. 3 e 4; cf. CT, em VT, n. 78, p. 152.
214. Cf. Arminjon, cap. "Do Purgatório". *Chama*, segundo Teresa, sintetiza fé e amor (vinte e quatro vezes nas Poesias, treze nos Recreios; cf. Manuscrito C, 338).

sofrimento não durou muito tempo. Logo minha irmãzinha querida soube da minha determinação[215] e, longe de tentar desviar-me do projeto, aceitou com coragem admirável o sacrifício que Deus lhe pedia. Para compreender-lhe a amplitude, é preciso saber até que ponto éramos unidas... era, por assim dizer, a mesma alma que nos fazia viver; havia alguns meses que gozávamos juntas da mais doce vida que moças pudessem almejar; tudo a nosso redor respondia aos nossos gostos, usufruíamos a maior liberdade. Enfim, dizia que nossa vida era o *Ideal da felicidade* na terra[216]... Apenas havíamos tido tempo de gozar desse *ideal de felicidade*, e devíamos, livremente, desviar-nos dele. Minha Celina querida não se rebelou um instante. Como não era ela que Jesus chamava em primeiro lugar, podia ter reclamado... tendo a mesma vocação, era a vez de ela partir!... mas, como no tempo dos mártires, os que ficavam nas prisões davam alegremente o ósculo da paz a seus irmãos que partiam para combater na arena e consolavam-se pensando que, talvez, fossem reservados para lutas ainda maiores. Assim, Celina deixou sua Teresa afastar-se e ficou sozinha para o glorioso e sangrento combate ao qual Jesus a destinava como a *privilegiada* do seu *amor!...*

143. Celina passou a ser a grande confidente das minhas lutas e dos meus sofrimentos. Tomou parte como se se tratasse da sua própria vocação. Não receava oposição por parte dela, mas não sabia que meios adotar para informar a papai... Como dizer-lhe para deixar sua rainha ir embora depois de ter sacrificado as três mais velhas?[217]... Ah! Quantas lutas íntimas sofri antes de sentir a coragem para lhe comunicar!... Precisava decidir-me, ia fazer 14 anos e meio, apenas seis meses nos separavam da bela *noite de Natal*[218] em que resolvera ingressar, na mesma hora em que, no ano anterior, tinha recebido "minha graça". Escolhi o dia de *Pentecostes* para fazer a minha grande confidência e, o dia todo, supliquei aos santos Apóstolos que intercedessem por mim, que me inspirassem as palavras... Não eram

---

215. Celina acrescenta interessantes explicações aos motivos de Teresa, notadamente sobre sua vocação missionária precoce (cf. PO, pp. 269 s, e PA, p. 263).

216. Cf. 139, 82r.

217. Maria, Paulina e Leônia, que acabava de comunicar seu desejo de ingressar na Visitação de Caen, o que fará em 16/7/1887; Teresa fala para seu pai em 29 de maio (Pentecostes).

218. Natal, porque seria o aniversário da sua *conversão*. Sempre sensível ao simbolismo das datas, Teresa manifesta certa teimosia nessa determinação, sua "*vontade sempre prestes a se impor*" (68v), talvez, mesmo que a decisão lhe pareça vir do "*menino Jesus*" (Cartas 38C). "*A criança tímida*": cf. Manuscrito B, 255, segundo parágrafo.

ADOLESCÊNCIA 101

eles, afinal, que deviam ajudar a criança tímida que Deus destinava a se tornar o apóstolo dos apóstolos[219] pela oração e pelo sacrifício?... Foi de tarde, na volta das Vésperas, que encontrei a ocasião para falar com meu paizinho querido. Tinha ido sentar à beira da cisterna e aí, de mãos juntas, contemplava as maravilhas da natureza. O sol, cujo fogo tinha perdido o ardor, dourava a copa das altas árvores onde os passarinhos cantavam alegremente sua oração vesperal. A bela figura de papai tinha expressão celeste, sentia que a paz inundava seu coração. Sem dizer uma única palavra, fui sentar-me a seu lado, já com os olhos lacrimejantes, ele olhou-me com ternura e, pegando minha cabeça, encostou-a no seu peito dizendo: "Que tens, minha rainhazinha?... me conte..." Levantando-se, como para dissimular sua própria emoção, andou lentamente, segurando sempre minha cabeça no seu peito. Em meio às minhas lágrimas, confidenciei meu desejo de ingressar no Carmelo. Então, as lágrimas dele vieram misturar-se às minhas, mas não disse uma palavra para desviar-me da minha vocação, contentando-se apenas em observar que eu era ainda muito nova para tomar uma decisão tão séria. Defendi tão bem minha causa que, com sua natureza simples e reta, convenceu-se[220] de que meu desejo era o de Deus e, na sua fé profunda, exclamou que Deus lhe fazia uma grande honra pedindo-lhe assim suas filhas. Continuamos por longo tempo o nosso passeio. Aliviado pela bondade com a qual meu incomparável pai tinha acolhido as confidências, meu coração expandia-se no dele. Papai parecia gozar dessa alegria tranquila nascida do sacrifício aceito. Falou-me como um santo[221] e gostaria de lembrar-me das palavras dele a fim de escrevê-las aqui, mas conservei-as tão sublimadas[222] que se tornaram intraduzíveis. O que recordo perfeitamente é da ação *simbólica* que meu rei querido cumpriu sem o perceber. Aproximando-se de um muro baixo, mostrou-me *florzinhas brancas* semelhantes a lírios em miniatura[223] e, colhendo uma dessas flores, entregou-a a mim, explicando o cuidado com que Deus a fizera e a conservara até aquele momento; ouvindo-o falar, pensava ouvir a minha história, tal era a semelhança entre o que Jesus tinha feito para sua *florzinha* e para a

---

219. Cf. *infra*, 157.

220. O senhor Martin estava prevendo a partida da sua filha mais nova (PO, p. 515; LD 596, em CG, p. 227), mas o choque era duro, sem dúvida, para um homem que tivera, em 1º de maio, um primeiro surto de paralisia com hemiplegia parcial.

221. Cf. a *Oração do Filho de um Santo* (PN 8).

222. Adjetivo caro a Teresa (Cartas 49r; 172,1f), frequentemente associado ao lírio (PN 3, 98; PN 24, 30; RP 4, 1v, 2r; RP 5, 1v).

223. Saxífragas (arrebenta-pedras).

pequena Teresa[224]... Recebi essa florzinha como uma relíquia e vi que, ao colhê-la, papai tinha arrancado as *raízes* todas sem quebrar nenhuma. Parecia destinada a viver ainda, numa outra terra, mais fértil que o tenro limo onde vivera suas primeiras manhãs... Era essa mesma ação que papai acabava de fazer para mim alguns instantes antes, permitindo-me subir a montanha do Carmelo e deixar o manso vale testemunho dos meus primeiros passos na vida.

Coloquei minha florzinha branca na minha Imitação, no capítulo intitulado: "De que é preciso amar a Jesus acima de todas as coisas"[225]. Ainda está aí, mas o caule quebrou-se junto à raiz e Deus pareceu demonstrar com isso que quebraria em breve os laços da sua florzinha e não a deixaria murchar na terra!

144. Após obter o consentimento de papai, pensava poder voar sem temor para o Carmelo, mas numerosos e dolorosos empecilhos iam ainda provar a minha vocação. Tremendo, anunciei a meu tio a resolução tomada[226]. Ele me deu todas as mostras de ternura possíveis, mas não a permissão de partir. Pelo contrário, proibiu-me de lhe falar da minha vocação antes dos meus 17 anos. Era, dizia ele, contrário à prudência humana deixar uma menina de 15 anos ingressar no Carmelo. Aos olhos do mundo, essa vida de carmelita era vida de filósofo e seria grande prejuízo para a religião deixar uma criança sem experiência abraçá-la... Todos falariam disso etc. etc. Disse-me até que para decidi-lo a me deixar partir seria preciso um *milagre*. Vi logo que todos os raciocínios eram inúteis e retirei-me com o coração mergulhado na mais profunda amargura. Meu único consolo era a oração. Pedi a Jesus para fazer o *milagre* exigido, pois só por esse preço poderia responder ao pedido Dele. Passou-se um tempo bastante longo[227] antes que eu ousasse falar novamente com meu tio. Custava-me muito ir à casa dele e ele parecia não mais pensar na minha vocação. Soube, mais tarde, que minha grande tristeza o influenciou muito a meu favor. Antes de fazer brilhar em minha alma um raio de esperança, Deus quis mandar-me um martírio muito doloroso que durou *três*

---

224. Simbolismo comum entre os Martin; cf. LC 48, em CG, p. 225; VT, n. 58, pp. 152 e 154.

225. *Imitação de Cristo*, II, 7. Ela colara a flor sobre uma imagem de Nossa Senhora das Vítimas, no dorso da qual devia escrever suas últimas linhas (Orações 21).

226. Em 8/10/1887 (cf. Carta 27), quatro meses, portanto, depois de ter falado disso com o pai. A autorização do senhor Guérin, tutor das sobrinhas, era necessária.

227. Na realidade, quinze dias.

dias[228]. Oh! Nunca compreendi tão bem, como durante essa provação, a dor da Santíssima Virgem e de são José procurando o divino Menino Jesus... Estava num triste deserto, ou melhor, minha alma parecia uma frágil embarcação entregue sem piloto à mercê de ondas tempestuosas... Sei, Jesus estava aí, dormindo na minha barquinha, mas a noite estava tão escura que não podia vê-lo, nada para iluminar, nem um relâmpago vinha rasgar as espessas nuvens... Luz bem triste a dos relâmpagos, mas, se uma tempestade tivesse ocorrido, eu teria conseguido ver Jesus por um instante... mas era *noite*, noite profunda da alma... como Jesus no Jardim da Agonia, sentia-me *só*, sem consolo, nem por parte da terra, nem do Céu. Deus parecia ter-me abandonado!!!... A natureza parecia tomar parte na minha amarga tristeza; durante esses três dias, o sol não liberou um único raio e a chuva caiu torrencialmente. Notei que, em todas as circunstâncias graves da minha vida, a natureza era imagem da minha alma[229]. Nos dias de lágrimas, o Céu chorava comigo; nos dias de alegria, o Sol mandava com fartura seus alegres raios e o azul não comportava nenhuma nuvem...

Enfim, no quarto dia, um *sábado*[230], dia consagrado à doce Rainha dos Céus, fui visitar meu tio. Que surpresa, vendo-o olhar-me e fazer-me entrar em seu escritório sem que eu lhe tivesse manifestado o desejo!... Começou por me censurar brandamente por parecer ter medo dele e disse-me não ser necessário pedir um *milagre*, que tinha apenas pedido a Deus que lhe desse "uma simples inclinação de coração" e fora atendido... Ah! Não fui tentada a implorar por um milagre, para mim o *milagre havia sido concedido*[231]. Meu tio havia mudado. Sem fazer alusão nenhuma à "prudência humana", disse-me que eu era uma florzinha que Deus queria colher e que não se oporia mais!...

145. Essa resposta definitiva[232] era verdadeiramente digna dele. Pela terceira vez, esse cristão de uma outra idade permitia que uma

---

228. Provação difícil que leva Teresa a multiplicar as imagens: *noite* negra, sem *relâmpago*, como um pressentimento da provação da fé dos últimos anos (cf. PN 54, 15).

229. Teoria meteorológica de Teresa, inventada em 84, mas confirmada aqui e *infra*, como em 144, 151, 176.

230. Sábado, 22/10/1887. Teresa vai ao parlatório na manhã de sexta-feira e, de noite, irmã Inês escreve para o senhor Guérin (cf. CG, pp. 251-253). Cronologia retificada em relação a Mss II, p. 34.

231. Seguindo a opinião de Teresa, considerou-se que a mudança do senhor Guérin era milagrosa, quando se pensava que a carta de Inês chegara após a visita de Teresa a seu tio.

232. Passagem acrescentada depois, ao pé das páginas 51v e 52r do autógrafo (até "*minha Madre*").

das filhas adotivas do seu coração fosse sepultar-se longe do mundo. Minha tia também foi admirável em ternura e prudência, não me lembro de, durante minha provação, ela ter dito uma palavra sequer que pudesse ter agravado minha tristeza. Via que tinha pena da sua pobre Teresinha. Por isso, depois que obtive a autorização do meu querido tio, deu-me a dela, mas não sem manifestar de mil maneiras que minha partida lhe causaria muita aflição... Ai! Nossos queridos familiares estavam longe de pensar, então, que iriam renovar duas vezes ainda o mesmo sacrifício... Mas, ao estender a *mão* para pedir sempre, Deus não a oferecia *vazia*, seus mais queridos amigos puderam servir-se com fartura da força e da coragem de que tanto precisaram... Meu coração está me levando muito longe do meu assunto, volto quase a contragosto: depois da resposta do meu tio, compreendeis, Madre, com que alegria voltei aos Buissonnets debaixo do "*belo céu*, totalmente livre de nuvens"!... Na minha alma também a noite tinha ido embora, Jesus acordara e me devolvia a alegria, o ruído das ondas emudecera; no lugar da ventania da provação, uma brisa leve enchia minha vela e pensei chegar logo à *margem* abençoada que avistava perto de mim. De fato, parecia muito perto da minha barquinha; porém, *mais de uma tempestade* se levantaria e esconderia da minha vista o farol luminoso, fazendo minha alma recear o afastamento sem volta da praia tão ardentemente desejada...

146. Poucos dias após[233] ter obtido o consentimento do meu tio, fui visitar-vos, querida Madre, e vos falei da minha alegria por terem as provações chegado ao fim. Mas qual não foi minha surpresa e minha aflição ao ouvir de vós que o Superior[234] não permitia meu ingresso antes de eu atingir 21 anos...

Ninguém tinha pensado nessa oposição, a mais invencível de todas; porém, sem perder a coragem, fui com papai e Celina encontrar nosso padre a fim de tentar demovê-lo, mostrando a ele que eu tinha vocação para o Carmelo. Ele nos recebeu muito friamente. Embora meu *incomparável* paizinho tivesse juntado seus argumentos aos meus, nada pôde alterar sua disposição. Disse que não havia perigo na demora, que podia levar uma vida de carmelita em casa,

---

233. Na realidade, no dia seguinte, domingo (cf. Carta 28).
234. O pároco de São Tiago, Jean-Baptiste Delatroëtte, superior eclesiástico do Carmelo, que as carmelitas chamavam de "nosso Padre", de acordo com o costume. A respeito da sua atitude e das razões de sua longa resistência, cf. CG, pp. 315, 318, 322, 328, 649.

ADOLESCÊNCIA 105

que embora não tomasse a disciplina nem tudo seria perdido etc. etc. Enfim, acrescentou ser apenas o *representante do senhor bispo* e, se ele me autorizasse a ingressar, não teria mais nada a dizer... Saí chorando. Felizmente, estava escondida atrás da minha sombrinha, pois chovia muito. Papai não sabia como me consolar... prometeu levar-me a Bayeux logo que eu quisesse, pois estava resolvida a *alcançar minha meta*. Disse que iria até o *Santo Padre*[235] se o senhor bispo me negasse a entrada no Carmelo aos 15 anos...

147. Muita coisa ocorreu[236] antes da minha ida a Bayeux. Por fora, minha vida parecia a mesma, estudava, tomava lições de desenho com Celina[237] e minha hábil mestra achava em mim muito pendor por sua arte. Crescia no amor a Deus, sentia em meu coração impulsos desconhecidos até então, tinha, às vezes, verdadeiros êxtases de amor. Uma tarde, não sabendo dizer a Jesus quanto o amava e como desejava que Ele fosse amado e glorificado em todo lugar, pensei com amargura que não poderia nunca receber no inferno um único ato de amor. Então, disse a Deus que para agradar a Ele eu consentiria em ser mergulhada nele a fim de que Ele fosse *amado* eternamente nesse lugar de blasfêmia[238]... Sabia que isso não podia glorificá-lo, sendo que Ele só deseja nossa felicidade, mas quando se ama sente-se necessidade de dizer mil bobagens; se eu falava assim, não é porque não desejasse o Céu, mas, então, meu Céu[239] consistia só no Amor e sentia, como são Paulo, que nada poderia separar-me do objeto divino que me seduzira!...

148. Antes de deixar o mundo, Deus concedeu-me a graça de contemplar de perto *almas de crianças*[240]; sendo a última da família, nunca tinha tido essa felicidade. Eis as tristes circunstâncias que

---

235. A viagem a Roma não fora decidida *depois* da recusa do padre Delatroëtte e de dom Hugonin (31/10), mas *antes* (cf. CG, pp. 251 e 253).

236. Poucos dias, na verdade. Mero recurso literário para Teresa inserir certo número de detalhes da sua vida que não quer esquecer após o relato da viagem a Roma.

237. Um desejo de quatro anos enfim realizado (cf. PO, pp, 250 e 295; VT, n. 123, p. 155). Dessas lições ficaram uma dúzia de estudos de cabeças e um esboço da igreja de Ouilly-le-Vicomte.

238. Exemplo desses "*êxtases de amor*" e dessas "*mil loucuras*" que caracterizam a paixão de Teresa por Jesus, nessa oferta total que irá eclodir em *Uma rosa desfolhada* (PN 51).

239. Título de PN 32. Cf. CJ 13.7.17; DE, pp. 721, 786, última linha.

240. Já é a mestra das noviças que surge no horizonte dessa cena, como depois das parábolas do jardineiro e dos pintarroxos.

me levaram a isso: uma pobre mulher, parente da nossa empregada, morreu jovem deixando três criancinhas; durante sua doença, guardamos em casa as duas meninas, tendo a mais velha apenas 6 anos. Cuidava delas o dia todo e era uma grande satisfação para mim ver com quanta candura acreditavam em tudo o que lhes dizia. É preciso que o santo batismo deposite nas almas um germe muito profundo das virtudes teologais para que se manifestem desde a infância e que a esperança dos bens futuros baste para fazer aceitar sacrifícios. Quando queria ver minhas duas meninas bem conciliadas, em vez de prometer brinquedos e bombons àquela que cederia em favor da outra, falava-lhes das recompensas eternas que o Menino Jesus daria no Céu às crianças bem comportadas. A mais velha, cuja razão começava a se desenvolver, olhava-me com olhos brilhantes de alegria, fazia-me mil perguntas gentis sobre o Menino Jesus e seu belo Céu e prometia-me com entusiasmo ceder sempre em favor da irmã dizendo que nunca na vida esqueceria o que lhe havia dito "a grande senhorita", pois era assim que me chamava... Vendo de perto essas almas inocentes, compreendi ser grande infelicidade não formá-las bem desde seu despertar, quando são como uma cera mole sobre a qual se pode depositar tanto as impressões das virtudes como do mal... compreendi o que Jesus disse no Evangelho: que seria melhor ser lançado ao mar do que escandalizar uma só dessas crianças. Ah! Quantas almas chegariam à santidade se fossem bem dirigidas!...

149. Sei que Deus não precisa de ninguém para realizar sua obra, mas assim como permite a um hábil jardineiro cultivar plantas raras e delicadas e lhe dá para isso a ciência necessária, reservando para si a tarefa de fecundar, assim também Jesus quer ser ajudado em sua divina cultura das almas.

Que aconteceria se um jardineiro desajeitado não enxertasse direito suas plantas? Se não soubesse reconhecer a natureza de cada uma e quisesse fazer brotar rosas num pessegueiro?...[241] Faria morrer a planta que, todavia, era boa e capaz de produzir frutos.

Assim é que se deve reconhecer desde a infância o que Deus pede às almas e ajudar a ação da sua graça, sem nunca apressá-la nem retardá-la.

Como os passarinhos aprendem a *cantar* escutando seus genitores, assim as crianças aprendem a ciência das virtudes, o *canto* sublime do Amor divino, junto às almas encarregadas de formá-las.

---

241. Flores e frutas preferidas de Teresa.

Recordo-me que entre meus passarinhos eu tinha um canarinho que cantava maravilhosamente; tinha também um pequeno pintassilgo ao qual prodigalizava meus cuidados *maternos*, tendo-o adotado antes que pudesse gozar da sua liberdade... Esse pobre prisioneirinho não tinha pais para ensiná-lo a cantar, mas, ouvindo o dia todo o seu companheiro canarinho soltar alegres trinados, quis imitá-lo... Esse empreendimento era difícil para um pintassilgo, por isso sua voz delicada teve dificuldade de se afinar à voz vibrante do seu mestre de música. Era lindo ver os esforços do pequeno, mas foram coroados de êxito, pois seu canto, embora conservando maior doçura, foi absolutamente o mesmo do canarinho.

Oh! Madre querida, fostes vós quem me ensinastes a cantar... foi vossa voz que encantou minha infância, e agora tenho o consolo de ouvir dizer que ela se parece com a vossa!!! Bem sei que ainda estou longe disso, mas espero, apesar da minha fraqueza, repetir eternamente o mesmo cântico que vós!...

150. Antes do meu ingresso no Carmelo, fiz ainda muitas outras experiências a cerca da vida e das misérias do mundo[242], mas esses detalhes me levariam longe demais. Vou retomar o relato da minha vocação. O dia 31 de outubro foi o dia fixado para minha viagem a Bayeux. Parti sozinha com papai, o coração transbordando de esperança, mas também muito comovida com a ideia de apresentar-me no bispado. Pela primeira vez na vida ia fazer uma visita sem ser acompanhada das minhas irmãs, e essa visita era a um *bispo!*[243] Eu, que nunca precisava falar, a não ser para responder às perguntas que me eram feitas, devia explicar pessoalmente a finalidade da minha visita, expor os motivos que me levavam a solicitar minha entrada no Carmelo; enfim, devia mostrar a solidez da minha vocação. Ah! Como me custou essa viagem! Foi preciso Deus conceder-me uma graça toda especial para vencer minha grande timidez... É também verdade que "nunca o Amor depara com o impossível, pois crê que tudo lhe é possível e permitido"[244]. Verdadeiramente, só o amor de Jesus podia fazer-me vencer esta e as outras dificuldades que se seguiram, pois agradou-lhe fazer-me comprar minha vocação por meio de muitas provações...

---

242. Os testemunhos de Teresa para com os pobres fazem-se numerosos nos Processos (por exemplo, PO, pp. 161, 283; PA, p. 284).

243. Dom Hugonin, bispo de Bayeux havia vinte anos.

244. *Imitação*, III, 5, 4.

Agora que gozo da solidão do Carmelo, descansando à sombra da Cruz que tão ardorosamente desejei, considero ter pagado pouco pela minha felicidade e estaria disposta a suportar penas muito maiores para adquiri-la se a não tivesse alcançado!

151. *Chovia* a cântaros quando chegamos a Bayeux. Papai não queria que sua rainhazinha entrasse na residência episcopal com sua *linda roupa* molhada. Subimos num ônibus e nos dirigimos à catedral. Aí começaram novas dificuldades. Sua Excelência e todo o clero assistiam a um grande funeral. A igreja estava repleta de senhoras de luto e eu, com meu vestido claro e meu chapéu branco, era olhada por todos. Queria sair da igreja, mas não podia pensar nisso por causa da chuva. Para humilhar-me ainda mais, papai, com sua simplicidade patriarcal, fez-me subir na torre da catedral. Não querendo desagradar-lhe, subi com boa vontade e propiciei esse divertimento aos bons habitantes de Bayeux, que teria desejado nunca ter conhecido... Enfim, pude respirar sossegada numa capela atrás do altarmor e fiquei muito tempo lá, rezando com fervor, aguardando que a chuva parasse e nos fosse permitido sair. Ao descer, papai fez-me observar a beleza do edifício, que parecia muito maior agora que estava deserto. Porém, um único pensamento ocupava meu espírito e não podia me agradar com coisa alguma. Fomos logo procurar pelo padre Révérony[245], que sabia da nossa chegada por ter sido ele quem marcara o dia da viagem. Mas estava ausente. Fomos obrigados a *vagar* pelas ruas, que me pareceram *muito tristes*. Enfim, voltamos para perto da sede do bispado e papai fez-me entrar num belo hotel onde não fiz honra ao hábil cozinheiro. O pobre paizinho era para comigo de uma ternura quase inacreditável, dizendo-me para não ficar triste, que logo o senhor bispo iria atender a meu pedido.

152. Após um descanso, voltamos a procurar o padre Révérony; um senhor chegou ao mesmo tempo, mas o vigário-geral pediu-lhe polidamente para esperar e nos fez entrar primeiro no seu gabinete (o pobre senhor teve tempo de enfastiar-se, pois a visita foi demorada). O padre Révérony mostrou-se muito amável, mas creio que estranhou muito o motivo da nossa viagem. Depois de ter-me olhado sorrindo, dirigiu-me algumas perguntas e disse: "Vou apresentar-vos a Sua Excelência, tenhais a bondade de me acompanhar". Vendo as lágrimas brilharem nos meus olhos, acrescentou: "Ah! Vejo diamantes... não deveis mostrá-los a Sua Excelência!"... Fez-nos atravessar muitos cômodos vastíssimos, enfeitados de retratos de bispos. Vendo-me

---

245. Vigário geral.

ADOLESCÊNCIA

nesses salões enormes, tinha a impressão de ser uma formiguinha e me perguntava o que ia ousar dizer a Sua Excelência. Ele anda, entre dois cômodos, num corredor. Vi o padre Révérony dizer-lhe algumas palavras e voltar com ele. Aguardávamos no seu gabinete. Ali, três enormes poltronas estavam dispostas diante da lareira onde crepitava um fogo forte. Ao ver entrar Sua Grandeza, papai pôs-se de joelhos a meu lado para receber sua bênção. Indicou uma poltrona para papai sentar-se, colocou-se na frente dele e o padre Révérony indicou-me a do meio. Recusei polidamente, mas insistiu, dizendo que devia mostrar-me capaz de obedecer. Sentei-me logo sem fazer comentário e senti-me constrangida ao vê-lo pegar uma cadeira enquanto eu estava afundada numa poltrona onde quatro pessoas como eu cabiam folgadamente (mais à vontade do que eu, pois estava longe de me sentir folgada!...) Esperava que papai fosse falar, mas disse-me para explicar pessoalmente a Sua Excelência a finalidade da nossa visita; o que fiz o mais *eloquentemente* possível. Acostumado com a *eloquência*, Sua Grandeza não pareceu comovido com meu arrazoado. Uma palavra favorável do padre superior teria servido melhor a minha causa, infelizmente não dispunha dela e sua oposição não intercedia a meu favor.

153. Sua Excelência perguntou-me[246] se havia muito tempo que eu desejava ingressar no Carmelo: "Oh, sim, Excelência! Muito tempo..." "Vejamos", interveio, rindo, o padre Révérony, "podeis dizer que faz *15 anos* que tendes esse desejo". "É verdade", respondi sorrindo também, "mas não há muito que retirar, pois desejo fazer-me religiosa desde o despertar da minha razão e desejei o Carmelo logo que o conheci bem, pois nessa congregação achava que todas as aspirações da minha alma seriam satisfeitas." Não sei, Madre, se foram exatamente essas as minhas palavras, creio que eram ditas de forma ainda pior, mas, enfim, o sentido era este.

Pensando agradar a papai, Sua Excelência tentou fazer-me ficar ainda alguns anos junto dele. Ficou um pouco *surpreso* e *edificado* vendo-o tomar meu partido, intercedendo para eu obter a permissão de levantar voo aos 15 anos. Porém, tudo foi inútil. Disse que antes de decidir era indispensável uma conversa com o *Superior do Carmelo*. Nada podia ouvir que me causasse maior aflição, pois conhecia a oposição formal do nosso padre. Sem levar em conta a recomendação do padre Révérony, fiz mais do que *mostrar diamantes* a Sua

---

246. Esse parágrafo inteiro ao pé das páginas 54v e 55r do autógrafo.

Excelência, *dei* alguns a ele!... Vi que ficou emocionado; pegando-me pelo pescoço, apoiava minha cabeça no ombro dele e me fazia carícias como nunca, ao que parece, alguém recebera dele. Disse-me que nem tudo estava perdido, que ficava muito contente em eu fazer a viagem a Roma para firmar minha vocação e que em vez de chorar devia alegrar-me. Acrescentou que, na semana seguinte, devendo ir a Lisieux, falaria de mim com o pároco de São Tiago e que, certamente, eu receberia resposta dele na Itália. Compreendi ser inútil insistir mais, aliás nada mais tinha a dizer, tinha esgotado todos os recursos da minha *eloquência*.

154. Sua Excelência acompanhou-nos até o jardim. Papai o *divertiu muito* quando lhe disse que, para parecer mais velha, eu tinha levantado meu cabelo. Isso não foi esquecido, pois Sua Excelência não fala da sua "filhinha" sem contar a história dos cabelos... O padre Révérony quis acompanhar-nos até a extremidade do jardim do bispado; disse a papai que nunca vira coisa igual: "Um pai tão disposto a dar sua filha a Deus como esta em se oferecer!"

Papai fez-lhe diversas perguntas a respeito da peregrinação, inclusive sobre a maneira de se vestir para o encontro com o Santo Padre. Vejo-o ainda virando-se diante do padre Révérony perguntando-lhe: "Estou bem assim?..." Dissera também a Sua Excelência que, se não me permitisse ingressar no Carmelo, eu pediria essa graça ao Soberano Pontífice. Meu Rei querido era muito simples nas suas palavras e nas suas maneiras, mas era tão *bonito*... tinha uma distinção natural que deve ter agradado muito a Sua Excelência, acostumado a se ver cercado de pessoas que conhecem todas as regras da etiqueta dos salões, mas não o *Rei da França e de Navarra* com sua *rainhazinha*[247]...

155. Uma vez na rua, minhas lágrimas brotaram de novo, não tanto por causa da minha dor, mas por ver meu paizinho querido que acabava de fazer uma viagem inútil... Planejara enviar uma mensagem festiva ao Carmelo para anunciar a feliz resposta de Sua Excelência, via-se de volta sem resposta... Ah! Quanto sofri!... parecia-me que meu futuro estava abalado para sempre. Mais o tempo passava, mais as coisas ficavam confusas. Minha alma estava mergulhada na amargura, mas na paz, também, pois só procurava a vontade de Deus.

Logo de volta a Lisieux, fui buscar consolo no Carmelo e o encontrei em vós, querida Madre. Oh, não! Nunca esquecerei tudo

---

247. Diante da incompreensão do mundo, Teresa apresenta os títulos que são familiarmente atribuídos entre os Martin.

APELO A LEÃO XIII   111

o que sofrestes por minha causa. Se não receasse profanar, servindo-me delas, repetiria as palavras que Jesus dirigia a seus apóstolos, na tarde da sua Paixão: "*Vós* sois aqueles que permanecestes ao meu lado nas minhas provações"... Minhas *bem-amadas* irmãs ofereceram-me também *doces consolos...*

6. APELO A LEÃO XIII (1887)

156. Três dias após a viagem a Bayeux, fazia outra muito maior, à cidade eterna[248]... Ah! Que viagem aquela!... Ela sozinha fez-me conhecer mais coisas que longos anos de estudo, mostrou-me a vaidade de tudo o que passa e que tudo é aflição de espírito debaixo do sol... Mas vi muitas coisas bonitas, contemplei todas as maravilhas da arte e da religião, sobretudo pisei a mesma terra que os santos apóstolos, a terra regada com o sangue dos mártires, e minha alma cresceu em contato com coisas santas...

Estou muito feliz por ter ido a Roma, mas compreendo as pessoas de fora que pensaram que papai me levara a fazer essa grande viagem a fim de mudar minhas ideias sobre a vida religiosa; de fato, havia com que abalar uma vocação pouco firme.

Não tendo vivido na alta sociedade, Celina e eu nos encontramos no meio da nobreza[249] que compunha quase exclusivamente a romaria. Ah! Longe de nos deslumbrar, todos esses títulos e esses "*de*" pareceram-nos mera fumaça... De longe, algumas vezes, aquilo me impressionara, mas de perto vi que "nem tudo que reluz é ouro" e compreendi essa palavra da Imitação: "Não ides atrás dessa sombra que chamam de grande nome, não desejai numerosas relações, nem a amizade particular de homem algum"[250].

Compreendi que a verdadeira grandeza se encontra na *alma* e não no *nome* pois, como o disse Isaías: "O Senhor dará *outro nome* a seus eleitos" e são João diz também: "Ao vencedor darei maná escondido, e dar-lhe-ei uma pedra branca, sobre a qual estará escrito

---

248. Romaria (de 7/11 a 2/12/1887) organizada pela diocese de Coutances, por ocasião das bodas sacerdotais de Leão XIII e como "testemunho de fé" diante das "espoliações anticlericais" (na Itália). A diocese de Bayeux associara-se a ela; o padre Révérony representava dom Hugonin. Cf. Cartas 30 a 37 e notas; a Cronologia geral, nas *Obras Completas*; CG, pp. 259-324; 590-593; e os estudos de VT, n. 60, 81, 83, 84.
249. Cento e noventa e cinco romeiros, dos quais setenta e três eclesiásticos e numerosos representantes das famílias nobres da Normandia.
250. *Imitação*, III, 24, 2.

um *nome novo*, que ninguém conhece, exceto aquele que o recebe". Portanto, é no Céu que conheceremos nossos títulos de nobreza. Então, cada um receberá de Deus o louvor que merece, e quem na terra desejou ser o mais pobre, o mais esquecido por amor a Jesus, será o primeiro, o mais *nobre* e o mais rico!...

157. A segunda experiência que fiz diz respeito aos sacerdotes. Não tendo vivido nunca na sua intimidade, não podia compreender a principal finalidade da reforma do Carmelo. Rezar pelos pecadores me empolgava, mas rezar pelas almas dos padres, que eu acreditava mais puras que o cristal[251], parecia-me estranho!...

Ah! Compreendi *minha vocação* na *Itália*, não era ir buscar longe demais um conhecimento tão útil...

Durante um mês, vivi com muitos *padres santos* e vi que, se sua sublime dignidade os eleva acima dos anjos, nem por isso deixam de ser homens frágeis e fracos... Se *padres santos* que Jesus denomina no seu Evangelho "sal da terra" mostram em sua conduta que precisam extremamente de orações, o que dizer daqueles que são tíbios? Jesus não disse também: "Se o sal se tornar insípido, com que há de se lhe restituir o sabor?"

Oh, Madre! Como é bonita a vocação que tem por finalidade *conservar* o *sal* destinado às almas! Essa vocação é a do Carmelo, pois a única finalidade das nossas orações e dos nossos sacrifícios é ser *apóstolo dos apóstolos*, rezando para eles enquanto evangelizam as almas por suas palavras e, sobretudo, por seus exemplos... Preciso parar, se continuasse a falar sobre este assunto não acabaria nunca!...

158. Vou, querida Madre, relatar minha viagem com alguns pormenores. Perdoai-me se me excedo em minúcias. Não penso antes de escrever e, por causa do pouco tempo que tenho livre, recomeço tantas vezes que meu relato poderá lhe parecer um pouco enfadonho... O que me consola é pensar que, no Céu, vos falarei das graças que recebi e poderei fazê-lo em termos agradáveis e encantadores... Nada mais haverá para interromper nossas efusões íntimas e, num único olhar, tereis entendido tudo... Sendo que ainda preciso usar a linguagem da triste terra, vou tentar fazê-lo com a simplicidade de uma criança que conhece o amor da sua mãe!...

---

251. Cf. Carta 94. Esta passagem é inspirada por um livro do padre de Chérancé sobre são Francisco de Assis.

Teresa, com três anos e meio de idade (julho de 1876).

Zélia Martin, mãe de Teresa.

Celina e Teresa em 1881.

A Virgem do Sorriso.

Imagem de breviário, composta por Teresa para irmã Genoveva (cf. Ms A, 45f).

A última cela de Teresa.

Imagem de breviário confeccionada por Teresa a partir de uma reprodução do Menino Jesus "de Messina" (cf. Orações 13, 14, 15, 16).

Teresa com as rosas (1925).

Vitória Pasquier, empregada nos Buissonets.

Paulina, antes de sua entrada no Carmelo.

Teresa aos 13 anos (fevereiro 1886).

Foto de abril de 1888, dias antes do ingresso de Teresa no Carmelo.

Brasão do Carmelo, pintado por madre Inês, com a colaboração de Teresa, que desenhou e pintou as flores. O lema diz: "Zelo zelatus sum pro Domino Deo exercituum (1Rs 19,14). Sofrer e ser desprezado".

Teresa, fotografada por Pe. Gombault, em janeiro de 1889, com seu hábito de noviça.

Sacristã do Carmelo, novembro de 1896.

Celina Martin.

APELO A LEÃO XIII   113

A romaria saiu de Paris em 7 de novembro, mas papai nos levou a essa cidade alguns dias antes para que pudéssemos visitá-la.

Às três horas de uma certa manhã[252], atravessei a cidade de Lisieux ainda adormecida; muitas impressões atravessaram minha alma naquele momento. Sentia estar me dirigindo para o desconhecido e que grandes coisas me esperavam lá... Papai estava alegre; quando o trem se pôs a andar, cantou este velho refrão: "Corre, corre, diligência minha; eis-nos na estrada real". Chegamos a Paris antes do meio-dia e começamos a visitar logo. Esse pobre paizinho cansou-se muito a fim de nos agradar; mas logo tínhamos visto todas as maravilhas da capital[253]. A mim, *só uma* encantou, foi "Nossa Senhora das Vitórias". Ah! O que senti a seus pés é indescritível... As graças que me concedeu emocionaram-me tão profundamente que minhas lágrimas expressaram sozinhas a minha felicidade, como no dia da minha primeira comunhão... Fez-me sentir que foi *verdadeiramente ela quem me sorrira e curara*[254]. Compreendi que velava sobre mim, que eu era *sua* filha, portanto só podia atribuir-lhe o nome de "*Mamãe*", pois parecia-me ainda terno que o de mãe... Com que fervor lhe pedi para me proteger sempre e realizar em breve o sonho de esconder-me à *sombra do seu manto virginal!*... Ah! Era um dos meus primeiros desejos de criança... Ao crescer, compreendi que era no Carmelo que me seria possível encontrar, de verdade, o manto de Nossa Senhora e era para essa montanha fértil que meus desejos todos tendiam...

Invoquei Nossa Senhora das Vitórias para que afastasse de mim tudo o que poderia ter embaçado a minha pureza. Não ignorava que, numa viagem como essa à Itália, se encontrariam muitas coisas capazes de me perturbar, sobretudo porque, desconhecendo o mal, temia descobri-lo; não tendo experimentado que tudo é puro para os puros e que a alma simples e reta não enxerga o mal em lugar nenhum, pois, de fato, o mal só existe nos corações impuros e não nos objetos sensíveis... Pedi também a são José para velar por mim; desde a minha infância, tinha por ele uma devoção que se confundia com meu amor pela Santíssima Virgem. Todo dia rezava a oração: "Ó são José, pai e protetor das virgens"; por isso, empreendi sem

---

252. Sexta-feira, 4/11/1887.

253. Ver a carta de Celina para suas irmãs (CG, pp. 261-262).

254. O "*manto virginal*" da Virgem, proteção para sua pureza antes da longa viagem, mas também para toda a vida. Teresa o associa a são José.

114 Manuscrito A

receio minha longa viagem, estava tão bem protegida que me parecia impossível ter medo.

159. Depois de nos consagrarmos ao Sagrado Coração, na basílica de Montmartre[255], saímos de Paris na segunda-feira, dia 7, pela manhã; logo travamos conhecimento com as pessoas da romaria. Eu, costumeiramente tão tímida que nem ousava falar, vi-me completamente livre desse defeito incômodo; surpreendi-me a conversar livremente com todas as grandes damas, com os padres e até com o bispo de Coutances[256]. Parecia-me ter sempre vivido no meio dessa gente. Creio que éramos queridos de todos, e papai parecia orgulhoso das suas duas filhas. Mas, se ele estava satisfeito conosco, também estávamos com ele, pois no grupo todo não havia senhor mais bonito e mais distinto que meu Rei querido; gostava de ficar cercado por Celina e por mim. Muitas vezes, quando não estávamos num carro e eu me afastava dele, chamava-me para lhe dar o braço como em Lisieux... O padre de Révérony prestava atenção a todas as nossas ações e, muitas vezes, via-o observando-nos de longe. Na mesa, quando eu não estava na frente dele, ele encontrava um meio de se inclinar para me ver e ouvir o que eu dizia. Sem dúvida queria conhecer-me a fim de saber se, de fato, eu era capaz de ser carmelita. Creio que ficou satisfeito com o exame pois, *no final* da *viagem*, pareceu bem disposto a meu favor. Em Roma, porém, estava longe de me ser favorável, segundo vos contarei adiante.

160. Antes de chegar a essa cidade eterna, meta da nossa viagem, foi-nos dado contemplar muitas maravilhas. Primeiro, foi a Suíça com montanhas cujos cumes se perdem nas nuvens, as cascatas caindo de mil diferentes e graciosas maneiras, os vales profundos cheios de samambaias gigantes e de urzes cor-de-rosa. Ah! Madre querida, como as belezas da natureza distribuídas em *profusão*[257] fizeram bem à minha alma, como a elevaram para Aquele que se agradou em lançar tamanhas obras-primas numa terra de exílio que deve durar apenas um dia... Não tinha olhos suficientes para contemplar. Em pé na portinhola, quase não respirava. Queria estar, ao mesmo tempo, dos dois lados do vagão, pois ao virar-me via paisagens encantadoras e diferentes das que estavam na minha frente.

---

255. Domingo, 6/11, na cripta, a basílica superior não estava terminada.
256. Dom Germain, presidente da romaria.
257. Na meditação seguinte, em que se vê "*prisioneira no Carmelo*", Teresa não desvaloriza essas provas da "*grandeza de Deus*".

Às vezes, estávamos no cume de uma montanha, a nossos pés, precipícios de profundidade inalcançável pelo olhar pareciam querer nos engolir... ou ainda um charmoso e pequeno lugarejo com seus graciosos chalés e seu campanário, por cima do qual balançavam indolentes algumas nuvens resplandecentes de brancura... mais longe, um vasto lago, dourado pelos últimos raios do sol, com ondas calmas e puras a mesclar o tom azulado do Céu aos fogos do crepúsculo, apresentava a nossos olhares maravilhados o mais poético espetáculo que se pode ver... Ao fundo do vasto horizonte, montanhas de formas indecisas, que teriam escapado ao nosso olhar não fossem seus cumes nevados que o sol tornava ofuscantes, acrescentavam um encanto suplementar ao belo lago que nos encantava...

161. Vendo todas essas belezas, surgiam pensamentos muito profundos em minha alma. Tinha a impressão de já estar compreendendo a grandeza de Deus e as maravilhas do Céu... A vida religiosa apresentava-se a mim *tal como é*, com *suas submissões*, seus pequenos sacrifícios feitos às ocultas. Compreendia como é fácil ensimesmar-se, esquecer a sublime finalidade da vocação, e me dizia: mais tarde, no momento da provação, quando, prisioneira no Carmelo, só puder contemplar um pequeno canto do Céu estrelado, recordarei o que vejo hoje, esse pensamento me dará coragem, esquecerei facilmente meus pobres e pequenos interesses ao ver a grandeza e o poder de Deus a quem quero amar unicamente. Não terei a infelicidade de apegar-me a *palhas*, agora que "meu *coração pressentiu* o que Jesus reserva a quem o ama!"...

162. Após ter admirado o poder de Deus, pude ainda admirar o poder que deu às suas criaturas. A primeira cidade da Itália que visitamos foi Milão. Sua catedral, inteiramente de mármore branco, com estátuas numerosas para formar um povo incontável, foi examinada por nós em seus mínimos detalhes. Celina e eu éramos intrépidas, sempre as primeiras e seguindo imediatamente Sua Excelência a fim de ver tudo o que se referia às relíquias dos santos e ouvir as explicações. Assim é que, enquanto celebrava o santo sacrifício sobre o túmulo de são Carlos, estávamos com papai atrás do altar, com a cabeça encostada na urna que contém o corpo do santo revestido dos seus trajes pontificais. Era assim em todo lugar... Exceto quando se tratava de subir onde a dignidade de um bispo não permitia, pois naquelas ocasiões sabíamos nos afastar de Sua Grandeza... Deixando as senhoras tímidas esconder o rosto nas mãos logo após ter alcançado os primeiros campanários que coroam a catedral, seguíamos os mais destemidos romeiros e chegávamos até o alto do *último* campanário de mármore, e tínhamos o prazer de ver a nossos pés a cidade de Milão cujos numerosos habitantes pareciam formar um *pequeno formigueiro...* Uma vez tendo descido do nosso pedestal, começamos nossos passeios de carro, que deviam durar um mês e saciar-me para sempre do meu desejo de *rodar* sem cansaço!

163. O campo santo encantou-nos ainda mais que a catedral. Todas essas estátuas de mármore branco, que um cinzel genial parece ter animado, estão colocadas sobre o vasto campo dos mortos numa espécie de displicência que, para mim, aumenta o encanto... Dá vontade, quase, de consolar os personagens ideais que nos cercam. Sua expressão é tão realista, sua dor tão calma e tão resignada que não há como deixar de reconhecer os pensamentos de imortalidade que devem encher o coração dos artistas quando executam essas obras-primas. Aqui, uma criança joga flores sobre o túmulo dos seus pais, parece que o mármore perdeu seu peso, que as pétalas delicadas deslizam entre os dedos da criança, que o vento já começa a dispersá-las, a fazer flutuar o véu leve das viúvas e as fitas que adornam os cabelos das moças. Papai estava tão encantado como nós; na Suíça, sentiu cansaço, mas agora sua alegria havia voltado, gozava do belo espetáculo que contemplávamos, sua alma de artista manifestava-se nas expressões de fé e admiração que se estampavam no seu belo rosto.

164. Um velho senhor (francês) que, sem dúvida, não tinha alma tão poética olhava-nos de soslaio e dizia mal-humorado, embora parecendo lastimar não ser capaz de partilhar nossa admiração: "Ah! Como os franceses são entusiastas!" Creio que esse pobre senhor teria feito melhor ficando em casa, pois não pareceu gostar da viagem. Encontrava-se frequentemente perto de nós e sempre ficava resmungando. Reclamava dos carros, dos hotéis, das pessoas, das cidades, enfim, de tudo... Com sua habitual grandeza de alma, papai procurava animá-lo, oferecia seu lugar etc.; enfim, achava-se bem em qualquer lugar, sendo de um caráter totalmente oposto ao do seu desagradável vizinho... Ah! Quantas pessoas diferentes vimos, como o estudo do mundo se faz interessante quando estamos prestes a deixá-lo!...

165. Em Veneza, o cenário muda completamente. Em vez do ruído das grandes cidades, só se ouvem, no meio do silêncio, os gritos dos gondoleiros e o murmúrio da onda agitada pelos remos. Veneza não é desprovida de encantos, mas acho essa cidade triste. O palácio dos doges é esplêndido, porém também triste com seus vastos aposentos onde reinam o ouro, a madeira, os mais preciosos mármores e as pinturas dos maiores mestres. Há muito tempo que suas abóbadas sonoras deixaram de ouvir as vozes dos governadores que pronunciavam sentenças de vida e de morte nas salas que atravessamos... Os infelizes prisioneiros que mantinham nas masmorras e calabouços subterrâneos deixaram de sofrer... Ao visitar esses horrendos cárceres, reportava-me ao tempo dos mártires e desejei poder ficar a fim de imitá-los!... Mas foi preciso sair logo e passar na ponte dos suspiros, assim chamada por causa dos suspiros de alívio dados pelos condenados por se verem livres do horror dos subterrâneos aos quais preferiam a morte...

166. Depois de Veneza, fomos a Pádua, onde veneramos a língua de santo Antônio, e a Bolonha, onde vimos santa Catarina que conserva a impressão do beijo do Menino Jesus. Há muitos pormenores interessantes que eu poderia dar sobre cada cidade e sobre as mil pequenas circunstâncias particulares da nossa viagem, mas não teria fim, por isso só vou relatar os principais.

Deixei Bolonha com satisfação. Essa cidade tornara-se insuportável para mim, devido aos estudantes dos quais está repleta e que formavam uma barreira quando tínhamos a infelicidade de sair a pé e, sobretudo, por causa de pequena aventura que me aconteceu com um deles[258]. Foi com alegria que rumei para Loreto. Não me surpreendeu que Nossa Senhora tenha escolhido esse lugar para transportar sua casa abençoada[259]. A paz, a alegria, a pobreza reinam soberanamente; tudo é simples e primitivo, as mulheres conservaram o gracioso traje italiano e não adotaram, como em outras cidades, a *moda parisiense*. Enfim, Loreto encantou-me!

167. Que direi da casa abençoada?... Ah! Minha emoção foi profunda ao me ver sob o mesmo teto que a Sagrada Família, a contemplar os muros nos quais Jesus fixara seus divinos olhos, pisando a terra que são José molhou com seus suores, onde Maria carregara Jesus em seus braços depois de tê-lo carregado no seu seio virginal... Vi o quartinho onde o anjo desceu para perto da Santíssima Virgem... Coloquei meu terço na tigelinha do Menino Jesus... Como essas recordações são maravilhosas!...

Nosso maior consolo foi receber *Jesus em sua própria casa* e ser seu templo vivo no lugar que Ele honrou com sua presença.

---

258. Na descida do trem, um estudante lançou-se sobre ela e a tomou nos braços, lisonjeando-a. Ela livrou-se logo deitando-lhe um olhar turvo (cf. VT, n. 81, p. 38).

259. Como a maioria dos católicos do seu tempo, Teresa não duvida da lenda a respeito da casa de José e Maria transportada milagrosamente pelos anjos para Loreto.

MANUSCRITO A

Segundo um costume da Itália, o santo cibório só se conserva, em cada igreja, sobre um altar, e somente aí se pode receber a santa comunhão. Esse altar encontra-se na própria basílica onde está a casa abençoada, guardada como um diamante precioso num estojo de mármore branco. Isso não nos agradou, pois queríamos comungar no próprio *diamante*, não no *estojo*... Com sua cordialidade habitual, papai fez como todos os outros, mas Celina e eu fomos encontrar um sacerdote que nos acompanhava em todo lugar e que, naquele momento e por um privilégio especial, se preparava para celebrar missa na casa abençoada. Pediu *duas pequenas hóstias* que colocou na pátena junto à grande e compreendeis, Madre querida, com que êxtase comungamos, as duas, nessa casa abençoada!... Era uma felicidade toda celeste que as palavras não podem expressar. Como será então quando recebermos a santa comunhão na eterna morada do Rei dos Céus?... Não mais veremos terminar a nossa felicidade, não haverá mais a tristeza da partida e, para levar uma lembrança, não será mais necessário *raspar furtivamente* as paredes santificadas pela presença divina, sendo que *a casa dele* será nossa para a eternidade... Não quer nos dar a da terra, contenta-se em mostrá-la a nós para nos fazer amar a pobreza e a vida oculta. A morada que Ele nos reserva é seu palácio de glória onde não mais o veremos oculto, sob a aparência de uma criança ou de uma hóstia branca, mas tal como é, no seu esplendor infinito!!!...

168. É de Roma, agora, que me resta falar, Roma, meta da nossa viagem, lá onde acreditava encontrar o consolo, mas onde encontrei a cruz!... À nossa chegada, era noite e dormíamos. Fomos acordados pelos funcionários da estação que gritavam: "Roma, Roma". Não era um sonho, estava em Roma[260]!...

O primeiro dia passou-se fora dos muros e foi, talvez, o mais agradável, pois todos os monumentos conservaram sua marca de antiguidade, enquanto no centro se poderia acreditar estar em Paris ao ver a magnificência dos hotéis e das lojas. Esse passeio na campanha romana deixou em mim uma doce recordação. Não falarei dos lugares que visitamos, são muitos os livros que os descrevem nos pormenores, falarei apenas das *principais* impressões que tive. Uma das mais agradáveis foi a que me fez estremecer à vista do *Coliseu*. Estava vendo, enfim, essa arena onde tantos mártires tinham derramado o sangue por Jesus. Já ia apressar-me a beijar a terra que santificaram, mas que decepção!

---

260. De domingo 13/11 a quinta-feira 24/11; cf. Cronologia, em *Obras completas*, Loyola, São Paulo, 1997.

APELO A LEÃO XIII   119

O centro não passa de um montão de entulho que os romeiros têm de se contentar em olhar, pois uma barreira impede a entrada. Aliás, ninguém fica interessado em penetrar naquelas ruínas... Seria possível ir a Roma sem visitar o Coliseu?... Não queria admitir, não escutava mais as explicações do guia, só um pensamento me atormentava: descer à arena... Vendo um operário que passava com uma escada, estive prestes a pedir-lhe, felizmente não pus meu plano em execução, porque me teriam considerado louca... Diz-se no Evangelho que Madalena tinha ficado junto ao sepulcro e que, inclinando-se[261] por *diversas vezes* para ver dentro, acabou vendo dois anjos. Como ela, depois de constatar a impossibilidade de realizar meus desejos, continuei me inclinando sobre as ruínas onde queria descer; no fim, não vi anjo nenhum, mas sim *o que eu procurava*. Soltei um grito de alegria e disse a Celina: "Venha depressa, vamos poder passar!..." Logo atravessamos a barreira de entulhos e eis-nos escalando as ruínas que caíam sob nossos passos.

Papai olhava-nos espantado com nossa audácia. Logo, disse-nos para voltar, mas as duas fugitivas não ouviam mais nada. Assim como os guerreiros sentem a coragem aumentar no meio do perigo, nossa alegria crescia na proporção da dificuldade que tínhamos para alcançar o objeto dos nossos desejos. Mais precavida que eu, Celina tinha escutado o guia e lembrou-se que falara de uma certa lajinha cruzada como sendo o lugar onde combatiam os mártires e pôs-se a procurá-la. Achou-a e, ao ajoelhar-nos sobre essa terra sagrada, nossas almas confundiram-se numa mesma oração... Meu coração batia fortemente quando meus lábios se aproximaram do pó tingido do sangue dos primeiros cristãos. Pedi a eles a graça de ser também mártir[262] para Jesus e senti no fundo do meu coração que minha oração seria atendida!... Tudo isso foi feito em muito pouco tempo. Depois de ter pegado algumas pedras[263], voltamos em direção aos muros em ruína a fim de refazer em sentido inverso a nossa perigosa trajetória. Vendo-nos tão felizes, papai não pôde chamar a nossa atenção e vi que estava feliz pela nossa coragem... Deus protegeu-nos visivelmente, pois os romeiros não tomaram conhecimento da nossa escapada, estando afastados de nós, ocupados a olhar as magníficas arcadas onde o guia fazia observar "as pequenas *cornijas* e os *cupidos* colocados em cima"[264]. Portanto, nem ele nem "os senhores padres" conheceram a alegria que enchia nossos corações...

---

261. Cf. PN 23, 1, e Manuscrito B, 253.
262. "*O martírio, eis o sonho da minha juventude*" (Manuscrito B, 252; cf. Or 2).
263. Teresa e Celina acumulam relíquias (169-170...).
264. Teresa zomba do guia do Coliseu: "as cornijas e os pequenos cupidos".

120   Manuscrito A

169. As catacumbas[265] deixaram também em mim uma suave impressão: são exatamente como eu as imaginava ao ler sua descrição na vida dos mártires[266]. Depois de ter passado parte da tarde ali, parecia-me ter entrado poucos minutos antes, tão perfumada me parecia a atmosfera que se respira... Era preciso levar algumas recordações das catacumbas. Deixando a procissão se afastar um pouco, *Celina* e *Teresa* penetraram juntas até o fundo do antigo túmulo de santa Cecília e pegaram terra santificada pela sua presença. Antes da minha viagem a Roma, eu não tinha por essa santa devoção especial, mas ao visitar sua casa transformada em igreja[267], o lugar do seu martírio, informada de que fora proclamada rainha da harmonia, não por causa da sua bela voz nem do seu talento musical, mas em memória do *canto virginal* que fez ouvir a seu Esposo Celeste escondido no fundo do seu coração, senti por ela mais do que devoção: uma verdadeira *ternura de amiga*... Passou a ser minha santa predileta, minha confidente íntima... Tudo nela me extasia, sobretudo seu *desprendimento*, sua *confiança* ilimitada que a tornou capaz de virginizar almas[268] que nunca desejaram outras alegrias que as da vida presente...

Santa Cecília é parecida com a esposa dos cânticos. Nela vejo "um coro num campo de exército..." Sua vida não foi senão um canto melodioso em meio às maiores provações, e isso não me é estranho, sendo que "o Evangelho sagrado *repousava sobre seu coração!*"[269] e *em seu coração repousava* o Esposo das Virgens!...

170. A visita à igreja Santa Inês[270] foi também muito doce para mim. Era uma *amiga de infância* que ia visitar na própria casa. Falei-lhe muito tempo de quem leva tão bem o nome e fiz tudo o que

---

265. De São Calixto, na via Ápia.

266. Encontra-se num caderno de ditados de Teresa (fevereiro de 1887) uma extensa passagem dos *Martírios* de Chateaubriand.

267. Santa Cecília do Trastevere. As expressões de entusiasmo mostram o reconforto que traz para Teresa, no momento de falar com o papa, a santa do *"abandono"*, que enfrentou, muito mais que ela, uma situação desesperada. Cf. PN 3 e notas; o fascículo *Mes armes*, pp. 61-68; Cartas 149, 161, e Poesias, II, pp. 56-58.

268. Cf. Carta 105, 2r.

269. Neste parágrafo, Teresa cita a si mesma: *"um coral num campo de exército"* (Cartas 149,1v; 165,2r; mais tarde PN 48); *"o Evangelho sagrado repousava sobre seu coração..."* PN 3, 56; cf. DE, pp. 573-574).

270. A basílica Santa-Inês-Extra-Muros. *"Uma amiga de infância"*: cf. VT, n. 71, pp. 230-240.

APELO A LEÃO XIII   121

pude para obter uma relíquia da angélica padroeira da minha Madre querida a fim de lhe trazer, mas foi-nos impossível conseguir senão uma pedrinha vermelha que se desprendeu de um rico mosaico cuja origem remonta ao tempo de santa Inês e que ela deve ter olhado muitas vezes. Não era delicado por parte da santa dar-nos, ela própria, o que procurávamos e que nos era proibido pegar?... Sempre considerei o fato como uma delicadeza e uma prova do amor com que a doce santa Inês olha e protege minha querida Madre!...

171. Seis dias se foram em visitas às principais maravilhas de Roma e, no *sétimo*, vi a maior de todas: "Leão XIII"[271]... Desejava e temia esse dia, dele dependia minha vocação, pois a resposta que eu devia receber de Sua Excelência não tinha chegado e soubera por uma carta vossa[272], *Madre*, que ele não estava mais muito bem disposto a meu favor. Portanto, minha única tábua de salvação era o Santo Padre... Mas para obter uma permissão era preciso pedi-la, era preciso, na frente de todos, *ousar falar "ao Papa"*. Essa ideia fazia-me tremer. Como sofri antes da audiência, só Deus e minha *querida Celina* o sabem. Nunca me esquecerei da parte que ela tomou em minhas provações. Minha vocação parecia ser dela. (Nosso amor mútuo era notado pelos padres da romaria: uma noite, numa reunião tão numerosa que faltavam lugares, Celina fez-me sentar no seu colo e olhávamo-nos tão gentilmente que um padre exclamou: "Como se amam, ah! Nunca essas duas irmãs poderão separar-se!" Sim, amávamo-nos, mas nosso afeto era tão *puro* e tão forte que a ideia da separação não nos perturbava, pois sentíamos que nada, nem o oceano, poderia afastar uma da outra... Celina via com calma o meu barquinho acostar à margem do Carmelo; resignava-se a ficar o tempo que Deus quisesse no mar turbulento do mundo, certa de chegar um dia à margem desejada...)

172. Domingo, 20 de novembro[273], depois de nos vestir segundo o cerimonial do Vaticano (isto é, de preto, com uma mantilha de renda na cabeça) e nos termos enfeitado com uma grande medalha de Leão XIII amarrada com fita azul e branca, fizemos nossa entrada no Vaticano, na capela do Soberano Pontífice. Às 8 horas, nossa emoção foi profunda ao vê-lo entrar para celebrar a santa Missa... Depois de

---

271. Com 77 anos, Leão XIII era papa desde 1878.
272. Cf. LC 57 de irmã Inês, recebido em Loreto em 12/11, em CG, p. 267.
273. No tocante à audiência com o papa, cf. LD 642 de Celina (20/11/1887, em CG, pp. 300-302), e Carta 36.

dar a bênção aos numerosos romeiros reunidos ao seu redor, subiu os degraus do santo altar e mostrou-nos, pela sua piedade digna do Vigário de Jesus, que era verdadeiramente "O *Santo* Padre". Meu coração batia muito forte e minhas orações eram muito fervorosas, quando Jesus descia nas mãos do seu Pontífice, e eu estava muito confiante. O Evangelho desse dia continha essas palavras animadoras: "Não tenhais receio, pequeno rebanho, porque foi do agrado de vosso Pai dar-vos o seu reino". Eu não receava, esperava que o reino do Carmelo fosse meu em breve. Não pensava então nessas outras palavras de Jesus: "Preparo para vós, como o Pai preparou para mim, um reino". Isto é, reservo para vós cruzes e provações; assim é que sereis dignos de possuir esse reino pelo qual ansiais. Por ter sido necessário o Cristo sofrer para entrar na sua glória, se desejais ter lugar ao lado Dele, bebei do cálice que Ele bebeu!.... Esse cálice foi-me apresentado pelo Santo Padre e minhas lágrimas misturaram-se à bebida que me era oferecida.

173. Depois da missa de ação de graças que se seguiu à de Sua Santidade, a audiência começou. Leão XIII estava sentado numa grande poltrona, vestido simplesmente da batina branca, camalha da mesma cor e o solidéu. Ao redor dele estavam cardeais, arcebispos, bispos, mas só os vi vagamente, estando ocupada com o Santo Padre. Desfilávamos diante dele, cada romeiro se ajoelhava, beijava o pé e a mão de Leão XIII, recebia sua bênção e dois guardas o tocavam para indicar-lhe que se levantasse (o romeiro, pois explico-me tão mal que se poderia pensar que fosse o Papa). Antes de subir ao apartamento pontifício, eu estava muito resolvida a *falar*, mas senti minha coragem falhar vendo à direita do Santo Padre "o padre *Révérony!...*" Quase no mesmo instante, disseram-nos da *parte dele* que *proibia falar*[274] com Leão XIII, pois a audiência estava se prolongando demais... Virei para minha querida Celina a fim de consultá-la: "Fala", disse-me ela[275]. Um instante depois, eu estava aos pés do Santo Padre. Tendo eu beijado sua sandália, ele me apresentou a mão. Em vez de beijá-la, pus as minhas e, levantando para o rosto dele meus olhos banhados em lágrimas, exclamei: "Santíssimo Padre, tenho um grande favor para pedir-vos!..." Então, o Soberano Pontífice[276] inclinou a cabeça de maneira que meu rosto quase encostou no

---

274. Sem dúvida para não cansar o papa.

275. Teresa não tinha feito tão longa viagem para recuar na última hora (cf. Carta 32); além do mais, o Carmelo inteiro a estimulava (LC 59, em CG, p. 269).

276. O final do parágrafo é transferido para o pé da página (63f do autógrafo).

APELO A LEÃO XIII   123

dele e vi seus *olhos pretos e profundos* fixar-se sobre mim e parecer penetrar-me até o fundo da alma. "Santíssimo Padre", disse, "em honra do vosso jubileu, permitai que eu entre no Carmelo aos 15 anos!..."

174. Sem dúvida, a emoção fez tremer a minha voz e, virando-se para o padre Révérony que me olhava surpreso e descontente, o Santo Padre disse: "Não compreendo muito bem". Se Deus tivesse permitido, teria sido fácil para o padre Révérony obter para mim o que eu desejava, mas era a cruz e não a consolação que Ele queria me dar. "Santíssimo Padre", respondeu o vigário geral, "é *uma criança* que deseja ingressar no Carmelo aos 15 anos, mas os superiores examinam a questão neste momento." "Então, minha filha", respondeu o Santo Padre, olhando-me com bondade, "fazei o que os superiores vos disserem." Apoiando minhas mãos sobre seus joelhos tentei um último esforço e disse com voz suplicante: "Oh! Santíssimo Padre, se disésseis sim, todos estariam a favor!..." Ele me olhou fixamente e pronunciou as seguintes palavras destacando cada sílaba: "Vamos... Vamos... *Entrareis se Deus quiser...*"[277] Sua acentuação tinha alguma coisa de tão penetrante e de tão convincente que tenho impressão de ouvi-lo ainda. A bondade do Santo Padre me animava e eu queria falar mais, mas os dois guardas *tocaram-me polidamente* para fazer-me levantar. Vendo que isso não era suficiente, seguraram-me pelos braços e o padre Révérony os ajudou a levantar-me, pois ainda estava com as mãos juntas, apoiadas nos joelhos de Leão XIII, e foi *pela força* que me arrancaram dos seus pés... No momento em que estava sendo *retirada*, o Santo Padre colocou sua mão nos meus lábios e levantou-a para me benzer. Então, meus olhos encheram-se de lágrimas e o padre Révérony pôde contemplar, pelo menos, tantos *diamantes* como tinha visto em Bayeux...

175. Os dois guardas carregaram-me, pode-se dizer, até a porta e um terceiro me deu uma medalha de Leão XIII. Celina me seguia e havia sido testemunha da cena que acabava de acontecer, quase tão emocionada quanto eu, teve, todavia, a coragem de pedir ao Santo Padre uma bênção para o Carmelo. O padre Révérony, com voz descontente, respondeu: "O Carmelo já foi abençoado"[278]. O bondoso Santo Padre confirmou com doçura: "Oh, sim! já foi abençoado". Antes de nós, papai viera aos pés de Leão XIII, com os homens[279].

---

277. Comparar com Carta 36, escrita no mesmo dia. A sequência da narração parece suave cotejada com o relato imediato.

278. O padre Révérony tinha pedido ao papa, antes do desfile, para dar sua bênção a todas as comunidades religiosas.

279. Na realidade, os homens passavam depois das mulheres e dos sacerdotes.

O padre Révérony foi gentil com ele, apresentando-o como *pai de duas carmelitas.* Como sinal de benevolência, o Soberano Pontífice pôs a mão sobre a cabeça venerável do meu Rei querido, parecendo marcá-la com um *selo misterioso*[280], em nome Daquele de quem é o verdadeiro representante... Ah! agora que esse *Pai de quatro carmelitas*, está no Céu, não é mais a mão do pontífice que repousa sobre sua fronte, profetizando-lhe o martírio... É a mão do Esposo das Virgens, do Rei de Glória, que faz resplandecer a cabeça de seu Fiel Servo. E, mais do que nunca, essa mão adorada não deixará de repousar na fronte que tem glorificado....

176. Meu papai querido ficou muito triste ao me encontrar chorando à saída da audiência, fez tudo o que pôde para me consolar. Mas foi inútil... No fundo do coração, sentia grande paz, pois tinha feito tudo o que me era possível fazer para responder ao que Deus queria de mim; mas essa *paz* estava no *fundo* e a amargura *enchia* minha alma, pois Jesus ficava calado[281]. Parecia-me ausente, nada revelava a presença Dele... Ainda naquele dia, o sol não brilhou e o belo céu azul da Itália, carregado de nuvens escuras, não parou de chorar comigo... Ah! Para mim, a viagem tinha acabado. Não comportava mais encantos, pois a finalidade não fora alcançada. Todavia, as últimas palavras do Santo Padre deveriam ter-me consolado: não eram, de fato, verdadeira profecia? Apesar de todos os obstáculos, o que *Deus quis* cumpriu-se. Não permitiu que as criaturas fizessem o que queriam, mas a *vontade Dele...*

177. Havia algum tempo oferecera-me ao Menino Jesus para ser seu *brinquedinho*[282]. Tinha-lhe dito para não me usar como brinquedo caro que as crianças só podem olhar sem ousar tocar, mas como uma bola sem valor que podia jogar no chão, dar pontapés, *furar*, largar num cantinho ou apertar contra seu coração conforme achasse melhor; numa palavra, queria *divertir* o *Menino Jesus*, agradar-lhe, queria entregar-me a suas *manhas de criança...* Ele aceitou minha oferta...

Em Roma, Jesus *furou* seu brinquedinho. Queria ver o que havia dentro e, depois de ver, contente com sua descoberta, deixou cair sua

---

280. Gesto de bênção interpretado aqui como sinal de eleição e marca de proteção na provação. Cf. *infra*, 175, e PN 8 (última estrofe).

281. O silêncio de Jesus: uma angústia de Teresa. Cf. Manuscrito C, 284, e Manuscrito A, 144. Mas ela reagiu corajosamente (Carta 111); sua vida inteira prepara a provação da fé (cf. Poesias, II, p. 92, estrofe 13).

282. Tema importante do simbolismo teresiano (ligado ao da "*bolinha*"), que é citado quatro vezes aqui. Cf. Cartas 34; 36; 74; 78; 79; 176; e LD 624 de 8/11/1887, CG, p. 264; LC 66; 67; CG, pp. 287 + b, 1.169 s; Orações, p. 128, 3.

APELO A LEÃO XIII
125

pequena bola e adormeceu... Que fez durante o sono e que foi feito da bola deixada de lado?... Jesus sonhou que continuava *brincando* com sua bola, deixando-a e retomando-a, e que, depois de deixá-la rolar muito longe, a apertou no seu coração, não permitindo mais que se afastasse de sua mãozinha...

178. Compreendeis, querida Madre, quanto a pequena bola ficou triste ao ver-se *largada*... Mas eu não deixava de esperar contra toda a esperança. Alguns dias após a audiência com o Santo Padre, papai foi visitar o bom irmão Simião[283] e lá encontrou o padre Révérony[284], que se mostrou muito amável. Papai censurou-o, brincando, por não me ter ajudado no meu *difícil empreendimento* e contou a história da sua *Rainha* ao irmão Simião. O venerável ancião escutou o relato com muito interesse, tomou notas até, e disse com emoção: "Isso não se vê na Itália!" Creio que essa entrevista causou muito boa impressão no padre Révérony. A partir dela, não deixou mais de me provar estar *finalmente* convicto da minha vocação.

179. No dia seguinte ao dia memorável, tivemos de partir cedo para Nápoles e Pompeia. Em nossa honra, o Vesúvio fez-se barulhento o dia todo, trovejando e deixando escapar uma coluna de grossa fumaça. Os vestígios que deixou sobre as ruínas de Pompeia são apavorantes, mostram o poder de Deus: "Ele que com um olhar faz tremer a terra, e a seu toque os montes fumegam..." Teria gostado de andar sozinha no meio das ruínas, sonhar com a fragilidade das coisas humanas, mas o número de visitantes tirava grande parte do encanto melancólico da cidade destruída... Em Nápoles, foi o contrário. O *grande número* de carros de dois cavalos tornou magnífico nosso passeio ao mosteiro San Martino, situado numa alta colina que domina a cidade. Infelizmente, os cavalos que nos levavam tomavam o freio nos dentes e, mais de uma vez, pensei ver chegar minha última hora. Embora o cocheiro repetisse constantemente a palavra mágica dos condutores italianos: "Ah Pippo, ah Pippo...", os cavalos queriam derrubar o carro. Enfim, graças à ajuda dos nossos anjos da guarda, chegamos ao nosso hotel. Durante toda a viagem fomos alojadas em hotéis principescos, nunca tinha estado cercada de tanto luxo; vem ao caso dizer que a riqueza não traz a felicidade. Pois teria sido mais

---

283. Um Irmão Lassalista, personagem destacado na colônia francesa de Roma, que já conhecia o senhor Martin. Transmitirá a bênção do papa para Teresa em 31/8/1890, para sua profissão, e por ocasião da sua última doença (12/7/1897).
284. Cf. a carta detalhada de Celina (CG, pp. 304 ss).

feliz numa choupana, com a esperança do Carmelo, do que no meio de lambris dourados, escadas de mármore branco, tapetes de seda, e com amargura no coração... Ah! senti-o muito bem: a felicidade não está nos objetos que nos cercam, está no mais íntimo da alma. Pode ser gozada tanto numa prisão como num palácio; a prova é que sou mais feliz no Carmelo, mesmo no meio de provações interiores e exteriores, do que no mundo, cercada pelas comodidades da vida e, *sobretudo*, pelas doçuras do lar paterno!...

180. Minha alma estava mergulhada na tristeza mas, por fora, permanecia a mesma, pois pensava que não se sabia do pedido que eu tinha feito ao Santo Padre. Logo, porém, constatei o contrário. Tendo ficado no vagão a sós com Celina (os outros romeiros tinham descido para um lanche durante os poucos minutos de parada), vi o padre Legoux, vigário geral de Coutances, abrir a portinhola e, olhando-me sorridente, dizer: "Como vai nossa pequena carmelita?..." Soube então que todas as pessoas da romaria sabiam do meu segredo[285]. Felizmente, ninguém comentou comigo, mas vi, pela maneira simpática de me olhar, que meu pedido não tinha produzido má impressão, pelo contrário... Na pequena cidade de Assis, tive oportunidade de subir no mesmo carro que o padre Révérony, favor que não foi concedido a *nenhuma senhora* durante a viagem toda. Eis como obtive esse privilégio.

181. Após ter visitado os lugares perfumados pelas virtudes de são Francisco e de santa Clara, terminamos pelo mosteiro de santa Inês, irmã de santa Clara. Tinha contemplado à vontade a cabeça da santa quando, uma das últimas a me retirar, percebi ter perdido meu cinto. *Procurei-o* no meio do povo, um padre teve pena de mim e me ajudou. Mas depois de tê-lo achado vi-o afastar-se e fiquei sozinha *procurando*, pois, embora tivesse encontrado o cinto, não podia colocá-lo, porque faltava a fivela... Enfim, vi-a brilhar num canto; não demorei em ajustá-la à fita. Mas o trabalho anterior havia demorado mais e percebi estar sozinha ao lado da igreja, todos os carros tinham ido embora, exceto o do padre Révérony. O que fazer? Devia correr atrás dos carros que não via mais, arriscar-me a perder o trem e colocar meu papai querido na inquietação ou pedir carona na caleche do padre Révérony?...[286] Optei pela última solução. Com a cara mais graciosa e menos *constrangida* possível apesar do meu

---

285. Um correspondente romano de *L'Univers* tinha divulgado a notícia (24/11/1887).

286. Comparar com a Carta 37 e a LD 652 de Celina para suas irmãs (CG, pp. 320 s), que mostra a perplexidade dos Martin a respeito dos sentimentos do vigário geral.

APELO A LEÃO XIII   127

extremo *embaraço*, expus-lhe minha situação crítica e o coloquei,
por sua vez, *em situação difícil*, pois seu carro estava lotado com
os mais distintos *senhores* da romaria, impossível encontrar um
lugar; porém, um cavalheiro apressou-se em descer, fez-me subir
no seu lugar e colocou-se modestamente perto do cocheiro. Parecia
um esquilinho pego numa armadilha e estava longe de me sentir à
vontade, cercada por todos esses personagens e, sobretudo, do mais
temível, diante do qual assentei-me... Todavia, ele foi muito amável
comigo, interrompendo de vez em quando sua conversação com os
senhores para falar-me do *Carmelo*. Antes de chegar à estação, todos
os *grandes personagens* sacaram suas *grandes* carteiras a fim de dar
dinheiro ao cocheiro (já pago). Fiz como eles e tirei minha *diminuta*
carteira, mas o padre Révérony não me deixou pegar bonitas *moe-
dinhas*, preferiu dar uma *grande* por nós dois.

182. Numa outra ocasião, encontrei-me ao lado dele[287], num
ônibus. Foi ainda mais amável e prometeu fazer tudo o que pudesse
para meu ingresso no Carmelo... Mesmo com esse bálsamo todo sobre
minhas feridas, esses pequenos encontros não impediram que a volta
fosse menos agradável que a ida, pois não tinha mais a esperança
"do Santo Padre". Não encontrava ajuda nenhuma na terra, que me
parecia ser um deserto árido e sem água. Toda a minha esperança
estava *unicamente* em Deus... Acabava de experimentar que é melhor
recorrer a Ele que a seus santos...

183. A tristeza da minha alma não me impedia de sentir grande
interesse pelos santos lugares que visitávamos. Em Florença, fiquei
feliz em contemplar santa Madalena de Pazzi[288] no meio do coro das
carmelitas que abriram a grande grade para nós. Como não sabíamos
que teríamos esse privilégio[289], muitas pessoas desejavam encostar
seus terços no túmulo da santa. Só eu conseguia passar a mão pela
grade que nos separava dela, portanto todos me traziam seus terços
e eu estava muito contente com meu ofício... Eu precisava sempre
encontrar o meio de *mexer em tudo*[290]. Assim também na igreja de

---

287. Em 29/11, em Nice; relato detalhado de Celina (cf. CG, pp. 323-324).
288. Volta; em Florença, o corpo de santa Maria Madalena de Pazzi é conservado
na capela do seu mosteiro.
289. Frase obscura; parece que ela quer dizer: "Como não era sabido que teríamos esse privilégio, antes muitas pessoas desejaram fazer seus terços tocar o túmulo
da santa. Só eu etc."
290. Atitude constante de Teresa, por uma espécie de realismo da fé. Cf. *tocar*
em Manuscrito A, 58, 225; Cartas 101,2; 147,2r; 247,2r; PN 26,6 etc.

Santa Cruz de Jerusalém (em Roma), onde pudemos venerar diversos pedaços da verdadeira Cruz, dois espinhos e um dos cravos sagrados mantidos num magnífico relicário em ouro lavrado, mas *sem vidro*; foi-me possível, ao venerar a preciosa relíquia, enfiar meu *dedinho* num dos orifícios do relicário e *tocar* o cravo que fora banhado com o sangue de Jesus... Francamente, era audaciosa demais!... Felizmente, Deus, que vê o fundo dos corações, sabe que minha intenção era pura e que por nada neste mundo teria querido desagradar-lhe. Comportava-me com Ele como uma *criança* que acredita que tudo lhe é permitido e olha os tesouros de seu pai como sendo dela.

184. Ainda não consegui entender por que as mulheres são tão facilmente excomungadas na Itália. A cada instante, diziam-nos: "Não entrem aqui... Não entrem aí, seriam excomungadas!..." Ah! Pobres mulheres, como são desprezadas!... Todavia, são muito mais numerosas em amar a Deus e, durante a Paixão de Nosso Senhor, as mulheres tiveram mais coragem que os apóstolos, pois enfrentaram os insultos dos soldados e atreveram-se a enxugar a Face adorável de Jesus... É sem dúvida por isso que Ele permite que o desprezo seja a herança delas na terra[291], sendo que Ele o escolheu para Si mesmo.... No Céu, saberá mostrar que as ideias Dele não se confundem com as dos homens, pois então as *últimas* serão as *primeiras*.... Mais de uma vez, durante a viagem, não tive a paciência de esperar pelo Céu para ser a primeira... Num dia em que visitávamos um mosteiro de padres carmelitas, não estando satisfeita em acompanhar os romeiros nos corredores *exteriores*, adentrei os claustros *internos*... De repente, vi um bom velho carmelita que me fazia sinal, de longe, para me afastar. Em vez de voltar, aproximei-me dele mostrando os quadros do claustro e dizendo, por sinal, que eram bonitos. Ele percebeu, sem dúvida pelos meus cabelos soltos e meu ar jovem, que eu não passava de uma criança; sorriu-me com bondade e se afastou, ciente de que não tinha enfrentado uma inimiga. Se eu soubesse falar italiano, ter-lhe-ia dito ser uma futura carmelita, mas por causa dos construtores da torre de Babel isso não foi possível.

185. Depois de ter visitado Pisa e Gênova, voltamos à França. No percurso, a vista era magnífica[292]. Às vezes, íamos pela beira-mar e a ferrovia passava tão perto que dava a impressão de que as ondas

---

291. Teresa manifesta seu feminismo (haverá outros exemplos, cf. Poesias, I, p. 190). Sua argumentação é forte e a condição da mulher passa a ser uma espécie de privilégio da semelhança com Jesus.

292. O trem margeia a Riviera italiana e serpenteia ao longo da Côte d'Azur, de Nice a Toulon.

iam nos alcançar. Esse espetáculo foi causado por uma tempestade. Era noite, o que tornava a cena ainda mais imponente. Outras vezes, planícies cobertas de laranjais com frutas maduras, verdes oliveiras com folhagem leve, palmeiras graciosas... no fim da tarde, víamos numerosos pequenos portos marítimos iluminar-se com milhares de luzes, enquanto no Céu brilhavam as primeiras *estrelas*... Ah! Que poesia enchia minha alma vendo todas essas coisas pela primeira e última vez na minha vida!...[293] Era sem pena que as via esvair-se, meu coração aspirava a outras maravilhas, tinha contemplado suficiente-mente *as belezas da terra, as do Céu* eram objeto dos seus desejos e para dá-las às *almas*, queria tornar-me *prisioneira*!...[294] Antes de ver abrir-se diante de mim as portas da prisão abençoada com a qual sonhava, precisava lutar e sofrer ainda mais... sentia-o ao voltar à França. Todavia, minha confiança era tão grande que não cessava de esperar que me seria permitido ingressar em 25 de dezembro...

186. De volta a Lisieux, nossa primeira visita ao Carmelo. Que reencontro aquele!... Tínhamos tantas coisas para nos contar após um mês de separação, mês que me pareceu mais longo e durante o qual aprendi mais que durante muitos anos...

Oh, Madre querida! Como foi doce para mim vos rever, abrir-vos minha pobre pequena alma ferida. A vós que tão bem sabíeis me compreender, a quem uma palavra, um olhar bastava para adi-vinhar tudo! Abandonei-me completamente, tinha feito tudo o que dependia de mim, tudo, até falar com o Santo Padre. Não sabia mais o que tinha de fazer. Dissestes-me para escrever a Sua Excelência e lembrar-lhe sua promessa; eu o fiz logo, o melhor que me foi pos-sível, mas em termos que meu tio achou simples demais. Ele refez minha carta. No momento em que ia enviá-la, recebi uma de vós, dizendo-me para não escrever, para esperar alguns dias. Obedeci logo, pois estava certa de que era o melhor meio de não errar. Enfim, dez dias antes do Natal, minha carta partiu[295]. Convicta de que a resposta não demoraria, ia todas as manhãs, depois da missa, com papai à agência dos correios, acreditando encontrar aí a permissão para levantar voo. Cada manhã trazia nova decepção que, porém,

---

293. Últimas excursões: subida a Notre-Dame de la Garde, em Marselha (29/11) e ida a Fourvière (30). Missa de ação de graças e partida da romaria para Paris, 2/12.

294. Em duas frases, Teresa resume muitas coisas e quase toda a sua vida. Pri-sioneira (livremente): cf. Manuscrito A, 161, 230-231; Cartas 106r; 201r; PN 18,32; Or 17,11, e Orações, p. 136.

295. Sobre essas negociações, cf. as três redações de Cartas 38 e 39 e CG, pp. 324-333.

130 Manuscrito A

não abalava minha fé... Pedia a Jesus para romper meus laços. Ele os quebrou, mas de maneira totalmente diferente do que esperava... A bela festa de Natal chegou e Jesus não acordou... Deixou no chão sua pequena bola sem mesmo olhar para ela...

187. Foi de coração partido que assisti à missa do galo; esperava tanto assistir atrás das grades do Carmelo!... Essa provação foi muito grande para minha fé... Mas Aquele cujo coração vigia durante o sono fez-me compreender que, para quem tem fé do tamanho de um *grão de mostarda*, Ele opera *milagres* e transporta as montanhas para firmar essa *pequena* fé, mas para seus *íntimos*, para sua *Mãe*, não opera milagres *antes de provar sua fé*. Não deixou Lázaro morrer, embora Marta e Maria o tivessem avisado que ele estava doente?... Nas bodas de Caná, quando Nossa Senhora lhe pediu para socorrer os anfitriões, não respondeu que sua hora não tinha chegado?... Mas, depois da provação, que recompensa: a água se transforma em vinho... Lázaro ressuscita... É assim que Jesus age com sua Teresinha; depois de a pôr à prova durante *muito tempo*, satisfez todos os desejos do seu coração...

188. Na tarde da radiosa festa que passei chorando, fui visitar as carmelitas; foi grande a surpresa quando, ao abrir-se a grade, vi um lindo menino Jesus segurando nas mãos uma bola com meu nome escrito nela. No lugar de Jesus, pequeno demais para poder falar, as carmelitas cantaram para mim um cântico composto pela minha querida Madre. Cada palavra derramava em minha alma um doce consolo. Nunca me esquecerei dessa delicadeza do coração materno que sempre me cumulou das mais finas ternuras... Após ter agradecido no meio de doces lágrimas, relatei a surpresa que minha Celina querida me fizera ao voltar da missa do galo. Encontrei no meu quarto, dentro de uma bela bacia, um *barquinho* carregando o menino Jesus dormindo com uma pequena *bola* ao lado Dele. Na vela branca, Celina escreve-ra as seguintes palavras: "Durmo, mas meu coração vela", e, sobre o barquinho, apenas essa palavra: "Abandono!" Ah! Se Jesus ainda não falava com sua noivinha, se seus divinos olhos continuavam sempre fechados, pelo menos Ele se revelava a ela por meio de almas que compreendiam todas as delicadezas e o amor do seu coração...

189. No primeiro dia do ano de 1888, Jesus ainda me presenteou com sua cruz, mas dessa vez carreguei-a sozinha, pois era tanto mais dolorosa quanto incompreendida... Um *carta de Paulina*[296] veio

---

296. O manuscrito é, atualmente, uma mixórdia de sobrecargas e raspagens. Encontram-se todas as justificações no texto restabelecido nas Notas de crítica textual de MS/NEC (Cerf, 1992).

me informar que a resposta de Sua Excelência tinha chegado dia 28, festa dos santos Inocentes, mas que não a comunicou para mim por ter decidido que meu ingresso só se daria *depois da Quaresma*. Não pude segurar as lágrimas com a ideia de tão longa espera. Essa provação teve para mim um caráter muito peculiar: via meus *laços* com o mundo *rompidos* e a arca santa recusando a entrada para sua pobre pombinha... Quero acreditar que devo ter parecido manhosa por não aceitar alegremente meus três meses de exílio, mas creio também que, sem deixar transparecer, essa provação foi *muito grande* e me fez *crescer* muito no abandono[297] e nas outras virtudes.

190. Como passaram esses *três meses* tão ricos de graças para minha alma?... Primeiro, ocorreu-me a ideia de não me constranger a levar uma vida tão bem regrada como de costume; mas logo compreendi o valor do tempo que me estava sendo oferecido e resolvi entregar-me, mais do que nunca, a uma vida *séria e mortificada*. Quando digo mortificada, não é para fazer crer que eu fazia penitências, ai! *nunca fiz*[298]; longe de me parecer com as belas almas que desde a infância praticavam toda espécie de mortificações, não sentia atrações por elas. Sem dúvida, isso decorria da minha covardia, pois podia, como Celina, encontrar mil pequenas invenções para me fazer sofrer; em vez disso, sempre me deixei mimar e cevar como um passarinho que não precisa fazer penitência... Minhas mortificações consistiam em refrear minha vontade, sempre prestes a se impor, em reprimir uma palavra de réplica, em prestar pequenos serviços sem pensar em retribuição, em não me encostar quando sentada etc. etc. Foi pela prática desses *nadas* que me preparei para ser a noiva de Jesus e não posso dizer quanto essa espera deixou em mim doces lembranças[299]... Três meses passam muito depressa e, enfim, chegou o momento tão desejado.

7. POSTULANTE E NOVIÇA NO CARMELO (1888-1890)

191. Escolheu-se para meu ingresso a segunda-feira, 9 de abril, dia em que o Carmelo celebrava a festa da Anunciação, adiada por

---

297. O *abandono* é, de fato, a palavra-chave desse período (cf. 169, 67r e aqui).

298. Teresa fala das mortificações corporais, que se sabe ter ela usado no Carmelo.

299. É o mesmo movimento de antes da viagem a Roma (150): Teresa fala inicialmente de uma "*cruz*" dolorosa, de uma "*provação muito grande*" (189), de "*três meses ricos de graças*" e de "*doces lembranças*" (190).

132 MANUSCRITO A

causa da Quaresma. Na véspera, a família toda reuniu-se em volta da mesa a que me sentava pela última vez. Ah! Como são dilacerantes essas reuniões íntimas!... quando o que se quer é ser esquecido, prodigalizam-se carícias, e as mais carinhosas palavras fazem sentir o sacrifício da separação... Meu Rei querido quase não falava, mas seu olhar fixava-se em mim com amor... Minha tia chorava de vez em quando e meu tio fazia-me mil elogios afetuosos. Joana e Maria também se esmeravam em delicadezas, sobretudo Maria que, puxando-me à parte, me pediu mil perdões pelas penas que pensava ter-me causado. Enfim, minha querida Leoninha, de volta da Visitação havia alguns meses[300], enchia-me de beijos e carícias. Só de Celina eu não falei, mas adivinhais, querida Madre, como se passou a última noite em que dormimos juntas...

192. Na manhã do grande dia, depois de lançar um último olhar aos Buissonnets, ninho gracioso da minha infância que não devia nunca mais rever, parti de braços dados com meu Rei querido para subir a montanha do Carmelo... Como na véspera, a família toda se reuniu para assistir à missa e comungar. Logo após Jesus ter descido ao coração dos meus familiares queridos, só ouvi soluços ao meu redor. Só eu não chorava, mas senti meu coração bater com *tanta violência* que me pareceu impossível andar quando nos fizeram sinal para chegar até a porta do convento. Andei, embora me perguntando se não ia morrer devido à força das batidas do meu coração... Ah! Que momento aquele... É preciso tê-lo vivido para saber como é...

193. Minha emoção não se expressava externamente. Depois de ter abraçado todos os membros da minha querida família pus-me de joelhos diante do meu incomparável pai e pedi-lhe a bênção. Ele mesmo *ajoelhou-se* e me abençoou chorando... Era um espetáculo de fazer os anjos sorrir, esse de um ancião apresentando ao Senhor sua criança ainda na primavera da vida!... Alguns momentos depois, as portas da arca sagrada (Gn 7,16) fechavam-se sobre mim[301] e passava a receber os abraços das *irmãs queridas* que me haviam servido de

---

300. Em 6/1/1888, por motivo de saúde; deixou um retrato impressionante de Teresa no dia da sua entrada para o Carmelo (PO, p. 348).

301. Nenhuma alusão à admoestação do padre Delatroëtte à comunidade, diante do senhor Martin, a porta da clausura totalmente aberta: "'Eis, pois! Reverendas Madres, podeis cantar um *Te Deum*! Como delegado de Sua Excelência, o bispo, apresento a vós esta criança de 15 anos, de quem quisestes o ingresso. Faço voto que não desengane vossas esperanças, mas lembro-vos de que, se não for como esperais, só vós arcareis com a responsabilidade'. A comunidade toda ficou gelada com essas palavras" (Madre Inês, PA, p. 141).

mães e que ia, doravante, tomar por modelo das minhas ações... Enfim, meus desejos estavam realizados, minha alma gozava de uma PAZ[302] tão suave e tão profunda que me seria impossível expressar e, há sete anos e meio, essa paz íntima continuou sendo meu quinhão. Não me abandonou em meio às maiores provações.

194. Como todas as postulantes, fui levada ao coro logo após minha entrada; estava escuro, por causa do Santíssimo exposto, e o que chamou minha atenção foram os olhos da nossa santa Madre Genoveva[303], que se fixaram sobre mim. Fiquei algum tempo de joelhos a seus pés, agradecendo a Deus pela graça que me concedia de conhecer uma santa, e acompanhei nossa Madre Maria de Gonzaga[304] aos diversos recintos do convento. Tudo me parecia bonito, tinha impressão de ter sido transportada para o deserto. Nossa[305] pequena cela me encantava especialmente, mas a alegria que sentia era *calma*, nem a menor aragem fazia ondular as águas tranquilas em que navegava meu barquinho, nenhuma nuvem escurecia meu céu azul... Ah! Estava plenamente recompensada por todas as minhas provações... Com que alegria profunda repetia estas palavras: "É para sempre, sempre, que estou aqui!..."

195. Não era uma felicidade efêmera; não iria embora com as ilusões dos primeiros dias. Deus concedeu-me a graça de não ter *ilusões*, NENHUMA ilusão ao entrar para o Carmelo. Encontrei a vida religiosa tal como a imaginara[306], nenhum sacrifício me surpreendeu e, contudo, vós sabeis, Madre querida, meus primeiros passos encontraram mais espinhos que rosas!... Sim, o sofrimento estendeu-me os braços e atirei-me a ele com amor... O que eu vinha fazer no Carmelo, declarei-o aos pés de Jesus-Hóstia, no exame

---

302. Teresa faz sentir que essa paz (sublinhada duplamente) é um dom de Deus (cf. PN 24, 2), sendo que não a "*abandonou em meio às maiores provações*", das quais vai falar sem defini-las, *infra*, 193/196 (cf. PO, p. 151).

303. Madre Genoveva de Santa Teresa, aos 82 anos, uma das fundadoras do Carmelo de Lisieux. Cf. *infra*, 221/223.

304. Priora do Carmelo durante os dois terços da vida religiosa de Teresa. Aprecia muito a esta, sem poupá-la (cf. CG, pp. 580-581; PA, pp. 118, 358; PO, p. 521). O Manuscrito C é dirigido a ela.

305. *Nossa*, pois todos os objetos são atribuídos, sem distinção, a toda a comunidade.

306. Teresa é sincera demais para não acrescentar logo: "*porém, (...) meus primeiros passos encontraram mais espinhos que rosas*". Cf. o testemunho das suas irmãs (PO, pp. 251, 272, 294; CJ 24.7.2). Mas Teresa declarou-se antecipadamente inabalável (cf. Carta 43B).

que antecedeu minha profissão[307]: "Vim para salvar as almas e, sobretudo, rezar pelos sacerdotes"[308]. Quando se quer atingir um fim, é preciso tomar os meios; Jesus fez-me compreender que era pela cruz que queria me dar almas, e minha atração pelo sofrimento crescia na medida em que o sofrimento aumentava. Durante cinco anos[309], esse caminho foi o meu, mas, por fora, nada exteriorizava meu sofrimento, mais doloroso[310] por ser eu a única a saber dele. Ah! Quantas surpresas teremos no juízo final, quando conhecermos a história das almas!... haverá pessoas surpresas ao conhecer a via pela qual fui conduzida!...

196. Isso é tão verdadeiro que, dois meses após meu ingresso, estando aqui para a profissão de Irmã Maria do Sagrado Coração[311], o padre Pichon ficou espantado ao constatar o que Deus operava em minha alma e disse-me que, na véspera, me tendo observado rezando no coro, pensou ser meu fervor totalmente infantil e meu caminho muito manso. Minha entrevista com o bom padre foi para mim um grande consolo, mas coberto de lágrimas diante da dificuldade que sentia em abrir minha alma. Fiz, porém, uma confissão geral tal como nunca tinha feito; no final, o padre me disse as mais consoladoras palavras que já ressoaram aos ouvidos da minha alma: "Na presença de Deus, da Santíssima Virgem e de todos os santos, declaro nunca terdes cometido um único pecado mortal"[312]. E acrescentou: deis graças a Deus pelo que Ele faz por vós, pois se Ele vos abandonasse, em vez de serdes um anjinho, seríeis um diabinho. Ah! Não tinha dificuldade em acreditar, sentia quanto era fraca e imperfeita, mas a gratidão enchia minha alma. Tinha tanto receio de ter maculado meu vestido de batismo, que tal certidão, oriunda da boca de um diretor

---

307. Exame canônico em 2/9/1890.

308. Cf. *supra*, 134, 157. Na Carta 135, Teresa comenta com audácia a palavra de Jesus a respeito dos operários da messe.

309. Esses cinco anos coincidem com os priorados de Madre Maria de Gonzaga e o noviciado de Teresa sob a autoridade de Maria dos Anjos, mesmo que não faça referência pessoal às suas superioras.

310. Cf. os testemunhos do padre Pichon (PO, p. 381) e de muitas irmãs.

311. Em 23/5/1888. Para fazer como suas irmãs, Teresa prometera ao padre Pichon (desde 1884) escolhê-lo como diretor de consciência. Mas o diálogo deles foi bastante distendido, por motivos diversos, entre os quais a partida do padre para o Canadá. Cf. DCL, *O padre Pichon e a família Martin*, VT, 1967/10, 1968/1 e 4, artigos reunidos em plaqueta.

312. Em 28/5/1888. O padre Pichon ajuda muito Teresa a apagar os últimos vestígios da doença dos escrúpulos que tanto a torturaram (cf. 121); voltará em outubro de 1889 (LC 117, CG, p. 502) e também em 1893 (LC 151, CG, p. 677).

POSTULANTE E NOVIÇA NO CARMELO 135

conforme os desejos de Nossa Santa Madre Teresa, isto é, que une *ciência e virtude*[313], parecia-me ter saído da própria boca de Jesus... O bom padre disse-me ainda essas palavras que se gravaram em meu coração: "Minha filha, que Nosso Senhor seja sempre vosso Superior e vosso Mestre de noviças". De fato o foi, e foi também "meu diretor".

197. Não quero dizer com isso que minha alma estivesse fechada para minhas superioras. Ah! Longe disso, sempre procurei fazer dela um *livro aberto*; mas nossa Madre, frequentemente doente, tinha pouco tempo para cuidar de mim[314]. Sei que me amava muito e dizia de mim todo o bem possível, todavia, Deus permitia que *à sua revelia* ela fosse SEVERÍSSIMA; não podia encontrá-la sem beijar a terra[315], era a mesma coisa por ocasião das escassas direções espirituais que eu tinha com ela... Que graça inestimável!... Como Deus agia *visivelmente* naquela que o substituía!... Que teria sido de mim se, como pensavam as pessoas de fora, eu tivesse sido "o brinquedinho" da comunidade?... Quiçá, em vez de ver Nosso Senhor em minhas Superioras, não teria considerado apenas as pessoas e meu coração, tão bem *preservado* no mundo, ter-se-ia ligado humanamente no claustro... Felizmente, fui protegida contra essa desgraça. Sem dúvida, *gostava muito* da nossa Madre, mas de um afeto *puro* que me elevava para o Esposo da minha alma...

198. Nossa mestra[316] era uma *verdadeira santa*, o tipo acabado das primeiras carmelitas. Eu ficava com ela o dia todo, pois ensinava-me a trabalhar. Sua bondade para comigo era sem limites e, todavia, minha alma não se dilatava... Só com esforço eu conseguia fazer direção espiritual[317], não estando habituada a falar da minha alma não sabia

---

313. *Caminho da Perfeição* VI.

314. As relações pessoais de Teresa com Madre Maria de Gonzaga são difíceis de avaliar devido aos requisitórios apresentados nos Processos por Madre Inês e muitas outras irmãs contra a antiga superiora (cf. sobretudo PA, pp. 142-148). Os textos de Teresa manifestam muita admiração, certa confiança, uma reserva contra os excessos de afeto (Manuscrito C, 309), enfim um juízo muito aguçado, temperado pela caridade.

315. Sublinhado triplo. A maneira forte é própria da época: nas cartas circulares de outros Carmelos, espantam as "provações do noviciado" que mais se parecem com trotes de calouros (cf. também Manuscrito C, 312-313). *Beijar o chão* era um gesto de humildade praticado em certas comunidades.

316. Mestra de noviças, irmã Maria dos Anjos deu belos testemunhos sobre Teresa (PA, pp. 347-348). Havia mais três irmãs no noviciado: Maria do Sagrado Coração, Maria Filomena e Marta.

317. Maria dos Anjos fez Teresa sofrer, sem percebê-lo (cf. CJ 2.9.2; DE, p. 172 + a; PO, p. 465).

136 MANUSCRITO A

expressar o que se passava. Uma boa velha madre[318] compreendeu o que ocorria comigo e disse-me, rindo, num recreio: "Filhinha, creio que não tendes muita coisa a dizer às vossas superioras". "Por que, Madre, dizeis isso?..." "Porque vossa alma é extremamente *simples*[319], mas quando estiverdes perfeita sereis *ainda mais simples*; mais nos aproximamos de Deus, mais simples ficamos." A boa Madre estava com a razão, porém a dificuldade que sentia para abrir minha alma, embora viesse da minha simplicidade, era uma verdadeira provação. Reconheço-o agora, pois, sem deixar de ser simples, exprimo meus pensamentos com muito maior facilidade.

199. Disse que Jesus fora "meu Diretor". Ao ingressar no Carmelo, conheci aquele que devia servir-me de diretor, mas apenas me admitira como sua filha partiu para o exílio... Portanto, só o conheci para ficar privada dele... Reduzida a receber dele uma carta anual pelas doze que lhe escrevia[320], meu coração dirigiu-se logo para o diretor dos diretores e foi Ele quem me instruiu dessa ciência que esconde dos sábios e dos pedantes e revela aos *menores...*

200. A florzinha transplantada sobre a montanha do Carmelo ia desabrochar à sombra da Cruz; as lágrimas, o sangue de Jesus foram seu orvalho. Seu sol foi a Face Adorável coberta de lágrimas... Até então, não tinha imaginado a imensidade dos tesouros escondidos na Sagrada Face[321]. Foi por vosso intermédio, querida Madre, que aprendi a conhecê-los; assim como, em outro momento, precedeu a todas nós no Carmelo, da mesma forma sondastes primeiro os mistérios de amor escondidos no Rosto do nosso Esposo. Chamastes-me então e compreendi... Compreendi em que consiste a *verdadeira*

---

318. Irmã Febrônia.

319. Uma das chaves da santidade de Teresa, uma das suas maiores aspirações; cf. Manuscrito A, 6, 51v, autógrafo, 158; Manuscrito C, 333 etc.; PO, p. 172; PA, pp. 167-168.

320. Teresa exagera um pouco: conservam-se quinze cartas do padre Pichon para Teresa, das quais doze depois de sua partida para o Canadá em 3/11/1888. O padre destruiu todas as cartas, não só de Teresa (a Carta 28 só é conhecida pelo rascunho), mas de todas as que dirigiu. Cf. *supra*, nota 311.

321. Devoção cultuada na família Martin, em consequência das revelações feitas por Nosso Senhor à irmã Maria de São Pedro do Carmelo de Tours, no século XIX. Teresa aprofunda sua meditação de maneira muito pessoal, ajudada por Isaías, principalmente por ocasião da doença do pai. No dia da sua tomada de hábito (10/1/1889), assina pela primeira vez: "*Irmã Teresa do Menino Jesus e da Sagrada Face*" (Carta 80); foi a primeira no Carmelo de Lisieux a escolher esse vocábulo. Cf. Mss II, p. 49; CG, pp. 488 s, 522 ss; PN 20 e notas; Poesias, II, pp. 134-137; Or 12 e notas; Orações, pp. 118-125; CJ 5.8.7 e 5.8.9; DE, pp. 516 ss; PO, p. 158; PA, p. 152; DLTH, pp. 136-141.

glória[322]. Aquele cujo reino não é deste mundo ensinou-me que a verdadeira sabedoria consiste em "querer ser ignorado e tido por nada, em colocar sua alegria no desprezo de si mesmo"[323]... Ah! Como o de Jesus, queria que "meu rosto fosse verdadeiramente escondido, que ninguém me reconhecesse nesta terra". Tinha sede de sofrer e ser esquecida...

Como é misteriosa a via pela qual Deus sempre me conduziu, *nunca* me fez desejar alguma coisa sem dá-la a mim, por isso seu amargo cálice[324] me pareceu delicioso...

201. Depois das lindas festas de maio, da profissão e tomada do véu da nossa querida Maria, a *mais velha* da família que a *mais jovem* teve a felicidade de coroar no dia das suas bodas, era necessário que a provação viesse nos visitar... No ano anterior, no mês de maio, papai fora vítima de um ataque de paralisia nas pernas[325]; nossa inquietação foi grande então, mas o temperamento forte do meu Rei querido superou logo o mal e nossos temores sumiram. Porém, mais de uma vez durante a viagem a Roma, reparamos que ele se cansava facilmente, que não estava tão alegre quanto de costume... O que eu mais reparei eram os progressos que ele fazia no aperfeiçoamento; a exemplo de são Francisco de Sales, chegara a dominar a própria vivacidade natural até parecer possuir a mais doce natureza do mundo... As coisas da terra pareciam tocá-lo de leve apenas, vencia facilmente as contrariedades desta vida, enfim, Deus o *inundava de consolações*. Durante suas visitas diárias ao Santíssimo, seus olhos enchiam-se frequentemente de lágrimas e seu rosto deixava transparecer uma felicidade celeste... Quando Leônia saiu da Visitação, não se perturbou, não reclamou junto a Deus por não ter atendido às orações que tinha feito para obter a vocação da querida filha. Foi até com certa alegria que foi buscá-la...

Eis a fé com que papai aceitou a separação da sua rainhazinha; anunciou a seus amigos de Alençon: "Caros Amigos, Teresa, minha rainhazinha, ingressou ontem no Carmelo!... Só Deus para exigir tal sacrifício... Não lastimeis por mim, pois meu coração exulta de alegria".

---

322. Resposta a seu desejo de criança (100-101). Cf. DE/MSC, 16.7; DE, pp. 164-167; Carta 103v.

323. Citação da *Imitação*, 1,2,3 e III, 49,7. Cf. Manuscrito A, 138; PN, 31,4.

324. Cf. Manuscrito A, 68; Manuscrito C, 282; Cartas 87, 100, 149 e 213.

325. Em 01/05/1887, seis meses antes da viagem a Roma. Cf. Dr. Cadéot, *Louis Martin*, p. 92.

138 MANUSCRITO A

202. Chegara o momento de um tão bom e fiel servo receber o prêmio das suas obras, era justo que seu salário se assemelhasse ao que Deus dera ao Rei do Céu, seu Filho único... Papai acabava de oferecer um *Altar* a Deus[326] e foi ele a vítima escolhida para ser imolada com o Cordeiro imaculado. Conheceis, Madre querida, nossas amarguras de *junho* e, sobretudo, do 24 do ano de 1888[327], essas lembranças estão tão bem gravadas no fundo dos nossos corações que não é necessário escrevê-las... Oh, Madre! quanto sofremos!... e ainda era apenas o *começo* da nossa provação... Todavia, o tempo da minha tomada do hábito havia chegado[328]; fui recebida pelo Capítulo, mas como pensar numa cerimônia? Já se falava de me dar o santo hábito sem fazer-me sair[329] quando se decidiu esperar. Contra qualquer esperança, nosso pai querido restabeleceu-se uma segunda vez[330] e Sua Excelência marcou a cerimônia para 10 de janeiro.

203. A espera havia sido longa, mas que bela festa!... Nada faltava, nada, nem a *neve*... Não sei se já vos falei do meu amor pela neve... Quando pequenina, sua brancura me encantava; um dos meus maiores prazeres consistia em andar sob os flocos de neve caindo. De onde me vinha esse gosto pela neve?... Talvez por ser uma *florzinha de inverno*, o primeiro adorno da natureza que meus olhos de criança viram tenha sido seu manto branco... Enfim, sempre sonhara com que no dia da minha tomada de hábito a natureza se vestisse como eu, de branco. Na véspera desse belo dia, olhava tristemente o céu cinzento de onde caía de tempo em tempo uma chuva fina e a temperatura era tão alta que não esperava neve. Na manhã seguinte, o céu não havia mudado, mas a festa foi encantadora e a flor mais bela, a mais encantadora, era meu Rei querido, nunca estivera tão bonito, mais *digno*... Foi admirado por todos. Esse dia foi seu *triunfo*, sua última festa na terra. Havia dado *todas* as suas filhas a Deus, pois, quando Celina lhe comunicou

---

326. Pagou sozinho o altar-mor da catedral (cerca de 10.000 francos ouro). Perdeu depois cerca de 50.000 F no empréstimo do Panamá. Em 18/6/1889, renunciou à gestão de seus bens, por recomendação do seu cunhado (cf. Dr. Cadéot, *op. cit.*, pp. 122-123).

327. Em 23/06, fuga do senhor Martin, que foi encontrado no Havre dia 27 (sobre sua doença em 1888, cf. CG, 373 + c, 375 s, 383 s, 394 + c).

328. O postulantado era normalmente de seis meses. A priora tinha recebido autorização dos superiores eclesiásticos em fim de outubro.

329. A postulante saía da clausura vestida de noiva e assistia à cerimônia exterior no meio da sua família.

330. Em Honfleur, 31/10 (cf. VT, n. 94, e CG, pp. 407-408). O senhor Martin sarou graças aos tratamentos enérgicos do dr. Notta e do senhor Guérin.

POSTULANTE E NOVIÇA NO CARMELO

139

sua vocação, *chorou de alegria* e foi com ela agradecer Àquele que "lhe dava a honra de tomar todas as suas filhas".

204. No final da cerimônia, Sua Excelência entoou o *Te Deum*. Um sacerdote tentou lembrar-lhe que esse cântico só se canta nas profissões, mas a partida fora dada e o hino de *ação de graças* prosseguiu até o final. Não devia a festa *ser completa*, pois reunia todas as outras?... Depois de ter beijado uma última vez meu Rei querido, voltei para a clausura. A primeira coisa que vi foi "meu pequeno Jesus cor-de-rosa"[331] sorrindo-me no meio das flores e das luzes e logo vi os *flocos de neve*... o pátio estava branco como eu. Que delicadeza de Jesus! Antecipando-se aos desejos da sua noiva, mandava-lhe neve... Neve! Que mortal, por mais poderoso que seja, é capaz de fazer cair neve do céu para encantar sua amada?... Talvez as pessoas do mundo se perguntem isso, mas o certo é que a neve da minha tomada de hábito pareceu ser um pequeno milagre e toda a cidade ficou surpresa. Achou-se que eu tinha um gosto esquisito, gostar da neve... Tanto melhor, isso acentuou ainda mais a *incompreensível condescendência* do Esposo das virgens... Daquele que gosta dos *Lírios brancos* como a NEVE!...

205. Sua Excelência entrou depois da cerimônia, e foi de uma bondade muito paterna para comigo. Creio que ele estava satisfeito em ver que eu tinha conseguido; dizia a todos que eu era "*sua* filhinha". Todas as vezes que voltou, depois, foi sempre muito bom comigo; recordo-me especialmente de sua visita[332] por ocasião do centenário de N. P. são João da Cruz. Pegou minha cabeça em suas mãos, fez-me mil carícias de todas as espécies, nunca eu tinha sido tão honrada! Enquanto isso, Deus fazia-me pensar nas carícias que me prodigalizará diante dos anjos e dos santos e das quais me dava uma fraca imagem desde então; por isso, a consolação que senti foi muito grande.

206. Como acabo de dizer, 10 de janeiro foi o triunfo para meu Rei. Comparo esse dia ao da entrada de Jesus em Jerusalém no dia dos Ramos. Como a do Nosso Divino Mestre, a glória dele foi de *um dia* e seguida por uma paixão dolorosa[333]. Mas essa paixão não foi só dele; assim como as dores de Jesus traspassaram como um punhal o coração da sua divina Mãe, também os nossos corações sentiram os

---

331. A imagem de um Menino Jesus pintado de cor-de-rosa que Teresa foi encarregada de enfeitar até a sua morte (DLTH, pp. 132-133).

332. Em 24/11/1891.

333. A aproximação com a Paixão de Cristo virá a ser, pouco a pouco, uma identificação com o servo sofredor de Isaías, descoberto por Teresa em 1890.

140 MANUSCRITO A

sofrimentos daquele a quem queríamos com a maior ternura nesta terra... Recordo que no mês de junho de 1888, quando das primeiras provações, eu dizia: "Sofro muito, mas sinto que posso suportar provações ainda maiores"[334]. Não pensava então naquelas que me estavam reservadas... Não sabia que em 12 de fevereiro, um mês depois da minha tomada de hábito, nosso Pai querido beberia na mais *amarga* e mais *humilhante* de todas as taças[335]...

Ah! Naquele dia eu não disse que podia sofrer ainda mais!!!... As palavras não conseguem expressar nossas angústias, por isso não vou procurar descrevê-las. Um dia, no Céu, gostaremos de nos recordar das nossas *gloriosas* provações[336]. Não estamos felizes, no presente momento, por tê-las sofrido?... Sim, os três anos do martírio de Papai[337] parecem-me os mais amáveis, os mais rendosos de toda a nossa vida, não os doaria em troca de todos os êxtases e revelações dos santos. Meu coração transborda de gratidão ao pensar nesse *tesouro* inestimável que deve causar santa inveja aos anjos da Corte celeste...

207. Meu desejo de sofrimento estava repleto, mas minha atração por ele não diminuía, por isso minha alma compartilhou logo do sofrimento do meu coração. A aridez passou a ser meu pão de cada dia; privada de qualquer consolação, não deixava de ser a mais feliz das criaturas[338], sendo que todos os meus desejos estavam satisfeitos...

Oh, Madre querida! Como foi doce a nossa grande provação, sendo que do coração de todas nós só saíram suspiros de amor e de gratidão!... Não mais andávamos nas sendas da perfeição, voávamos, as cinco. As duas pobres pequenas exiladas de Caen[339], embora

---

334. Cf. DE, p. 483, e PO, p. 411.

335. O senhor Martin é transferido para uma casa de saúde em Caen, em consequência de alucinações que tomaram uma forma preocupante para quem vivia à sua volta. Cf. CG, pp. 451-488, particularmente pp. 451 e 456 s.

336. Teresa sublinha *gloriosas*; cf. CJ 27.5.6; 7.7.6; 23.7.5; 23.7.6.

337. Aqui, Teresa só considera "*os três anos*" de exílio humilhante (cf. PO, pp. 167-168), no Bon Sauveur de Caen, do senhor Martin, que viverá mais dois anos com os Guérin.

338. Como em muitas outras ocasiões, Teresa tece aqui as mais contraditórias impressões para descrever o estado de amor heroico que enche seu coração. Sobre o "*desejo do sofrimento*", cf. Manuscrito A, 113, 195; Manuscrito B, 262; Manuscrito C, 279, 286 etc. Sobre a ausência de *consolação*, cf. Manuscrito A, 113, 225; Manuscrito B, 241. O retiro de Teresa antes da tomada de hábito foi particularmente de pôr à prova (cf. Carta 74).

339. Leônia e Celina hospedaram-se perto do Bon Sauveur (de 19/2 a 14/5/1889).

POSTULANTE E NOVIÇA NO CARMELO   141

estivessem ainda no mundo, não eram mais do mundo... Ah! Que maravilhas a provação operou na alma da minha Celina querida!... Todas as cartas que escreveu na época têm o selo da resignação e do amor... E quem poderia relatar as conversações que tínhamos?... Ah! Longe de nos separar, as grades do Carmelo uniam mais fortemente nossas almas, tínhamos os mesmos pensamentos, os mesmos desejos, o mesmo *amor de Jesus* e das *almas*... Quando Celina e Teresa falavam uma com a outra, nunca uma palavra das coisas da terra entrava na conversação que já era do Céu. Como outrora no mirante, elas sonhavam com as coisas da *eternidade* e, para gozar logo dessa felicidade sem fim, escolhiam, na terra, por única partilha "o sofrimento e o desprezo"[340].

208. Assim decorreu o tempo do meu noivado... foi muito demorado para a pobre Teresinha! No final do meu ano, nossa Madre disse-me para não sonhar com a profissão, que certamente o padre superior recusaria meu pedido. Fui obrigada a esperar mais oito meses... Naquele momento, foi-me muito difícil aceitar esse grande sacrifício, mas logo fez-se luz em minha alma. Meditava então "os fundamentos da vida espiritual" do padre Surin[341]. Um dia, durante a oração, compreendi que meu tão vivo desejo de fazer profissão estava mesclado de um grande amor-próprio; sendo que me *dera* a Jesus para agradar a Ele, consolá-lo, não devia obrigá-lo a fazer *minha vontade* de preferência à Dele, compreendi também que uma noiva devia estar preparada para o dia do enlace, e eu nada tinha feito para isso... Disse então a Jesus: "Oh, meu Deus! não peço para fazer os santos votos, *esperarei o tempo que Vós quiserdes*, só não quero que, por culpa minha, nossa união seja adiada, mas vou fazer o maior esforço para confeccionar para mim um vestido bonito, enriquecido de pedras[342]. Quando Vós o achardes bastante bonito, estou certa de que nenhuma criatura Vos impedirá de descerdes a mim, a fim de me unir para sempre a Vós, oh meu amado!..."

209. Desde minha tomada de hábito, eu recebera luz abundante a respeito da perfeição religiosa, principalmente do voto de Pobreza[343]. Durante meu postulado, gostava de possuir coisas boas para meu uso

---

340. Citação de João da Cruz, *Maximes et avis spirituels*, p. 216, edição de 1895. Cf. MS/NEC, 48r, 6 +.

341. Uma edição muito antiga (1732) desses *Fondements de la vie spirituelle, tirés du livre de l'Imitation de Jésus-Christ*, do padre Surin, s.j.

342. Alusão ao texto de Ezequiel (*supra*, 137). Retomará a imagem em 213. Cf. Cartas 120r; 176,1v; PN 26, 2-3; Pri 4 e Orações, p. 71.

343. Celina é inesgotável neste assunto; cf. CSG, pp. 122-127; e também PO, p. 170; PA, p. 360.

e de encontrar à mão tudo o que me era necessário. "Meu *Diretor*" tolerava isso com paciência, pois Ele não gosta de revelar tudo ao mesmo tempo às almas. Geralmente, dá sua luz pouco a pouco. No início da minha vida espiritual, pelos 13 ou 14 anos, perguntava a mim mesma o que eu aprenderia mais tarde, pois parecia-me impossível entender melhor a perfeição. Não demorei em compreender que, mais se avança nesse caminho, mais se acredita estar afastado da meta; agora, resigno-me em ser sempre imperfeita e fico contente... Volto às lições que "meu *Diretor*" me deu. Uma noite, depois das Completas, procurei em vão nossa lampadinha sobre as tábuas reservadas para esse uso, era silêncio total, impossível perguntar... Entendi que uma irmã, acreditando ter pegado sua lâmpada, pegou a nossa, da qual eu estava muito necessitada; em vez de desgostar-me, fiquei feliz, sentindo que a pobreza consiste em se ver privado não só das coisas agradáveis, mas ainda das indispensáveis. Portanto, no meio das *trevas exteriores*, fui iluminada interiormente... Naquela época, empolguei-me pelos mais feios e mais desajeitados objetos e foi com alegria que vi terem tirado a *moringa bonitinha* da nossa cela, substituindo-a por uma *grande toda desbicada...*

210. Fazia também muitos esforços para não me desculpar, sobretudo com a nossa Mestra, a quem não queria ocultar coisa alguma; eis minha primeira vitória. Não é grande, mas custou-me muito. Um pequeno vaso colocado atrás de uma janela foi encontrado quebrado. Pensando que fosse eu quem o largara ali, mostrou-o para mim dizendo que eu deveria ter mais cuidado. Sem dizer uma só palavra, beijei a terra e prometi ter mais ordem no futuro. Devido à minha falta de virtude, essas pequenas práticas custavam-me muito e precisava pensar que, no juízo final, tudo seria conhecido, pois pensava: quando se cumpre com sua obrigação, sem se desculpar nunca, ninguém toma conhecimento; pelo contrário, as imperfeições aparecem logo...

211. Cultivava sobretudo a prática das pequenas virtudes[344], não tendo facilidade para praticar as grandes; gostava de dobrar os mantos esquecidos pelas irmãs e prestar-lhes todos os pequenos serviços que podia.

Foi-me dado também o amor pela mortificação; foi grande na medida em que nada me era permitido para satisfazê-lo... A única

---

344. Cf. são Francisco de Sales, *Introdução à vida devota*: "As pequenas condescendências aos desagradáveis humores do próximo... o sofrimento amável de um amuo (...) Ai! Só queremos virtudes enfeitadas!" Muito influenciada pela Visitação, Madre Inês compreendia certamente a alusão.

pequena mortificação que eu fazia no mundo, a de não me encostar quando sentada, foi-me proibida devido à minha tendência a ficar curvada. Aliás, meu entusiasmo não teria durado muito se me fosse permitido praticar muitas mortificações... Aquelas que me eram concedidas, sem eu pedir, tinham por finalidade mortificar meu amor-próprio, o que me causava um bem maior do que as penitências corporais[345]...

212. O refeitório onde fui prestar serviço logo após minha tomada de hábito propiciou-me diversas ocasiões para colocar meu amor-próprio no seu devido lugar, debaixo dos pés... Verdade é que tinha a grande consolação de estar no mesmo serviço que vós, Madre querida, de poder contemplar de perto vossas virtudes; mas essa aproximação era motivo de sofrimento[346], não me sentia *como outrora*, livre para vos dizer tudo; tinha de observar a regra, não podia abrir para vós a minha alma; enfim, estava no *Carmelo* e não nos *Buissonnets*[347], no *lar paterno*!...

213. Porém, Nossa Senhora ajudava-me a preparar o vestido da minha alma. Logo que foi terminado, os obstáculos sumiram. Sua Excelência expediu-me a permissão solicitada, a comunidade aceitou receber-me, e minha profissão foi marcada para *8 de setembro*...

O que acabo de escrever em resumo precisaria de muitas páginas para os pormenores, mas essas páginas nunca serão lidas na terra. Em breve, querida Madre, falar-vos-ei de todas essas coisas em *nossa casa paterna*, no belo Céu para o qual sobem os suspiros dos nossos corações!...

Meu vestido de noiva estava pronto; mesmo enriquecido com as *antigas* joias que meu Noivo me havia dado, ainda não era suficiente para sua generosidade. Queria dar-me um *novo brilhante* de inúmeros reflexos. A provação de Papai, com todas as circunstâncias que a cercaram, constituía as *antigas* joias, a *nova* foi uma provação aparentemente muito pequena, mas que me fez sofrer muito.

---

345. Teresa parece atribuir importância mínima às suas *mortificações* (cf. PO, pp. 168, 295, 463; CJ 27.7.16; DE, pp. 497 ss; CSG, p. 144; PS 4, 19-20; DLTH, p. 246). No Carmelo, aplicava a disciplina três vezes por semana, de acordo com as Constituições; as irmãs podiam usar um instrumento de penitência também três vezes por semana, durante duas ou três horas, com autorização individual.

346. Cf. DE/MSC 11.8 e PO, pp. 252 s.

347. Teresa era muito severa quanto às relações de família no interior do Carmelo; cf. CSG, p. 133; CJ 3.8.6; DE, p. 617,15; PO, p. 296; Manuscrito C, 282.

144 MANUSCRITO A

214. Desde algum tempo, nosso pobre paizinho estava melhor, faziam-no sair de carro, cogitava-se até fazê-lo viajar de trem para vir nos visitar. Naturalmente, *Celina* pensou logo no dia da minha tomada de véu. Para não cansá-lo, dizia ela, não deixarei que ele assista à cerimônia inteira, só no final irei buscá-lo e o levarei devagar até a grade para que Teresa receba sua bênção. Ah! Como vejo bem aí o coração da minha Celina querida... como é verdade que "o amor não vê impossibilidade porque pensa que tudo lhe é possível e permitido"[348]... A *prudência humana*, ao contrário, treme a cada passo e não ousa, por assim dizer, dar um passo. Querendo provar-me, Deus serviu-se *dela* como de um instrumento dócil[349] e, no dia das minhas núpcias, fiquei verdadeiramente órfã, não tendo mais Pai na terra, mas podendo olhar para o Céu confiante e dizer com toda a verdade: "*Pai* Nosso que estais no Céu".

8. ESPOSA DE CRISTO (1890-1896)

215. Antes de falar-vos dessa provação, Madre querida, deveria ter-vos falado do retiro que antecedeu minha profissão[350]; não me trouxe consolações, mas a mais absoluta aridez, quase o abandono. Jesus dormia como sempre no meu barquinho; ah! vejo que raramente as almas o deixam dormir sossegado nelas. Jesus fica tão cansado de sempre dar os primeiros passos e pagar as contas que se apressa em aproveitar o descanso que eu lhe propicio. Provavelmente não acordará antes do meu grande retiro de eternidade, mas, em vez de causar-me tristeza, isso me alegra extremamente...

Verdadeiramente, estou longe de ser santa, só isso o prova bem; em vez de me regozijar com a minha aridez, deveria atribuí-la a minha falta de fervor e de fidelidade, deveria ficar aflita por dormir (há sete anos) durante minhas orações e minhas *ações de graças*[351], mas não, não me aflijo... penso que as *criancinhas* agradam tanto seus pais quando

---

348. *Imitação*, III, 5, 4.

349. O senhor Guérin opôs-se ao projeto de Celina, achando-o arriscado demais para a saúde do senhor Martin (cf. Carta 120, CG, pp. 584 ss). Como Teresa irá indicá-lo, antecipou no seu relato, falando da sua "*tomada de véu*" (24/9) antes de voltar a falar da sua profissão (8/9).

350. Retiro de dez dias, segundo as Cartas 110 a 116. "*A mais absoluta aridez e quase o abandono*" são mais uma vez a sina de Teresa (cf. 207, 216). "*Estou num subterrâneo muito escuro*" (Carta 112).

351. O sono com Jesus é um belo tema de Teresa (PN 13,14; 17,9; 24,32; Manuscrito B, 262).

Esposa de Cristo

dormem como quando estão acordadas, penso que para fazer cirurgias os médicos adormecem seus pacientes. Enfim, penso que "o Senhor vê nossa fragilidade, que Ele não perde de vista que só somos pó".

216. Meu retiro de profissão foi, portanto, igual a todos os que fiz depois, um retiro de grande aridez. Mas Deus mostrava-me, claramente, sem eu o perceber, o meio de Lhe agradar e de praticar as mais sublimes virtudes. Notei muitas vezes que Deus não quer darme *provisões*, alimenta-me a cada momento com alimento novo[352], encontro-o em mim, sem saber como chegou... Creio simplesmente que é o próprio Jesus, oculto no fundo do meu coraçãozinho, que me faz a graça de agir em mim e me leva a pensar tudo o que Ele quer que eu faça no presente momento.

Alguns dias antes da minha profissão, tive a felicidade de obter a bênção do Soberano Pontífice; tinha-a solicitado por intermédio do bom irmão Simião para *Papai* e para mim. Foi um grande consolo poder propiciar a meu Paizinho querido a graça que ele me tinha dado levando-me a Roma.

217. Enfim, chegou o *belo dia* das minhas núpcias[353]. Foi sem nuvem, mas na véspera levantou-se em minha alma uma tempestade como nunca tinha visto... Nenhuma dúvida quanto à minha vocação tinha surgido antes, precisava passar por essa provação. De noite, ao fazer minha via-sacra após matinas[354], minha vocação apareceu-me como um *sonho*, uma quimera... achava a vida do Carmelo muito bonita, mas o demônio me *assegurava* que não era para mim, que eu enganaria meus superiores prosseguindo num caminho que não era para mim... Minhas trevas eram tão grandes, que não via e só compreendia uma coisa: não tinha essa *vocação!*... Ah! Como descrever a angústia da minha alma?... Tinha a impressão (coisa absurda que mostra bem que essa tentação vinha do demônio) de que, se falasse dos meus temores para minha mestra, ela me impediria de fazer meus santos votos; mas eu queria fazer a vontade de Deus e voltar para o mundo de preferência a ficar no Carmelo fazendo a minha[355]. Fiz minha mestra sair e, *cheia de confusão,* contei-lhe o

---

352. Não é esse o pensamento de Deus ao enviar diariamente o maná no deserto (Ex 16,4)?

353. Segunda-feira, 8 de setembro de 1890.

354. No dia anterior a uma profissão, rezava-se no coro até meia-noite.

355. Cf. Maria dos Anjos, PO, p. 411. Sobre as tentações do demônio assaltando as almas *"que vão para o retiro"*, Teresa preveniu Maria da Trindade (PO, p. 460; VT, n. 75, pp. 216 s).

estado da minha alma... Felizmente, ela enxergou melhor que eu e me tranquilizou completamente. Aliás, o ato de humildade que eu tinha feito acabava de afugentar o demônio que, talvez, pensasse que eu não ia ousar confessar a minha tentação; logo que acabei de falar, minhas dúvidas se foram. Mas, para tornar meu ato de humildade mais completo, quis confiar minha estranha tentação à nossa Madre, que se contentou em rir de mim.

218. Na manhã de 8 de setembro senti-me *inundada*[356] por um rio de *paz* e foi nessa paz, "ultrapassando qualquer sentimento"[357], que pronunciei meus santos votos... Minha união com Jesus fez-se não em meio a trovões e relâmpagos, isto é, a graças extraordinárias, mas no meio de uma *leve brisa* parecida àquela que nosso Pai santo Elias ouviu na montanha... Quantas graças pedi naquele dia![358]... Sentia-me verdadeiramente Rainha, e aproveitei do meu título para liberar cativos, obter favores do meu *Rei* para com seus súditos ingratos; enfim, queria libertar todas as almas do purgatório[359] e converter os pecadores... Rezei muito por minha *Madre*, minhas irmãs queridas... pela família toda, mas sobretudo por meu paizinho tão provado e tão santo[360]... Ofereci-me a Jesus a fim de que cumprisse perfeitamente em mim a sua *vontade* sem que nunca as criaturas colocassem obstáculos....

Esse belo dia, à semelhança dos mais tristes, passou, sendo que os mais radiantes também têm o dia seguinte. Mas foi sem tristeza que depositei minha coroa aos pés de Nossa Senhora, sentia que o tempo não levaria embora a minha felicidade... Que festa bonita foi a da Natividade de *Maria* para vir a ser a esposa de Jesus! Era a *pequena* Santíssima Virgem que apresentava sua *pequena* flor ao *menino* Jesus... Naquele dia, tudo era pequeno, fora as graças e a paz que recebi, fora a alegria *calma* que senti de noite ao olhar as estrelas brilharem no firmamento, pensando que *em breve* o belo Céu iria se abrir para meus olhos maravilhados e poderia unir-me a meu Esposo no seio de uma alegria eterna...

---

356. Termo que corresponde ao excesso dos desejos, dos sentimentos e do amor de Teresa (cf. 81, 84-85, 99, 108, 109, 238 etc., e João da Cruz, CS, estrofes XIV e XV, p. 236).

357. Alusão a João da Cruz, CS, estrofes XX e XXI, pp. 315 s.

358. Cf. Or 2; Carta 201,1r; DLTH, p. 169.

359. Celina traduz, num estilo mais figurado: "No dia da sua profissão, pediu a Deus para esvaziar as prisões do purgatório" (PA, p. 287; cf. Orações, p. 64,22).

360. Cf. CJ 23.7.6 e PA (Leônia), p. 377.

ESPOSA DE CRISTO   147

219. No dia 24 houve a cerimônia da minha tomada de *véu*[361]. Foi inteiramente *coberto* de lágrimas... Papai não estava para abençoar sua rainha... O padre estava no Canadá... Sua Excelência, que devia vir e almoçar na casa do meu tio, ficou doente e não veio, enfim, tudo foi tristeza e amargura... Porém, a *paz*, sempre a *paz* encontrava-se no fundo do cálice[362]... Naquele dia, Jesus permitiu que eu não pudesse segurar as lágrimas, que não foram compreendidas[363]... de fato, eu tinha suportado sem chorar provações muito maiores, mas então era ajudada por uma graça poderosa. No dia 24, pelo contrário, Jesus deixou-me entregue às minhas próprias forças e mostrei como eram pequenas.

220. Oito dias depois da minha tomada de véu, houve o casamento de Joana[364]. Dizer-vos, querida Madre, como seu exemplo me instruiu a respeito das delicadezas que uma esposa deve prodigalizar ao esposo ser-me-ia impossível. Escutava ávida tudo o que eu podia aprender, pois não podia fazer menos por meu Jesus amado[365] do que Joana por Francis, criatura sem dúvida muito perfeita, mas *criatura!...*

Brinquei de compor um convite[366] para compará-lo ao dela. Eis como era:

Convite para o Casamento de irmã Teresa do Menino Jesus e da Sagrada Face

O Deus Todo-Poderoso, Criador do Céu e da Terra, Soberano Dominador do Mundo, e a Gloriosíssima Virgem Maria, Rainha da Corte Celeste, querem vos anunciar o casamento do seu Augusto Filho Jesus, Rei dos Reis e Senhor dos Senhores, com a Senhorita Teresa Martin, agora

O senhor Louis Martin, Proprietário e Dono dos Senhorios do Sofrimento e da Humilhação, e a Senhora Martin, Princesa e Dama de Honra da Corte celeste, querem vos anunciar o casamento de sua Filha, Teresa, com

---

361. A profissão (dias 8/9), cerimônia íntima dentro da clausura, é completada (dia 24) pela tomada do véu preto, cerimônia pública. "*O padre*": Pichon, no Canadá.

362. Cf. 176, 193.

363. Cf. CG. pp. 584, chapéu; 586 + d; LC 142, em CG, p. 587.

364. Casamento de Jeanne Guérin com o doutor Francis La Néele, dia 1/10/1890.

365. Teresa, porém, em seu "*subterrâneo*" (Carta 115) não reclama de Jesus que não faz tanto quanto os "*noivos da terra*"...

366. Cf. CG, pp. 581 ss.

Senhora Princesa dos reinos trazidos em dote pelo seu divino Esposo, a saber: a Infância de Jesus e sua Paixão, sendo seus títulos: do Menino Jesus e da Sagrada Face.

Jesus, o Verbo de Deus, segunda Pessoa da Adorável Trindade, que, por obra do Espírito Santo se fez Homem e Filho de Maria, a Rainha dos Céus.

Não podendo ter-vos convidado para a bênção nupcial que lhe foi dada sobre a montanha do Carmelo, em 8 de setembro de 1890 (só a corte celeste foi admitida), estais convidados, porém, a participar da festa que será dada amanhã, Dia da Eternidade, Dia em que Jesus, Filho de Deus, virá sobre as nuvens do Céu no esplendor da sua Majestade, a fim de julgar os Vivos e os Mortos.

Devido à incerteza da hora, sois convidados a permanecer de prontidão e aguardar.

221. Agora, Madre querida, o que resta para vos dizer? Ah! Pensava ter concluído, mas nada vos disse ainda da minha felicidade por ter conhecido nossa Santa Madre Genoveva[367]... É uma graça sem preço essa; Deus que me dera tantas graças ainda quis que eu vivesse com uma *santa*, não inimitável, mas uma Santa santificada por virtudes ocultas e comuns... Mais de uma vez recebi dela grandes consolações, sobretudo num domingo. Indo, como de costume, fazer-lhe uma pequena visita, encontrei duas irmãs com Madre Genoveva. Olhei sorrindo para ela e preparava-me para sair, por não podermos ficar três perto de uma doente; olhou-me com ar inspirado e me disse: "Aguardai, filhinha, vou dizer-vos apenas uma palavrinha. Cada vez que vindes, pedistes-me para vos dar um buquê espiritual, bem, hoje, vou dar-vos o seguinte: servi a Deus na paz e na alegria, lembrai-vos, boa filha, que nosso Deus é o Deus da Paz". Depois de simplesmente agradecer-lhe, saí emocionada até às lágrimas e convicta de que Deus lhe revelara o fundo da minha alma, pois naquele dia eu estava extremamente provada, quase triste, numa noite[368] tal que não sabia mais se eu era amada de Deus, mas a alegria e a consolação que sentia, as adivinhais, querida Madre!...

No domingo seguinte, quis saber que revelação Madre Genoveva tivera, assegurou-me não ter recebido *nenhuma*. Então, minha

---

367. Cf. 194 e DLTH, pp. 184 s.

368. Para Teresa, ao lado de *noites abençoadas* (Carta 201,2f), luminosas (Manuscrito A, 133), há muitas noites trágicas, *a noite da alma* (133, 144), *a noite tão escura* (144), a *"noite desta vida"* (Manuscrito B, 244; Cartas 96,2v; 141,1v e 2f; 146,2f; 156f), até a *"noite ainda mais profunda, a noite do nada"* (Manuscrito C, 278).

ESPOSA DE CRISTO   149

admiração foi ainda maior, vendo em que eminente grau Jesus vivia nela e a fazia agir e falar. Ah! Essa *santidade* parece-me a mais *verdadeira*, a mais *santa*, e é essa que eu desejo, pois nela não há ilusão[369]...

222. No dia da minha profissão consolou-me saber dela que também passara pela mesma provação que eu[370] antes de fazer seus votos... No momento das nossas *grandes* penas, recordai, Madre querida, as consolações que encontramos junto dela? Enfim, a lembrança de Madre Genoveva deixou em meu coração uma recordação perfumada... No dia da sua partida para o Céu[371] senti-me particularmente emocionada. Era a primeira vez que eu assistia a uma morte. Verdadeiramente, esse espetáculo era encantador... Fiquei ao pé da cama da santa moribunda[372], via perfeitamente seus mais leves movimentos. Pareceu-me, durante as duas horas que aí passei, que minha alma deveria ter sentido muito fervor. Pelo contrário, uma espécie de insensibilidade apoderara-se de mim. Mas, no exato momento do nascimento da nossa Santa Madre Genoveva no Céu, minha disposição interior mudou. Num piscar de olhos, senti-me repleta de uma alegria e de um fervor indizíveis, era como se Madre Genoveva me desse uma parte da felicidade que ela gozava, pois estou certa de que foi diretamente para o Céu... Durante sua vida, disse a ela uma vez: "Oh Madre! Não passareis pelo purgatório!"[373]... "Também espero", respondeu-me com doçura... Ah! Certamente Deus não ludibriou uma esperança tão cheia de humildade; todos os favores que recebemos são a prova... Cada irmã se apressou em pedir alguma relíquia; sabeis, querida Madre, a que tenho a felicidade de possuir... Durante a agonia de Madre Genoveva, vi uma *lágrima* brilhar na sua pálpebra, como um diamante, essa *lágrima, a última de todas aquelas* que derramou, não caiu, via-a brilhar ainda do coro, sem que ninguém pensasse em recolhê-la. Então, peguei um pequeno pano fino, atrevi-me em me aproximar, de noite, sem ser vista e para

---

369. Teresa receia a ilusão como a peste, o que torna sua provação da fé ainda mais dura e angustiante (cf. Manuscrito A, 195; Manuscrito C, 336, e Carta 226).

370. Sem dúvida, o sentimento de não possuir verdadeiramente a vocação. Cf. MS/NEC, 78v, 2+.

371. Sábado, 5/12/1891.

372. Cf. Manuscrito A, 43.

373. Desejo e ansiedade constante de Teresa que contraria a literatura carmelitana do seu tempo; cf. Orações, p. 102,63; Pri 2; Manuscrito A, 218, 238; PN 23,8. Ver também, *Obras completas*, PN 17, n. 8; VT, n. 99, pp. 185 ss.

150   Manuscrito A

retirar uma *relíquia, a última lágrima* de uma Santa... Desde então, sempre a carrego no saquinho[374] onde guardo meus votos.

223. Não dou importância aos meus sonhos[375], aliás tenho poucos significativos e até me pergunto como é que, pensando em Deus o dia todo, não penso mais Nele durante meu sono... De costume, sonho com matas, flores, riachos, o mar, e quase sempre vejo lindas criancinhas, pego borboletas e passarinhos tais como nunca vi. Estais vendo, Madre, que meus sonhos têm jeito poético, mas estão longe de ser místicos...

Uma noite, após a morte de Madre Genoveva, tive um mais consolador. Sonhei que fazia seu testamento, dando a cada irmã uma coisa que lhe pertencera; quando chegou minha vez, pensava nada receber, pois não lhe sobrava nada, mas, erguendo-se, disse-me três vezes, num tom penetrante: "A vós, deixo meu *coração*"[376].

224. Um mês depois da partida da nossa santa Madre, uma epidemia de gripe se abateu sobre a comunidade[377]. Só eu e mais duas irmãs ficamos de pé. Jamais poderei dizer tudo o que vi, o que a vida me pareceu e tudo o que acontece.

O dia de meus 19 anos foi comemorado com uma morte, imediatamente seguida de duas outras[378]. Naquela época, eu estava sozinha para cuidar da sacristia, a primeira encarregada estava gravemente doente. Eu devia preparar os enterros, abrir as grades do coro durante as missas etc. Naquele momento, Deus me deu muitas graças de força; pergunto-me agora como pude fazer tudo o que fiz sem temor, a morte reinava em todo lugar, as mais doentes eram

---

374. Cf. DLTH, p. 169. Teresa deu a relíquia de Madre Genoveva para Celina, por ocasião da profissão desta.

375. Além do sonho com Madre Genoveva, o do Manuscrito B, 247, ocupa um lugar essencial no itinerário de Teresa. Cf. também Manuscrito A, 38 e Carta 86. — Teresa apresenta a seguir uma bela síntese espontânea do seu imaginário: *as florestas, as flores, os riachos, o mar, as criancinhas, as borboletas e os passarinhos* (ver suas pinturas nessa época em DLTH, pp. 198, 199 e 207).

376. O dr. de Cornière acabava de retirar o coração de Madre Genoveva a fim de as carmelitas terem uma relíquia para venerar (cf. DLTH, p. 184). Muito impressionada, Teresa sonha com isso (cf. também CJ 2.8.1).

377. Em dezembro de 1891 e janeiro de 1892 (cf. CG, p. 649). Falava-se disso desde o final de 1889. A epidemia teria feito 70.000 vítimas na França durante o inverno de 1889-1890. Sobre o papel de Teresa, cf. PA, p. 355.

378. Irmã São José de Jesus, decana, em 2/1/1892, aniversário de Teresa; no dia 4, irmã Febrônia, vice-priora (cf. 197-198); dia 7, irmã Madalena do Santíssimo Sacramento (ver *infra*).

ESPOSA DE CRISTO 151

tratadas pelas que apenas conseguiam se arrastar. Logo que uma irmã soltava o último suspiro, éramos obrigadas a deixá-la sozinha. Numa manhã, ao me levantar, tive o pressentimento de que Irmã Madalena estava morta, o dormitório estava escuro, ninguém saía das celas. Por fim, decidi-me a entrar na de Irmã Madalena, cuja porta estava aberta; de fato, vendo-a vestida e deitada numa enxerga, não tive o menor medo. Vendo que ela não tinha vela, fui buscar uma e a coroa de rosas.

Na noite da morte da Madre Vice-Priora, eu estava sozinha com a enfermeira[379]; é impossível imaginar o triste estado da comunidade naquele momento, só as que estavam de pé podem ter ideia, mas no meio desse abandono sentia que Deus velava por nós. As moribundas passavam sem esforço para a eternidade. Logo depois da morte, uma expressão de alegria e de paz espalhava-se em seus traços, parecia um sono repousante. De fato o era, pois após o cenário deste mundo que passa acordarão para usufruir eternamente as delícias reservadas aos eleitos...

225. Durante todo o tempo em que a comunidade foi provada dessa forma, pude ter a inefável consolação de comungar *todos os dias*... Ah! Como era bom!... Jesus me mimou muito tempo, mais tempo que suas fiéis esposas, pois permitiu que me fosse dado sem as outras terem a felicidade de recebê-Lo. Estava também muito feliz por poder tocar nos vasos sagrados, por preparar os *paninhos* destinados a receber Jesus. Sentia que precisava ser muito fervorosa e lembrava-me com frequência esta palavra dirigida a um santo diácono: "Sede santo, vós que levais os vasos do Senhor".

Não posso dizer que recebi frequentes consolações durante minhas ações de graças; talvez seja o momento em que tenho menos... Acho isso muito natural, pois ofereci-me a Jesus não como uma pessoa que deseja receber a visita Dele para a própria consolação mas, pelo contrário, para o prazer de Quem se dá a mim. Vejo minha alma como território *livre* e peço a Nossa Senhora que tire o *entulho* que poderia impedi-la de ser *livre*, depois suplico-lhe que erga uma ampla tenda digna do Céu, enfeite-a com seus *próprios* adornos, e convido todos os santos e anjos para vir dar um concerto magnífico[380]. Quando Jesus desce ao meu coração, tenho a impressão de que Ele

---

379. Irmã Amada de Jesus (cf. DLTH, p. 208; Manuscrito A, 234; CJ 18.9.3).
380. Cf. Cartas 165,2f/v.

152 Manuscrito A

fica contente por ser tão bem recebido e eu também fico contente... Tudo isso não impede as distrações e o sono de vir visitar-me. Mas ao terminar a ação de graças, vendo que a fiz tão mal, tomo a resolução de passar o resto do dia em ação de graças...

226. Estais vendo, Madre querida, que estou muito longe de ser levada pelo temor[381], sempre encontro o meio de ser feliz e tirar proveito das minhas misérias[382]... Sem dúvida, isso não desagrada a Jesus, pois parece encorajar-me nessa via. Um dia, contrariamente a meu hábito, estava um pouco perturbada ao ir comungar, tinha a impressão de que Deus não estava contente comigo e pensava: "Ah! Se hoje eu receber só *metade de uma hóstia*, vou ficar muito aflita, vou crer que Jesus vem forçado ao meu coração". Aproximo-me... oh felicidade! Pela primeira vez na minha vida, vejo o padre pegar *duas hóstias*, bem separadas, e dá-las a mim!... Compreendeis minha alegria e as doces lágrimas que derramei vendo tão grande misericórdia...

227. No ano seguinte à minha profissão, isto é, dois meses antes da morte de Madre Genoveva, recebi grandes graças durante o retiro[383].

Ordinariamente, os retiros pregados são-me mais dolorosos que os que faço sozinha, mas naquele ano foi diferente. Tinha feito uma novena preparatória com muito fervor, apesar do sentimento íntimo que me animava, pois tinha a impressão de que o pregador não saberia compreender-me[384], por ser destinado sobretudo aos grandes pecadores, mas não às almas religiosas. Querendo Deus mostrar-me que só Ele era o diretor da minha alma, serviu-se justamente desse padre que não foi apreciado por mim[385]... Tinha então

---

381. Neste parágrafo todo, Teresa faz uma análise sutilíssima do seu "estado de alma" antes e depois da comunhão, assim como do seu *"dia em ação de graças"*. — *Feliz*: segundo Teresa, Deus *"só deseja nossa felicidade"* (147), e o sentido do seu Ato de Oferta é fazer Deus *"feliz"* (238). Cf. CJ 15.5.2 etc. e DE, p. 459 + a.

382. Citação implícita de João da Cruz, *Glosa sobre o divino*; cf. Poesias, II, p. 196, e PN 30.

383. De 8 a 15/10/1891, pelo padre Alexis Prou, recoleto de Caen. Cf. CG, p. 1.198; DLTH, pp. 182 s; VT, n. 18, p. 108.

384. Teresa havia sido escaldada por alguns, tal como o padre Blino (cf. CG, pp. 533-534 + h; PA, p. 159). "A Serva de Deus", acrescenta Madre Inês, "sempre procurava alguém que tivesse autoridade para lhe dizer: 'Adentrai o mar e lançai vossas redes'. Encontrou esse enviado por Deus na pessoa do reverendo padre Alexis."

385. Madre Maria de Gonzaga proibiu Teresa de voltar a procurar o pregador. Esta, sacristã, ouvia-o andar, aguardando eventuais penitentes (cf. PA, p. 361)... No final do retiro, pode confessar-se durante um bom tempo, com grande desgosto da priora (cf. DLTH, p. 182).

ESPOSA DE CRISTO 153

grandes provações interiores de diversos tipos (até me perguntar, às vezes, se o Céu existe[386]). Sentia-me disposta a nada dizer sobre minhas disposições interiores, não sabendo como expressá-las; logo que entrei no confessionário, senti minha alma dilatar-se. Depois de falar poucas palavras, fui compreendida de modo maravilhoso e até *adivinhada*... Minha alma parecia um livro no qual o padre lia melhor que eu mesma... Lançou-me, de velas desfraldadas, nas ondas da *confiança e do amor*[387] que me atraíam com muita força, mas nas quais não ousava avançar[388]... Disse-me que *minhas faltas não entristeciam a Deus*[389], que, *estando no lugar Dele*, me dizia *em nome Dele* que Ele estava muito satisfeito comigo[390]...

228. Oh! Como fiquei feliz ao ouvir essas palavras consoladoras!... Nunca tinha ouvido dizer que as faltas podiam não entristecer Deus. Essa segurança encheu-me de alegria, fez-me suportar com paciência o exílio da vida... No fundo do meu coração, sentia muito bem que era verdade, pois Deus é mais terno que uma mãe. Vós, Madre querida, não estais sempre disposta a me perdoar pelas pequenas indelicadezas que vos faço involuntariamente?... Quantas vezes fiz a doce experiência!... Nenhuma censura me teria atingido melhor que uma das vossas carícias. Sou de tal natureza que o temor me faz recuar; com o *amor*, não só avanço, mas *voo*[391]...

Oh, Madre! Foi sobretudo a partir do dia abençoado da vossa eleição[392] que voei nas vias do amor... Naquele dia, Paulina passou a ser meu Deus vivo... pela segunda vez, passou a ser: "Mamãe!..."[393]

---

386. Questão lancinante para Teresa (Manuscrito B, 249; Manuscrito C, 276, 279-280; cf. *Obras completas*, PN 22, n. 1).

387. "A partir desse retiro, entregou-se inteiramente à confiança em Deus; procurou na Escritura Sagrada a aprovação da sua ousadia. Repetia feliz a palavra de são João da Cruz: 'Obtém-se de Deus tanto quanto se espera Dele'" (Madre Inês, PO, p. 155; cf. *Noite escura*, II,21, e *Máxima 46*; Vt, n. 78, p. 151.

388. Devemos ver em transparência, por detrás dessa imagem, a de Cristo andando sobre as águas e convidando Pedro a vir a seu encontro (Mt 14,25-31)?

389. Cf. PO, p. 157; Pri 2; Orações, p. 62, 1-2; Cartas 114v; LC 120, em CG, p. 512; Manuscrito B, 248.

390. Preocupação frequente em Teresa, desde a infância; cf. MA 34v, LC 120, em CG, p. 512; Ms 5 2v.

391. "*O amor dá asas*" é a alma de uma poesia contemporânea do Manuscrito A (PN 22, introdução às notas; cf. Poesias, I, p. 125 e RP 5,4f).

392. 20/2/1893. O priorado da sua irmã será para Teresa um período de progresso incontestável, embora não se deixe levar pela obediência familiar, particularmente quando as duas prioras entram em choque, às vezes violentamente (cf. CG, p. 745 + 8).

393. A respeito dessa última parte da frase, cf. MS/NEC, Notas de crítica textual.

154 MANUSCRITO A

229. Já faz quase três anos que tenho a felicidade de contemplar as *maravilhas* que Jesus opera por meio da minha Madre querida... Vejo que *só o sofrimento* pode gerar as almas e que, mais do que nunca, essas sublimes palavras de Jesus me revelam sua profundidade: "Em verdade, em verdade vos digo: se o grão de trigo, lançado na terra, não morrer, fica só, como é; mas, se morrer, produz abundante fruto". Que safra abundante não tendes colhido!... Semeastes em lágrimas, mas logo vereis o fruto dos vossos trabalhos, voltareis cheia de alegria carregando feixes... Oh, *Madre*, entre esses feixes floridos, a *florzinha branca* mantém-se oculta, mas no Céu terá voz para cantar *a doçura* e as *virtudes* que vos vê praticar cada dia, na sombra e no silêncio da vida de exílio...

Sim, há três anos compreendi os mistérios até então ocultos a mim. Deus teve para comigo a mesma misericórdia que teve para com o rei Salomão. Não quis que eu tivesse um único desejo realizado, não só meus desejos de perfeição, mas ainda todos aqueles cuja *vaidade* compreendia sem a ter experimentado.

230. Tendo-vos considerado sempre como meu *ideal*, querida Madre, desejava ser semelhante a vós em tudo. Vendo-vos executar belas pinturas e maravilhosas poesias, dizia comigo mesma: "Ah! Como seria feliz em poder pintar, em saber expressar meus pensamentos em versos e também fazer bem às almas..." Eu não teria desejado *pedir* esses dons naturais e meus desejos permaneciam *ocultos* no fundo do meu *coração*. *Jesus oculto* também nesse pobre *coraçãozinho* quis mostrar-lhe que tudo é vaidade e aflição de espírito sob o sol... Para grande espanto das irmãs, fizeram-me *pintar*[394] e Deus permitiu que eu soubesse aproveitar as lições que minha Madre querida me deu... Quis ainda que, a exemplo dela, eu pudesse compor poesias, peças teatrais que foram consideradas bonitas... Assim como Salomão, *refleti em todas as obras realizadas por minhas mãos e em todas as fadigas a que me submeti para levá-las a cabo, e vi que tudo era vaidade*[395] *e afã de espírito e que não há proveito algum sob o sol.* Percebi também, por EXPERIÊNCIA, que a felicidade consiste em

---

394. Quando da eleição da sua irmã, Teresa deixou a sacristia e passou ao emprego de pintura. Entre outras coisas, pintou o afresco do oratório em junho de 1893 (cf. DLTH, p. 201; CG, p. 685, 725).

395. Teresa insiste sobre uma das suas citações favoritas (cf. Manuscrito A, 100, 137, 229; Cartas 58; 243; Pri 8; CJ 22.6.1) a respeito dos seus dotes para a pintura e a poesia, o que pode causar estranheza, embora 1Cor 13 venha corrigir o Eclesiastes... A explicação foi dada por Maria da Trindade (cf. BT, p. 99).

ESPOSA DE CRISTO

esconder-se, em ignorar as coisas criadas. Compreendi que, sem o *amor*, todas as obras são nada, mesmo as mais brilhantes, como ressuscitar os mortos ou converter os povos...

Em vez de me causar mal, levar-me à vaidade, os dons que Deus me prodigalizou (sem que Lhe tenha pedido) me levam para Ele. Vejo que só Ele é *imutável*, que só Ele pode satisfazer meus enormes desejos...

231. Há ainda outros desejos, de outro tipo, que Jesus se agradou em me atender, desejos infantis, semelhantes aos da neve da minha tomada de hábito.

Sabeis, querida Madre, quanto gosto de flores; fazendo-me prisioneira aos 15 anos, renunciei para sempre à alegria de correr pelos campos salpicados dos tesouros da primavera: pois bem! nunca tive tantas flores antes do meu ingresso no Carmelo[396]... É costume os noivos oferecerem com frequência ramalhetes às suas noivas. Jesus não o esqueceu, mandou-me abundantemente centáureas, grandes margaridas, papoulas etc., todas as flores que mais me agradam. Havia até uma florzinha chamada nigelo dos trigos, que não havia visto desde nosso tempo de Lisieux; desejava muito rever essa flor da *minha infância*, que eu colhia nos campos de Alençon; foi no Carmelo que veio me sorrir e mostrar-me que, nas menores como nas maiores coisas, Deus dá o cêntuplo desde aqui na terra para as almas que deixaram tudo pelo seu amor.

232. Mas o mais íntimo dos meus desejos, o maior de todos, que pensava nunca ver realizado, era o ingresso da minha querida Celina[397] no mesmo Carmelo que nós... Esse *sonho* parecia-me inverossímil[398]; viver sob o mesmo teto, partilhar as mesmas alegrias e as mesmas penas da minha companheira de infância, já tinha feito o sacrifício disso, tinha entregado a Jesus o futuro da minha querida irmã, resolvida a vê-la partir para o fim do mundo se fosse preciso. A única coisa que eu não podia aceitar[399] era que não fosse Esposa de Jesus, pois, amando-a tanto quanto a mim mesma,

---

396. "Porque se sabia fora que ela era encarregada de enfeitar a estátua do Menino Jesus do claustro" (nota de Madre Inês).

397. Cf. CJ 16.7.2; DE II (DP), p. 453.

398. Por motivo da previsível oposição do padre Delatroëtte.

399. Teresa mostra-se intransigente a respeito da virgindade de Celina e da sua consagração a Cristo, donde o tom firme e suplicante das cartas à sua irmã nesses anos de 1891-1894, particularmente durante o verão de 1893 (cf. Cartas 130; CG, p. 645 + b; *Mes armes*, pp. 72-75).

era-me impossível vê-la entregar o coração a um mortal. Já sofrera bastante por sabê-la exposta no mundo a perigos que me haviam sido desconhecidos[400]. Posso dizer que, depois da minha entrada no Carmelo, meu amor por Celina era tanto de mãe como de irmã... Num dia em que ela devia ir a uma festa[401], isso me causou tantos dissabores que suplicava a Deus *a impedisse de dançar* e até (contra meu hábito) derramei torrentes de lágrimas. Jesus me atendeu, não permitiu que sua noivinha *dançasse* naquela noite (embora não tivesse qualquer constrangimento em fazê-lo graciosamente quando necessário). Tendo sido convidada sem poder recusar, seu par ficou totalmente impossibilitado de *dançar;* muito confuso, foi condenado a simplesmente *andar* para levá-la a seu lugar e saiu sem reaparecer. Esse caso, único no gênero, fez aumentar minha confiança e meu amor Naquele que, pondo seu sinal na minha testa, o tinha também impresso na da minha querida Celina...

233. Em 29 de julho do ano passado, rompendo os laços do seu incomparável servo[402] e chamando-o para a recompensa eterna, rompeu ao mesmo tempo os que retinham no mundo sua querida noiva. Tinha cumprido sua primeira missão; encarregada de *representar a nós todas* junto a nosso Pai tão ternamente amado. Essa missão, cumpriu-a como um anjo... e os anjos não ficam [82v] na terra depois de cumprida a vontade de Deus; voltam logo para junto Dele, é para isso que têm asas... Nosso anjo também sacudiu suas asas brancas, estava disposto a voar *muito longe* para encontrar Jesus, mas Jesus o fez voar *muito perto*... Contentou-se com a aceitação do grande sacrifício que foi muito *doloroso* para Teresinha... Durante *dois anos* sua Celina escondera-lhe um segredo[403]... Ah! Como sofreu também!... Enfim, do Céu, meu Rei querido, que na terra não gostava

---

400. Teresa não poderia escrever mais acertadamente: quando escreve (em 1895), ainda não sabe das provações da sua irmã. Celina passou durante dois anos (1889-1891) por uma crise profunda, "na fornalha", diz ela, mantendo em relação a seus familiares um silêncio total sobre as suas lutas.

401. Dia 20/4/1892, casamento de Henry Maudelonde. Cf. CSG, pp. 136-137, e PA, 301. Teresa não diz que censurara fortemente a irmã, no parlatório, dando-lhe como exemplo os três hebreus na fornalha! Seis dias depois, escreveu para Celina uma carta mais ponderada (Cartas, 134).

402. Domingo, 29/7/1894. Cf. CG, pp. 780 s, e VT, n. 120, pp. 221-238. Em Teresa, a alegria supera, de longe, a dor: *reencontra* finalmente seu pai "*depois de seis anos de ausência*" (Cartas, 169; 170; PN 8).

403. O padre Pichon contava com Celina para uma fundação missionária no Canadá, mas proibira-lhe falar disso (cf. *Obras completas*, Cartas, 167, n. 1). Quando revela o projeto no Carmelo, em agosto, foi um protesto só (Cartas, 168), contraofensiva

ESPOSA DE CRISTO   157

das lerdezas, apressou-se em ajeitar as coisas tão confusas da sua Celina e, em 14 de setembro, reunia a todas nós!...

234. Um dia em que as dificuldades pareciam insuperáveis, disse a Jesus durante minha ação de graças: "Sabeis, meu Deus, como desejo saber se Papai foi *direto para o Céu*, não vos peço para me falar, mas dai-me um sinal. Se minha Irmã A. de J.[404] consentir na entrada de Celina ou não opuser obstáculo, essa será a resposta de que Papai foi *direto para junto de vós*". Essa irmã, como o sabeis, querida Madre, achava que já era demais três de nós e, consequentemente, não queria mais uma. Mas Deus, que segura em sua mão o coração das criaturas e o dirige como quer, mudou as disposições da irmã; depois da ação de graças, a primeira pessoa que encontrei foi ela, que me chamou com ar amável, disse-me para ir vos encontrar e falou-me de Celina com lágrimas nos olhos...

Ah! Quantos motivos tenho para agradecer a Jesus, que soube satisfazer todos os meus desejos!...

235. Agora, não tenho mais desejo[405], a não ser o de amar a Jesus loucamente... meus desejos infantis se foram; ainda gosto de enfeitar de flores o altar do Menino Jesus, mas depois que me deu a *Flor* que eu desejava, minha *querida Celina*, não desejo outra, é ela que Lhe ofereço como meu mais encantador ramalhete...

Não desejo tampouco o sofrimento nem a morte[406] embora ame os dois, mas é só o *amor*[407] que me atrai... Durante muito tempo os desejei; tive o sofrimento e pensei ter tocado as margens do Céu; pensei que a florzinha seria colhida na sua primavera... agora, só o abandono me guia, não tenho outra bússola!... Não posso pedir

---

relâmpago; Teresa chora até adoecer, o padre Pichon volta atrás ("Sim, sim, dou a minha Celina ao Carmelo, a santa Teresa, à Virgem Maria"), o padre Delatroëtte aceita o ingresso de Celina em Lisieux com uma facilidade surpreendente e, "*em 14 de setembro, juntava-se a nós*", graças à intercessão do senhor Martin (cf. DCL, *Le P. Pichon et la famille Martin, op. cit.*; CG, mormente pp. 665, 772, 774 + c, 784 + a,c; Cartas 167; 168; 169; VT, n. 120).

404. Irmã Aimée de Jesus, que pensava não "haver necessidade de artistas nas comunidades". Mas apreciava sinceramente Teresa (PO, pp. 572-575, e PA, p. 407).

405. Cf. 120, 147, 235. Teresa atingiu uma espécie de cume (antes da quenose final), onde seus escritos se realizam.

406. Nem temor, nem desejo: o amor ultrapassa qualquer desejo. Teresa não diz que sente os primeiros ataques da doença (CG, pp. 774 + h, 778 + f, 796; Cartas 173; PO, p. 399).

407. Cf. CJ 13.7.17.

158 Manuscrito A

mais nada com ardor, exceto o cumprimento perfeito da vontade de Deus para minha alma sem que as criaturas possam opor obstáculo. Posso dizer essas palavras do cântico espiritual do Nosso Pai são João da Cruz: "No celeiro interior do meu Amado, bebi e quando saí, em toda essa planície, não conhecia mais nada e perdi o rebanho que eu seguia antes... Minha alma pôs-se com todos os seus recursos a seu serviço. Não guarda mais rebanho algum, não tenho outro ofício, porque agora meu exercício todo consiste em *amar!*"[408] Ou ainda: "Desde que o experimentei, o AMOR é tão poderoso em obras que sabe *tirar proveito de tudo*, do bem e do *mal* que encontra em mim e transformar minha alma em SI"[409]. Oh, Madre querida! Como é doce o caminho do amor. Sem dúvida, pode-se cair, podem-se cometer infidelidades, mas sabendo o amor *tirar proveito de tudo* tem consumido logo *tudo* o que possa desagradar a Jesus, deixando apenas uma humilde e profunda paz no fundo do coração...

236. Ah! Quantas luzes encontrei nas obras do Nosso Pai são João da Cruz!...[410] Aos 17 e 18 anos não tinha outro alimento espiritual, depois todos os livros deixaram-me na aridez. Ainda estou nesse estado. Quando abro um livro composto por um autor espiritual (até o mais bonito, o mais emocionante), sinto logo meu coração apertar-se e leio-o sem, por assim dizer, compreender ou, se compreendo, meu espírito para sem poder meditar... Nesses momentos, a Sagrada Escritura e a Imitação vêm socorrer-me; nelas encontro um alimento sólido e totalmente *puro*. Mas é sobretudo o *Evangelho*[411] que me sustenta nas minhas orações; nele encontro tudo o que é necessário para minha pobre alminha. Sempre descubro novas luzes, sentidos ocultos e misteriosos...

Compreendo e sei por experiência "que o reino de Deus está dentro de nós"[412]. Jesus não precisa de livros nem de doutores para instruir as almas, Ele é o Doutor dos doutores, ensina sem ruído de

---

408. Citações textuais de CS, estrofes XXVVI e XXVIII. — *"Não mais tomo conta de rebanhos"*: cf. PN 18,35 e RP 5,26.

409. João da Cruz, *Glosa sobre o divino*; cf. PN 30, Poesias, II, p. 196.

410. A respeito das leituras de Teresa, a influência de João da Cruz e as citações numerosas, cf. MS/NEC, 83r, 21 +. Conheceu sobretudo o *Cântico Espiritual, A Viva Chama* e as *Máximas*. Cf. mormente CJ 27.7.5; 31.8.9; Poesias, I, pp. 162 s, e II, pp. 195-197 e 201 s; VT, n. 77, pp. 47-52; 78, pp. 146 a 160; 121, pp. 29-51; DE, pp. 491-495.

411. Cf. a introdução à *Bíblia com Teresa de Lisieux*, pp. 9-41.

412. Cf. João da Cruz, CE, estrofe I, p. 114.

palavras[413]... Nunca o ouvi falar mas, a cada momento, sinto que está em mim. Guia-me, inspira o que devo dizer ou fazer. Bem no momento que preciso, descubro luzes que nunca tinha visto antes; na maioria das vezes, não é durante as minhas orações que elas surgem mais abundantes, é no meio das ocupações diárias...

237. Oh, Madre querida! depois de tantas graças, posso cantar com o salmista: "O Senhor é *bom*, eterna é sua *misericórdia*". Parece-me que, se todas as criaturas tivessem as mesmas graças que tenho, Deus não seria temido por ninguém, mas amado loucamente, e por *amor*, não tremendo, as almas recusariam causar-lhe tristeza... Compreendo que as almas não podem ser todas iguais, é preciso que existam de diversas famílias a fim de honrar especificamente cada uma das perfeições de Deus. A mim, Ele deu sua *infinita Misericórdia* e é *por meio dela* que contemplo e adoro as demais perfeições divinas!... Então, todas me parecem radiantes de *amor*, a própria Justiça (e talvez mais que as outras) me parece revestida de *amor*...

Que doce alegria essa de pensar que Deus é *justo*, que leva em conta as nossas fraquezas, que conhece perfeitamente a fragilidade da nossa natureza. Portanto, de que teria eu medo? Ah! O Deus tão justo que se dignou perdoar com tanta bondade todas as faltas do filho pródigo não deve ser justo também para comigo que "sou sempre com Ele"?

238. Neste ano, em 9 de junho, festa da Santíssima Trindade, recebi a graça de compreender mais do que nunca quanto Jesus deseja ser amado[414].

Pensava nas almas que se oferecem como vítimas à Justiça divina, a fim de desviar e atrair sobre si os castigos reservados aos culpados. Esse oferecimento parecia-me grande e generoso, mas estava longe de sentir-me inclinada a fazê-lo. "Oh meu Deus! Exclamei no fundo do meu coração, só vossa Justiça recebe almas que se imolam como vítimas?... Vosso *Amor* Misericordioso não precisa também? Em todo lugar é desconhecido, rejeitado; os corações aos quais quereis prodigalizá-lo inclinam-se para as criaturas pedindo a elas a felicidade com sua miserável afeição, em vez de lançar-se em vossos braços e

---

413. *Imitação*, III, 43,3, ou III, 2, tradução Lamennais, intitulada: "A Verdade fala dentro de nós sem ruído de palavras".

414. Dia em que Teresa fez sua "*Oferenda ao Amor Misericordioso*" (Or 6); análise e comentário, *Obras completas*, Or 6, notas, e *Orações*, pp 39-41 e 77-102.

160   MANUSCRITO A

aceitar vosso infinito *Amor*... Oh meu Deus! Vosso Amor desprezado vai ficar em vosso Coração? Parece-me que se encontrásseis almas que se oferecessem como vítimas de holocausto ao vosso Amor, as consumiríeis rapidamente. Parece-me que estaríeis felizes em não conter as ondas de infinitas ternuras que estão em vós... Se vossa justiça gosta de descarregar-se, embora só se exerça na terra, quanto mais vosso Amor Misericordioso que se eleva até os Céus, deseja *abrasar* as almas... Oh meu Jesus! Que seja *eu* essa feliz vítima, consumais vosso holocausto pelo fogo do vosso divino Amor!..."

Madre querida, vós que permitistes que eu me oferecesse assim a Deus conheceis os rios, ou melhor, os oceanos de graças que vieram inundar minha alma[415]... Ah! Desde esse feliz dia, parece-me que o *Amor* me penetra, me cerca; que a cada instante esse *Amor Misericordioso* me renova, purifica minha alma e não deixa vestígio algum de pecado. Portanto, não posso temer o purgatório... Sei que por mim mesma não mereço entrar nesse lugar de expiação, pois só as almas santas podem ter acesso a ele, mas sei também que o Fogo do Amor é mais santificante que o do purgatório, sei que Jesus não pode desejar sofrimentos inúteis para nós e que Ele não me inspira desejos que não quer satisfazer.

Oh! Como é doce o caminho do Amor!... Como quero me esforçar para fazer sempre, com o maior desprendimento, a vontade de Deus!...

239. Eis, querida Madre, tudo o que posso dizer-lhe da vida da vossa Teresinha, conheceis melhor, por vós mesma, o que ela é e o que Jesus fez por ela; portanto, perdoar-me-eis por ter abreviado a história da sua vida religiosa...

Como terminará essa "história de uma florzinha branca"? Talvez a florzinha seja colhida no seu frescor ou transplantada a outras praias[416]... ignoro-o, mas tenho certeza de que a Misericórdia de Deus

---

415. Cf. *A Viva Chama de Amor*, I, 6, pp. 152 s. (DE, p. 492), e III, 2, p. 218. — Para Teresa como para João da Cruz, o fogo é a água viva do Espírito (*Viva Chama*, III, pp. 208 s). Essa passagem inteira do Manuscrito A faz alternar as imagens de água e de fogo; por isso, essa passagem é interpretada como possível alusão à "ferida de amor" sentida por Teresa em junho de 1895, ao começar a via-sacra (CJ 7.7.2; PO, p. 175; PA, p. 264). Se Teresa não menciona essa ferida de amor no Manuscrito A, talvez seja porque, segundo uma tradição oral, Madre Inês inquietara-se com a confidência de Teresa em junho de 1895 (cf. DE, p. 456, e também LC 162 + b, CG, pp. 809-810).

416. Num dos Carmelos da Indochina (cf. Manuscrito C, 284; MS/NEC, 84v, 14 +; Cartas 207; Cartas 221,2v/3r; DE, pp. 211, 353).

ESPOSA DE CRISTO

161

a acompanhará sempre, porque nunca deixará de abençoar (Sl 22,6) a Madre querida que a deu a Jesus; regozijar-se-á eternamente por ser uma das flores da sua coroa... Eternamente cantará com essa Madre querida o cântico sempre novo do Amor...

EXPLICAÇÃO DAS ARMAS

O brasão JHS é o que Jesus se dignou trazer como dote para sua pobre esposinha. A órfã da Beresina[1] tornou-se Teresa do MENINO JESUS E DA SAGRADA FACE, são esses seus títulos de nobreza, sua riqueza e sua esperança. A videira que separa o brasão é a figura Daquele que nos disse: "Eu sou a vide, vós os sarmentos. Aquele que permanece em mim e eu nele produz muito fruto". Os dois ramos ao redor, a Sagrada Face e o Menino Jesus, são a imagem de Teresa que só tem um desejo cá na terra, oferecer-se como um cachinho de uvas[2] para refrescar Jesus menino, diverti-lo, deixar-se apertar por Ele ao sabor dos seus caprichos e poder estancar a sede ardente que teve durante sua paixão[3]. A harpa[4] também representa Teresa que quer cantar sem cessar melodias de amor para Jesus[5].

O brasão FMT é o de Maria Francisca Teresa, a florzinha da Santíssima Virgem; por isso, essa florzinha é representada recebendo os raios benéficos da Doce Estrela da manhã[6]. A terra verdejante representa a família abençoada no seio da qual a florzinha cresceu; mais ao longe, vê-se uma montanha que representa o Carmelo. É esse lugar abençoado que Teresa escolheu para representar, nessas armas, o dardo abrasado[7] do amor que deve merecer-lhe a palma do

---

1. Apelido dado a Teresa pelo senhor Martin, extraído de um romance, *A órfã de Moscou ou a jovem professora*, da senhora Woilliez. Aparece cinco vezes nas Cartas e na assinatura de PN 8.
2. A imagem não aparece mais nos Manuscritos nem nas Cartas, mas é bem representada nas Poesias (PN 5,9; 5,10; 18,43; 27,5) e nos Recreios (RP 2,7v), em particular uma estrofe inteira de RP 5, a que compôs na noite de Natal de 1895, o que parece provar que as armas foram realizadas após essa data (cf. CJ 25.7.10 e 12; 27.7.10).
3. Cf. 134 e os textos em BT, pp. 257 s.
4. Frases acrescentadas posteriormente.
5. Cf. Poesias, I, pp. 33-34; DE, p. 703; Cartas 140v; 145r; 149,2r/2v; Manuscrito A, 169.
6. A Virgem Maria que a curou na infância (cf. 94).
7. Único uso nos Escritos, mas Teresa pintou muitos *"dardos inflamados"* em diversas pinturas. Alusão muito provável à "ferida de amor" de junho de 1895 (nota 415). Cf. DLTH, p. 240, e *Viva Chama*, estrofe II, 2, pp. 170 ss.

martírio[8] na espera de poder verdadeiramente dar seu sangue por Aquele a quem ama. Pois para retribuir todo o amor de Jesus gostaria de fazer por Ele o que Ele fez por ela... mas Teresa não esquece que é um *caniço* fraco[9], por isso o colocou no brasão.

O triângulo luminoso representa a Adorável Trindade que não cessa de distribuir seus dons inestimáveis[10] na alma da pobre Teresinha; por isso, na sua gratidão, nunca se esquecerá desse lema: "O Amor só se paga com o Amor"[11].

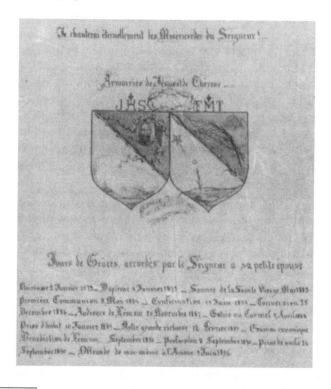

---

8. Cf. 168.
9. Teresa recebeu o caniço como marca simbólica (veste etc.), por ocasião da sua tomada de hábito. Mas já utiliza o símbolo em Cartas 49; 54 (n. 3) e 55, em 1888.
10. João da Cruz, CE, estrofe XXVII, p. 382.
11. João da Cruz, CE, estrofe IX, p. 179.
NAS DATAS
* *Armas*: cf. DLTH, p. 244.
* *Maio de 1883*: 13 de maio (Manuscrito B, 246).
* *Nossa grande riqueza*: internação do senhor Martin em Caen.
* *Bênção de Leão XIII*: 2 de setembro.

CARTA A IRMÃ MARIA DO SAGRADO CORAÇÃO

MANUSCRITO B

A) RESPOSTA A IRMÃ MARIA (1896)

J.M.J.T.

Jesus †

240. Ó querida Irmã! Pedis[1] para eu vos dar uma recordação do meu retiro[2], retiro que, talvez, seja o último... Com a autorização da nossa Madre[3], é-me agradável vir entreter-me convosco, que sois duas vezes minha irmã, convosco que me emprestastes a voz, quando não me era possível falar, para prometer, em meu nome, só querer servir a Jesus... Querida madrinha, quem vos fala esta noite[4] é a criança que ofertastes ao Senhor, que vos ama como uma filha sabe amar à mãe[5]... Só no céu sabereis da gratidão[6] que transborda do meu coração... Ó querida irmã! Quereis ouvir os segredos que Jesus confia à vossa filhinha, sei que Ele os confia a vós, pois fostes vós quem me ensinastes a recolher os ensinamentos divinos. Contudo, vou tentar balbuciar[7] algumas palavras, embora sinta que é impossível à palavra humana expressar coisas que o coração humano apenas consegue pressentir...

---

1. Esta primeira parte é uma carta (Cartas 196) em que Teresa responde a um pedido escrito da sua irmã, 13/9/1896 (LC 169, citada em Cartas 196, n. 2); estas duas páginas (240-245) foram redigidas *depois* da segunda parte, com data de 8 de setembro.

2. O objeto do pedido varia segundo os textos: "Os segredos de Jesus para Teresa" (LC 160), "sua pequena via de confiança e de amor" (PO, p. 245) e também seu "*sonho*" e sua "*pequena doutrina*" (*infra*, 243-245), segundo pedido oral de Maria. — *Último retiro*: Teresa retoma as palavras da irmã; teve sua primeira hemoptise na sexta-feira santa daquele ano.

3. Madre Maria de Gonzaga.

4. Sem dúvida em 13/9; o tom de Teresa é rico em circunlocuções, como investido por uma espécie de mistério.

5. Maria fora sua madrinha e sua terceira mãe (após o ingresso de Paulina no Carmelo).

6. Palavra muito forte em Teresa, empregada três vezes nessas duas páginas de introdução (cf. Manuscrito B, 263; Manuscrito C, 317). O coração de Teresa *transborda* sempre de *gratidão* (Manuscrito A, 129, 206; Cartas 138; 139,1v; 229 etc.), porque "*tudo é graça*" (CJ 5.6.4).

7. Cf. João da Cruz, CE, estrofe VII, p. 168.

166 MANUSCRITO B

241. Não penseis que nado em consolações[8], oh não! meu consolo é não ter consolações na terra[9]. Sem mostrar-se, sem se fazer ouvir, Jesus ensina-me em segredo, não é por meio dos livros, pois não entendo o que leio, às vezes, porém, uma palavra como esta que destaquei no final da oração (após ter ficado no silêncio e na aridez) vem consolar-me: "Eis o Mestre que te dou, ensinar-te-á o que deves fazer. Quero levar-te a ler no livro da vida onde está a ciência do Amor"[10]. A ciência do Amor, oh sim! esta palavra soa doce ao ouvido da minha alma, só desejo essa ciência. Tendo dado por ela todas as minhas riquezas, calculo, como a esposa dos cânticos sagrados[11], nada ter dado... Entendo tão bem que só o amor possa nos tornar agradáveis a Deus, que fiz dele o único objeto dos meus desejos.

242. Jesus sente prazer em mostrar-me o único caminho que leva para essa fornalha divina[12], e esse caminho é a *entrega* da criancinha[13] que adormece sem receio no colo do pai... "Quem for *criança*, venha cá"[14], disse o Espírito pela boca de Salomão, e esse mesmo Espírito de Amor disse também que "a misericórdia é dada aos pequenos". Em nome dele, o profeta Isaías revela que, no último dia, "o Senhor leva à pastagem o seu rebanho, com o seu braço conserva-o reunido; traz no seu regaço os cordeirinhos, e tange cuidadosamente as ovelhas que aleitam". E, como se todas essas promessas não fossem suficientes, o mesmo profeta, cujo olhar inspirado mergulhava nas profundezas eternas, exclama em nome do Senhor: "Como alguém

---

8. Teresa fornece os esclarecimentos necessários sem revelar à sua irmã Maria que está na noite da fé desde a Páscoa (cf. *infra*, 246).

9. Encontra-se aqui alguma coisa da asserção do Manuscrito A, extraído da *Imitação*, III, 26,3 (113-114, 117; Manuscrito B, 259).

10. Palavra de Jesus a Margarida Maria Alacoque (*Pequeno breviário do Sagrado Coração de Jesus*, p. 58; cf. CJ 6.8.3).

11. Todo o dinheiro do mundo não vale o amor, esse é o sentido do versículo do Cântico dos Cânticos. Para Teresa, "*o amor só se paga com o amor*" (Cartas 85; armas do Manuscrito A; Manuscrito B, 256, retomando a expressão de João da Cruz, CE, estrofe IX, p. 179).

12. Expressão que lembra o Cântico dos três hebreus (Dn 3), mas tomado de Margarida Maria Alacoque (cf. Cartas 224, 1f), que designa o próprio coração de Deus; cf. PN 17, 6; 28,5; Or 10 e Orações, p. 115.

13. Um dos temas essenciais de Teresa (Manuscrito A, 188; PN 3; 32; 38; 42; 44; 52; Cartas 258, 1v; CJ 7.7.3). De fato, é "a pequena doutrina" que Maria pediu para sua jovem irmã lhe ensinar.

14. As quatro citações que se sucedem aqui (Provérbios, Sabedoria, Isaías 40 e 66), extraídas da Caderneta de Celina, são o fundamento bíblico da "via de infância espiritual". Cf. CG, pp. 801 + f; 892 + f,g,h,i; VT, n. 79, pp. 228 s; C. De Meester, *Dynamique de la confiance*, especialmente pp. 62-65, 74-85.

RESPOSTA A IRMÃ MARIA   167

que é consolado pela própria mãe, assim eu vos consolarei, sereis levados ao colo, e acariciados sobre os joelhos"[15]. Ó madrinha querida! Depois de tal linguagem, só resta calar, chorar de gratidão e de amor...

243. Ah! Se todas as almas fracas e imperfeitas sentissem o que sente a menor de todas as almas, a alma de vossa Teresinha, nenhuma perderia a esperança de atingir o cimo da montanha do amor[16], pois Jesus não pede ações grandiosas, apenas o abandono e a gratidão[17], pois disse no Salmo XLIX: "Não tomarei o novilho de tua casa, nem os cabritos de teu rebanho; pois a mim pertence todo animal da floresta, as alimárias dos montes aos milhares. Lembro-me de todas as aves do céu, e tenho ao meu alcance os animais do campo. Se tivesse fome, não o diria a ti, porque minha é a terra e tudo o que encerra. Porventura como carne de touros, ou bebo o sangue dos cabritos?..."

Oferece a Deus sacrifício de louvor e cumpre os votos que fizeste ao Altíssimo. Eis, portanto, tudo o que Jesus quer de nós, Ele não precisa das nossas obras, só do nosso amor; esse mesmo Deus que declara não precisar pedir comida a nós não receou *mendigar* um pouco de água junto à samaritana. Ele estava com sede... Mas ao dizer "dê-me de beber" o criador do universo estava pedindo o *amor* da sua pobre criatura. Tinha sede de amor[18]... Ah! Sinto-o mais do que nunca, Jesus está *sedento*, só encontra ingratos[19] e indiferentes entre os discípulos do mundo enquanto, nos seus *próprios discípulos*, encontra poucos corações que se entregam a Ele sem reserva[20], que compreendem toda a ternura do seu Amor infinito.

244. Irmã querida, como somos felizes por compreender os íntimos segredos do nosso Esposo. Ah! Se quisésseis escrever tudo

---

15. Cf. Manuscrito C, 271, e João da Cruz, CE, estrofe XXVII, p. 382.

16. Teresa pensa, sem dúvida, no "gráfico do Monte da Perfeição" de *Subida do Carmelo* de João da Cruz. Cf. Cartas 105; 110; 112, e Manuscrito C, 323.

17. Um resumo da "*pequena via*", que prossegue pelas citações bíblicas.

18. Um grande tema teresiano (Cartas 141,2v; Manuscrito A, 134, 136, Explicação das armas, p. 161; PN 24,25; O 12). Mas aqui, como em PN 31, a preocupação com a salvação das almas a fim de *saciar a sede* de Jesus afasta-se para deixar aparecer o face-a-face patético da esposa com Cristo. Cf. também a Imagem I, que data sem dúvida do verão de 1896, reproduzida (ampliada) em DLTH, p. 77.

19. Cf. Manuscrito A, 238. O movimento de Teresa é o mesmo que no Ato de Oferenda (O 6). Mas o acento desloca-se da "*vítima de holocausto*" (o meio) para o amor total que "*abrange todas as vocações*" (254), que Teresa sente subir nela (cf. 250). Trata-se de "*retribuir amor com amor*" (256). Teresa não considera mais os cristãos tíbios que os incrédulos. Cf. Orações, p. 71,9.

20. Cf. João da Cruz, CE, estrofe XXVII, p. 385.

168   Manuscrito B

o que sabeis a respeito, teríamos belas páginas para ler, tenho certeza, mas preferis conservar no fundo do vosso coração "os segredos do Rei", e a mim dizeis que "é bom guardar o segredo do Rei, mas apregoar as obras de Deus é honroso". Considero que tendes razão em permanecerdes no silêncio, e é unicamente para vos agradar[21] que escrevo estas linhas, pois sinto minha incapacidade de expressar[22] com palavras da terra os segredos do Céu e, depois de escrever páginas e mais páginas, ainda pareceria não ter começado... Há horizontes tão numerosos e tão diversos, tantas nuances no infinito, que só a palheta do Pintor celeste poderá, depois da noite desta vida, fornecer-me as cores capazes de pintar as maravilhas que Ele põe diante do olho da minha alma.

245. Minha irmã querida, pedistes para eu vos descrever meu sonho e "minha pequena doutrina", como a chamastes... Foi o que fiz nas páginas a seguir, mas tão mal que me parece impossível que compreendais. Achareis, talvez, minhas expressões exageradas... Ah! Perdoai-me, isso deve ser atribuído a meu estilo pouco agradável. Asseguro-vos não haver exagero nenhum na minha *pequena alma*, que está tudo calmo e descansado[23]...

(Ao escrever, é a Jesus que falo, assim me é mais fácil expressar meus pensamentos... O que, ai!, não impede que estejam mal expressos!)

B) A "PEQUENA VIA" DE TERESA

J.M.J.T.   8 de setembro de 1896

(A minha querida Irmã Maria do Sagrado Coração.)

246. Ó Jesus, meu Bem-Amado! Quem poderá descrever a ternura, a doçura com que conduzis[24] minha *alminha*[25]? Que agrado

---

21. Embora o ponto de partida tenha sido o pedido de Maria, foi evidentemente uma "carta de amor" que Teresa escreveu a Jesus.

22. Cf. João da Cruz, CE, estrofe XXXIII, p. 41.

23. A calmaria após a tempestade... É difícil não encontrar sinais de entusiasmo, primeiro no número de expressões, depois na grafia de Teresa (cf. DLTH, p. 273).

24. Teresa dirige-se a Jesus na segunda pessoa do plural, mas logo a partir de 250 passa para a segunda pessoa do singular, como em todas as efusões íntimas, particularmente nas Poesias (cf. CSG, p. 82), diferentemente dos textos "públicos", o Manuscrito C particularmente, que sabe que servirá para compor sua "Nota necrológica".

25. Nas sete vezes em que aparece, a expressão é sublinhada. O adjetivo "pequeno" é empregado trinta e oito vezes em dez páginas.

A "PEQUENA VIA" DE TERESA

tendes em fazer brilhar o raio da vossa graça bem no meio da mais forte tempestade?[26]... Jesus, a tempestade rugia forte em minha alma desde a bonita festa do vosso triunfo, a radiosa Páscoa, quando, num sábado do mês de maio[27], pensando nos sonhos misteriosos que, às vezes, são concedidos a certas almas, estimava serem eles um consolo bem agradável, mas não os pedia. De noite, observando as nuvens que lhe encobriam o céu dela, minha *alminha* repetia que os belos sonhos não lhe eram destinados e, na tempestade, adormeceu... No dia seguinte, 10 de maio, segundo domingo do mês de Maria, talvez fosse aniversário do dia em que a Santíssima Virgem se dignou *sorrir* para sua florzinha[28]...

247. Nos primeiros clarões da aurora, encontrava-me, em sonho, numa espécie de galeria. Havia muitas outras pessoas, mas afastadas. Só nossa Madre estava perto de mim. De repente, sem ter percebido como tinham entrado, vi três carmelitas cobertas com suas capas e grandes véus. Pareceu-me que vinham encontrar nossa Madre; mas compreendi claramente que elas vinham do céu. Do fundo do meu coração, gritei: Ah! Como ficaria feliz de ver o rosto de uma dessas carmelitas. Nesse momento, como se minha oração tivesse sido ouvida por ela, a mais alta das santas aproximou-se de mim; caí de joelhos. Oh! Felicidade. A carmelita levantou seu véu, ou melhor, tirou-o e pôs sobre mim[29]... Reconheci, sem a menor hesitação, a venerável Madre Ana de Jesus[30], fundadora do Carmelo na França. Seu rosto era belo, de uma beleza imaterial, nenhum raio se desprendia dele. Contudo, apesar do véu que nos envolvia, via esse rosto celeste iluminado por uma luz incrivelmente suave, luz que não recebia, mas produzia por si mesmo...

Não saberia expressar a alegria da minha alma. Essas coisas são sentidas e não exprimíveis... Muitos meses já se passaram desde esse

---

26. A provação da fé, evocada de maneira precisa, embora velada.

27. Passagem escrita sobre três linhas inteiramente raspadas, que faziam alusão ao sonho da mítica Diana Vaughan (cf. TrH, pp. 99 ss).

28. Em 1883, o segundo domingo de maio era o décimo terceiro dia do mês, não o décimo.

29. Gesto de proteção e de bênção, frequente nas Poesias e nos Recreios piedosos, graças às asas dos anjos, às vezes ao manto de Maria. Muitas vezes, é também o sentido do verbo *ocultar* (cf. MS/NEC, 2r, 24 +). Dois dias antes houve a tomada do véu preto de uma noviça muito querida de Teresa, Maria da Trindade.

30. Ana de Lobera, conselheira de Teresa d'Ávila e para quem João da Cruz escreveu o *Cântico Espiritual*; introduziu a reforma teresiana na França (1604). Cf. CJ 26,5; 11.9.5; 30.9 (DE, p. 392); DLTH, p. 272.

doce sonho, mas a recordação que deixa em minha alma nada perdeu do seu frescor, dos seus celestes encantos... Ainda vejo o olhar e o sorriso *cheios de amor* da Venerável Madre. Parece-me sentir ainda as carícias que ela me fez[31].

248. ... Vendo-me amada com tanta ternura, atrevi-me a dizer: "Oh, Madre! Suplico-vos, dizei-me se Deus me deixará ainda por muito tempo na terra... Virá Ele buscar-me logo?..." Sorrindo com ternura, a santa murmurou: "Sim, em breve, em breve... prometo-vos". "Madre", acrescentei, "dizei-me se Deus quer mais alguma coisa de mim além das minhas pobres pequenas ações e dos meus desejos. Ele está contente comigo?"[32] O rosto da santa revestiu-se de uma expressão *incomparavelmente mais terna* que na primeira vez em que me falou. Seu olhar e suas carícias eram a mais doce das respostas. Disse-me, porém: "Deus não pede mais nada a vós, Ele está contente, contentíssimo!..." Após ter-me acariciado com amor maior que o da mãe mais terna para um filho, vi-a afastar-se... Meu coração estava alegre, lembrei-me das minhas irmãs e quis pedir algumas graças para elas; ai... acordei!...

249. Ó Jesus! A tempestade não rugia então. O céu estava calmo e sereno... *acreditava, sentia*[33] haver um Céu e que esse Céu é povoado de almas que me querem bem[34], que me olham como filha delas... Essa impressão permanece em meu coração, tanto mais que a Venerável Madre Ana de Jesus era-me, até então, *absolutamente indiferente*. Nunca a tinha invocado e só pensava nela quando falavam dela, o que era raro. Quando compreendi até que ponto ela *me amava*, que eu não lhe era indiferente, meu coração derreteu de amor e de gratidão, não apenas para com a santa que me visitara, mas ainda para com todos os bem-aventurados do Céu...

250. Ó Bem-Amado meu! Essa graça era apenas o prelúdio de graças maiores que Tu querias me dar. Deixa, único amor[35] meu,

---

31. Consolações sensíveis de que Teresa tanto precisava, sem ousar pedi-las.

32. *Em breve... está contente comigo?* Pergunta importante para Teresa, que ela faz há muito tempo com alegria ou ansiedade. Cf. Manuscrito A 130-131; PN 33; Cartas 190; Manuscrito A, 108, 116, 225, 227.

33. *Sentir*, no sentido de ter experiência pessoal, vivida, é frequente em Teresa: dezenove vezes no Manuscrito B; oito no RP 6; cf. Manuscrito C, 276, 278.

34. Esse sonho reconforta Teresa na certeza de existir um Céu, objeto da dúvida lancinante dos seus oito últimos meses; um Céu onde "*ainda se sabe amar*" (Manuscrito A, 44f), onde os bem-aventurados que não conhecemos vos amam "*como filhos*".

35. Cf. Poesias, II, p. 214,1,1. Teresa gravou na verga da porta da sua cela (nessa época, talvez?): "*Jesus é meu único Amor*" (cf. DLTH, p. 261).

A "PEQUENA VIA" DE TERESA

171

que eu as recorde hoje... hoje, sexto aniversário da *nossa união*...
Ah! Perdoa-me Jesus se disparo querendo relatar novamente meus
desejos, minhas esperanças que alcançam o infinito. Perdoa-me e
cura minha alma dando a ela o que espera[36]!!!...

Ser tua *esposa*, ó Jesus; ser *carmelita*; ser, pela minha união a
Ti, a *mãe* das almas[37], deveria ser-me suficiente... mas não é... Sem
dúvida, esses três privilégios formam minha vocação: carmelita, esposa e mãe. Todavia, sinto em mim outras vocações[38], a de Guerreiro,
a de Sacerdote, a de Apóstolo, a de Doutor[39], a de Mártir; enfim,
sinto a necessidade, o desejo de realizar, para Ti Jesus, as mais he-
roicas obras... Sinto na minha alma a coragem de um cruzado, de
um zuavo pontifício[40]. Queria morrer num campo de batalha pela
defesa da Igreja...

251. Sinto em mim a vocação de *Sacerdote*[41]. Com que amor, ó
Jesus, levar-te-ia em minhas mãos quando, pela minha voz, descesses
do Céu... Com que amor eu Te daria às almas!... Mas ai! Embora
desejando ser sacerdote, admiro e tenho inveja da humildade de são
Francisco de Assis e sinto em mim a vocação de imitá-lo recusando
a sublime dignidade do Sacerdócio.

Ó Jesus! Meu amor, minha vida... como conciliar esses contrastes?
Como realizar os desejos da minha pobre *alminha*?...

Ah! Apesar da minha pequenez, queria iluminar as almas como
os profetas, os doutores. Tenho a vocação de apóstolo... Gostaria de

---

36. Sem dúvida, um eco da estrofe XI do Cântico espiritual (cf. VT, n. 78, p. 154).

37. Teresa evoca com frequência o mistério da maternidade espiritual da virgem consagrada que se une a Jesus; cf. PN 24,21-22, e Poesias, II, p. 163; *Mes Armes*,
pp. 78 s.

38. É o fogo dos "*desejos da (sua) pobre pequena alma*" que desencadeia essa
ladainha de vocações.

39. Cf. Cartas 182,1v; PN 39 (para Teresa d'Ávila); Manuscrito A, 5-6 e também
236...

40. Teresa, como Celina, tem a fibra guerreira e valorosa; emprega com frequência
o vocabulário militar (PN 36; PN 48, sobretudo; RP 1 e 3; PN 4 e 50; CJ 4.8.6; NV 3.8.2b;
Mes Armes, pp. 118-119). — Os *zuavos* dos Estados Pontifícios eram combatentes da
fé; depois da tomada de Roma pelos piemonteses, tinham regressado à França para
defender a pátria, sob a bandeira do Sagrado Coração, e foram esmagados em Loigny,
em 2/12/1870, quando duzentos e sete deles (de trezentos) morreram no campo de
batalha. Estavam sob o comando do general de Sonis, de quem Teresa emprestou a
imagem do *grão de areia* (cf. Manuscrito C, 271, nota 15, e CG, p. 1.170).

41. Cf. *Obras completas*, PN 40, introdução às notas e Cartas 201,1r para o padre
Roulland, em 1/11/1896. Cf. *Recreios*, pp. 39,407; CSG, p. 86; DE, p. 619; CG, pp. 849 s.

172 MANUSCRITO B

correr a terra, propagar teu nome e fincar tua Cruz gloriosa no solo infiel. Ó *meu amor*, uma missão só não seria suficiente. Gostaria também de pregar o Evangelho nas cinco partes do mundo, até nas mais longínquas ilhas... Queria ser missionária[42], não só durante alguns anos, mas gostaria que fosse desde a criação do mundo e até o final dos séculos... Mas, sobretudo, meu Bem-Amado Salvador, quero derramar meu sangue para Ti até a última gota...

252. O martírio[43], eis o sonho da minha juventude. Esse sonho cresceu comigo no claustro do Carmelo... Mas ainda aí sinto que meu sonho é uma loucura, pois não conseguiria satisfazer-me com uma *forma* de martírio... Para satisfazer-me, preciso de *todas*... Como Tu, esposo adorado, queria ser flagelada e crucificada... Queria morrer despojada como são Bartolomeu... Como são João, queria ser mergulhada no óleo fervente, queria sofrer todos os suplícios infligidos aos mártires... A exemplo de santa Inês e santa Cecília, gostaria de oferecer meu pescoço ao gládio e, como Joana d'Arc, minha irmã querida, queria murmurar teu nome na fogueira, ó Jesus... Ao pensar nos tormentos reservados aos cristãos no tempo do Anticristo, sinto meu coração estremecer e queria que esses sofrimentos me fossem reservados... Jesus, Jesus, se eu pudesse escrever todos os meus desejos, teria de pedir que me emprestasses *teu livro de vida*, aí estão relatadas as ações de todos os santos, e essas ações, gostaria de tê-las realizado para Ti....

Ó meu Jesus! O que vais responder a todas essas loucuras?... Há alma *menor*, mais impotente que a minha?[44]... Porém, por causa

---

42. Será proclamada padroeira das missões e dos missionários, por Pio XI, em 14/12/1927. Cf. PN 35, de 16/7/1896.

43. Além de todas as vocações, Teresa pede o martírio, todos os martírios, por ser o cume do amor, que vai "*abranger todas as vocações*" (254). No bilhete de profissão (8/9/1890), Teresa escrevia: "*Jesus, que morra mártir para Ti, o martírio do coração ou do corpo, ou melhor, ambos*" (Or 2). Fora Joana d'Arc, Teresa encontrou, por ocasião da sua viagem à Itália, todos os mártires que cita; Roma é antes de tudo "*terra regada com o sangue dos mártires*" (Manuscrito A, 156). As cartas permitem acompanhar a evolução do seu desejo: Cartas 96,2r; 132v; 167,1v; 192,1v; 197r; 213,1v; 224,2r, em que diz ao padre Bellière: "*Sendo que o Senhor só parece querer conceder-me o martírio do amor, espero que me permita colher, por meio de vós, a outra palma que ambicionamos*". Cf. também Mss III, p. 124; CG, p. 1.373; Poesias, II, p. 337; RP, p. 430.

44. Esses "*desejos infantis*" ou "*maiores que o universo*" fazem com que Teresa "*sofra um verdadeiro martírio*", enquanto dá um pulo para Deus para negar o nada que a atormenta (Manuscrito C, 278); cf. Poesias, I, p. 232. Triunfo da provação da fé (e da esperança) só pelo amor de Jesus; cf. Manuscrito C, 7r e as citações do Salmo 17 (BT, p. 94).

A "PEQUENA VIA" DE TERESA   173

da minha fraqueza, achaste prazer, Senhor, em atender aos meus *pequenos desejos infantis* e queres, hoje, realizar outros desejos, *maiores que o universo...*

253. Como meus desejos me faziam sofrer um verdadeiro martírio na oração, abri as epístolas de são Paulo a fim de procurar alguma resposta. Meus olhos caíram sobre os capítulos 12 e 13 da primeira epístola aos Coríntios... No primeiro, li que nem todos podem ser apóstolos, profetas, doutores etc., que a Igreja é composta de diferentes membros e que o olho não poderia ser, *ao mesmo tempo*, a mão.

... A resposta estava clara, mas não satisfazia aos meus desejos, não me propiciava paz... Como Madalena se inclinando sempre junto ao túmulo vazio acabou por encontrar o que desejava, também me abaixei até as profundezas do meu nada e elevei-me[45] tão alto que consegui atingir minha meta... Sem desanimar, prossegui com minha leitura, e esta frase aliviou-me: "Aspirai, também, aos carismas mais elevados. Mas vou mostrar-vos ainda uma via sobre todas sublime". E o apóstolo explica como todos os *mais perfeitos dons* não valem nada sem o Amor... Que a caridade é a *via excelente* para levar seguramente a Deus.

254. Enfim, tinha encontrado repouso... Considerando o corpo místico[46] da Igreja, não me reconheci em nenhum dos membros descritos por são Paulo, melhor, queria reconhecer-me em *todos...* A Caridade deu-me a chave da minha *vocação*. Compreendi que se a Igreja tem um corpo, composto de diversos membros, o mais necessário, o mais nobre de todos não lhe falta. Compreendi que a Igreja tem um coração e que esse coração arde de amor. Compreendi que só o Amor leva os membros da Igreja a agir; que, se o Amor viesse a extinguir-se, os apóstolos não anunciariam mais o Evangelho, os mártires se negariam a derramar o sangue... Compreendi que o *Amor* abrangia todas as vocações, que o Amor era tudo, que abrangia todos os tempos e todos os lugares... numa palavra, que ele é Eterno!...

Então, na minha alegria delirante, exclamei: Ó Jesus, meu Amor... enfim encontrei minha vocação, é o Amor!...

---

45. Cf. Manuscrito A, 168, e o poema de João da Cruz, *Num arrebatamento ardendo de amor* (VT, n. 73, p. 65; n. 77, p. 50; n. 78, pp. 149 s).
46. Única vez que emprega a expressão em seus escritos. Necessária para seu raciocínio intuitivo: se a Igreja tem um corpo, esse corpo deve possuir um coração que o faça viver...

174   MANUSCRITO B

Sim, achei meu lugar na Igreja, e esse lugar, meu Deus, fostes vós que o destes a mim[47]... no Coração da Igreja, minha Mãe, serei o Amor... serei tudo, portanto... desta forma, meu sonho será realizado!!!...

255. Por que falar de uma alegria delirante? Não, essa expressão não está adequada. Era antes a paz calma e serena do navegante avistando o farol que deve guiá-lo ao porto... Ó Farol luminoso do Amor[48], sei como chegar a Ti, encontrei o segredo para apropriar-me da tua chama.

Sou apenas uma criança, impotente e fraca, mas é minha própria fraqueza que me dá a audácia para me oferecer como Vítima ao teu Amor[49], ó Jesus! Outrora, só as hóstias puras e sem manchas eram aceitas pelo Deus forte e poderoso. Para satisfazer a justiça divina, havia necessidade de vítimas perfeitas. Mas à lei do temor sucedeu a do Amor, e o Amor escolheu-me para holocausto, eu, fraca e imperfeita criatura... Não é escolha digna do Amor?... Sim, a fim de que o Amor seja plenamente satisfeito é preciso que se abaixe, que se abaixe até o nada e transforme esse nada em *fogo*...

256. Ó Jesus, sei, o amor só se paga com o amor[50]; por isso, procurei, achei o meio de aliviar meu coração retribuindo Amor com Amor. "Granjeai amigos com a vil riqueza, para que, quando esta vier a faltar, eles vos recebam nas tendas eternas." Eis, Senhor, o conselho que dás a teus discípulos depois de teres dito a eles que "os filhos deste mundo são mais atilados que os filhos da luz, no trato com os seus semelhantes". Filha da luz, compreendi que meus *desejos de ser tudo*, de abraçar todas as vocações, eram riquezas que bem poderiam tornar-me injusta, servi-me delas para granjear amigos...

---

47. Todos os "*eu queria*" (dezesseis vezes em 248-253) refletiam os desejos de Teresa; aqui, é Deus quem dá "*esse lugar*". — A Igreja, minha mãe: a expressão surge pela primeira vez em PN 32,2. O Manuscrito B é o grande escrito de Teresa sobre a Igreja (citada quinze vezes).

48. O farol vive, é animado por sua *chama*, como o corpo do homem pelo seu *coração*, e o "*corpo místico*" pelo *amor*.

49. Cf. o Ato de Oferenda (Or 6 e Orações, principalmente pp. 88 s): a certeza é a mesma, mas aqui a insistência incide sobre a *fraqueza, a infância, a pequeneza, a imperfeição* (cf. 240, 246).

50. CE, estrofe IX, p. 179. Paralelamente a esse lema das suas armas, Teresa procura e encontra o meio de retribuir "*Amor com Amor*". Cf. de novo João da Cruz, CE, estrofe XXXVIII, pp. 83-84.

A "PEQUENA VIA" DE TERESA 175

Lembrando-me do pedido de Eliseu[51] a seu Pai Elias quando se atreveu a pedir-lhe *dupla porção do seu espírito*, apresentei-me diante dos anjos e dos santos e lhes disse: "Sou a menor das criaturas, conheço minha miséria e minha fraqueza, mas sei também como os corações nobres e generosos gostam de fazer o bem, suplico-vos, portanto, ó bem-aventurados habitantes do Céu, que *me adoteis por filha*, a glória que me fizerem adquirir *será só para vós*, mas dignai-vos atender o meu pedido; sei que é temerário, mas atrevo-me a pedir que obtenhais para mim *vosso duplo Amor*"[52].

257. Não posso, Jesus, aprofundar o meu pedido, recearia ver-me acabrunhada sob o peso dos meus desejos audaciosos... Minha desculpa é ser *uma criança* e as crianças não medem o alcance das suas palavras. Quando colocados no trono e donos de imensos tesouros, seus pais não hesitam em contentar os desejos dos *pequenos seres* a quem amam tanto quanto a si mesmos; para agradar a eles, fazem loucuras, chegam até a *fraqueza...* Bem! eu sou a CRIANÇA da *Igreja* e a Igreja é Rainha, pois é tua esposa, ó divino Rei dos Reis... Não são as riquezas e a Glória[53], nem a Glória do Céu, que o coração da criança deseja... Compreendo que a Glória pertence por direito a seus irmãos, os anjos e os santos[54]... A glória dele será o reflexo daquela que brotará da fronte de sua Mãe. O que pede é o Amor... Só quer uma coisa, te amar, ó Jesus... As obras de grande repercussão lhe são interditadas, ele não pode anunciar o Evangelho, derramar o próprio sangue... mas não importa, seus irmãos trabalham no lugar dele e ele, *criancinha*, fica junto do trono do Rei e da Rainha. Ama pelos seus irmãos que combatem... Como irá testemunhar seu amor se o Amor se prova pelas obras?[55] A criancinha *lançará flores*[56], perfumará[57] o trono real; com sua voz argêntea, cantará o cântico do Amor...

---

51. Teresa ocupa, no dormitório Santo Elias, a cela Santo Eliseu.
52. Cf. 2 Reis 9 (BT, p. 62) e Mss II, p. 64.
53. Cf. 1Reis 7 e 13 (tradução Glaire): "Mas sou uma *criancinha...* até o que não me pediu eu te dei: *as riquezas e a glória*"; e João da Cruz, Cs, estrofe XLIII, p. 87.
54. Cf. PN 35.11-12, n. 6: "*A Ele a honra... A mim o reflexo da sua glória*".
55. Teresa d'Ávila, *Château intérieur, IIIes demeures*, capítulo 1 (Ed. Bouix, 1884, t. III, p. 406).
56. Cf. Manuscrito A, 58; PN 34, 51; DE, pp. 439, 486, 543 s, 559 s etc.
57. Cf. Apocalipse 8, 3-4, e Orações, p. 72; Poesias, II, pp. 114, 136, 215; MC, 278; 334.

176 MANUSCRITO B

258. Eis, meu Bem-Amado, como se consumará[58] minha vida... Não tenho outros meios para te provar meu amor, a não ser lançar flores, isto é, não deixar escapar nenhum pequeno sacrifício, nenhum olhar, nenhuma palavra, aproveitar as menores coisas e fazê-las por amor... Quero sofrer e mesmo gozar por amor, dessa forma, lançarei flores diante do teu trono, não encontrarei uma só sem desfolhá-la para Ti... e, ao jogar minhas flores, cantarei. Caberia chorar fazendo uma ação tão alegre? Cantarei, até mesmo quando for preciso colher minhas flores no meio dos espinhos, e meu canto será mais melodioso na medida em que os espinhos forem longos e pungentes.

Em que minhas flores e meus cantos irão te servir, Jesus?... Ah! Sei. Essa chuva perfumada, essas pétalas frágeis e sem valor, esses cantos de amor do menor dos corações te encantarão. Sim, esses nadas te agradarão, farão sorrir a Igreja triunfante que recolherá minhas flores desfolhadas *por amor* e, fazendo-as passar por tuas mãos divinas, ó Jesus, essa Igreja do Céu, querendo brincar com sua criança, lançará essas flores que, pelo teu toque[59] divino, terão adquirido um valor infinito. Lançá-las-á sobre a Igreja padecente a fim de apagar as chamas; lançá-las-á sobre a Igreja combatente a fim de lhe propiciar a vitória![60]...

259. Ó meu Jesus! Amo-Te, amo a Igreja, minha Mãe, lembro-me de que: "O menor movimento de *puro amor* lhe é mais útil que todas as outras obras reunidas"[61]. Mas será que o *puro amor* está em meu coração?... Meus desejos imensos não seriam sonho, loucura?... Ah! Se assim for, Jesus, esclarece-me, tu sabes que procuro a verdade[62]...

---

58. Cf. Manuscrito A, 235, 238; Manuscrito C, 296; Or 6 (e Orações, p. 98), 16; Cartas 89; 182; 197; 226; 242. O verbo e a esperança de Teresa encontram-se em numerosas Poesias a partir de 1894: PN 15,4; 17,14; 19,6; 21,3; 25,2; 26,9; 27,r2; 28,4; 29,11; 30,3; 41,2; Teresa repetiu na enfermaria esses dois versos de *Minha Alegria* (PN 45,7): "*O amor, esse fogo da pátria,/ Não cessa de consumir-me*" (CJ 2.8.4).

59. A palavra origina-se da tradução de João da Cruz (*Viva Chama*, verso 4, pp. 181-182).

60. Descrição muito figurada da comunhão dos santos.

61. João da Cruz, CE, estrofe XXIX, p. 400; cf. Or 12; Cartas 221; 245; VT, n. 77, p. 77.

62. Uma constante em Teresa; cf. CJ 21.7.4; DE, p. 482. Desconfia das *ilusões* (Manuscrito A, 221), mas está consciente das luzes que recebeu (Manuscrito A, 99). Estabeleceu um laço forte entre a *verdade* e a *humildade* (CSG. p. 19; RP 4,31-32; RP 8.2r; *Recreios*, pp. 350 e 402), até no seu leito de morte: "*Sim, parece que eu nunca procurei outra coisa a não ser a verdade; sim, compreendi a humildade do coração*" (CJ 30/9/1897).

A "PEQUENA VIA" DE TERESA   177

Se meus desejos são temerários, faze-os sumir pois são para mim o maior dos martírios... Mas sinto, ó Jesus, que depois de ter aspirado às regiões mais elevadas do Amor, se eu não puder alcançá-las, terei experimentado mais *doçura no meu martírio, na minha loucura,* do que haverei de experimentar no seio das *alegrias da pátria,* a menos que, por um milagre, Tu me tires a lembrança das minhas esperanças terrestres. Então, deixa-me gozar, durante meu exílio, das delícias do amor. Deixa-me saborear as doces amarguras do meu martírio...

Jesus, Jesus, se o *desejo de Te amar* é tão delicioso, como será o de possuir, de gozar o Amor?...

260. Como pode uma alma tão imperfeita como a minha aspirar à plenitude do Amor?... Ó Jesus! Meu *primeiro, meu único Amigo,* Tu que *amo* UNICAMENTE, dize-me que mistério é esse. Por que não reservas essas imensas aspirações para as grandes almas, para as águias[63] que plainam nas alturas?... Considero-me apenas um mero passarinho coberto de leve penugem[64], não sou uma águia, só tenho dela os *olhos* e o *coração,* pois apesar da minha extrema pequeneza ouso fixar o Sol Divino, o Sol do Amor e meu coração sente em si todas as aspirações da águia[65]... O passarinho quer voar para esse Sol brilhante que encanta seus olhos, quer imitar as águias, suas irmãs, que vê chegar ao lar divino da Trindade Santíssima... ai!, o que pode fazer é bater as *asinhas,* voar, porém, não está em seu *pequeno alcance!*[66]

---

63. Quase todo o final do Manuscrito B é consagrado à parábola que opõe "*as grandes almas, as Águias,* às *pequenas almas* (263) representadas pelo "*passarinho*". Lembramos que Teresa emprega a comparação com a águia, pela primeira vez, a respeito de Maria do Sagrado Coração (Cartas 49). A águia e o passarinho originam-se, em primeiro lugar, da *Vida* de Teresa d'Ávila (capítulo XX). Mas as águias (para designar os santos) encontram-se também num sermão de dom Landriot (no final da *La Vive Flamme,* na edição de Teresa, p. 356; ver também pp. 332-333) e no *Ano Litúrgico* de dom Guéranger (dia de santo Aleixo, IV, p. 145). Há também a "oração da *águia,* a oração das pombas e a dos *pintinhos"* no retiro do padre Armand Lemonier no Carmelo de Lisieux, em 1894. Não esquecer uma possível origem bíblica para essa águia: Dt 32,11; Ex 19,4; Is 40,29-31. Cf. também João da Cruz, CE, estrofe XXXI, p. 22, e TrH, pp. 103-106 sobre "*a Águia branca*" de Diana Vaughan, retomada nos *Recreios piedosos — Orações* (NEC).

64. Cf. Teresa d'Ávila, *Vida,* capítulos XIII, XIX, XX; e *Obras completas,* PN 43, introdução às notas.

65. Não é Jesus ainda (como a partir de 263); mas este é "*o Sol*" (dez vezes até 263).

66. Cf. *Poesias,* I, pp. 124s, que mostra a evolução do pensamento de Teresa entre 1895 e 1896, a ascensão à assunção... Alcança João da Cruz, num poema citado em sua "Caderneta escriturária" (VT, n. 78, p. 149): "Contudo, esse trabalho era tão grande / Que a meu voo faltou força; / Mas o amor fez um esforço tal / Que consegui alcançar minha meta".

178 Manuscrito B

O que será dele? Morrer de tristeza por se ver tão impotente?... Oh não!, o passarinho nem vai ficar aflito. Com total abandono, quer ficar olhando seu divino Sol; nada poderá assustá-lo, nem o vento nem a chuva, e, se nuvens escuras vierem esconder o Astro de Amor, o passarinho não trocará de lugar. Sabe que, além das nuvens, seu Sol continua brilhando, que seu brilho não cessará.

261. Às vezes[67], o coração do passarinho é vítima de tempestade, parece não acreditar que existem outras coisas além das nuvens que o envolvem. Esse é o momento da *felicidade perfeita*[68] para o *pobre serzinho* frágil. Que felicidade ficar aí, assim mesmo; fixar a luz invisível que escapa à sua fé!!!... Jesus, até agora, compreendo teu amor para com o passarinho, pois ele não se afasta de Ti... mas sei, e Tu sabes também, muitas vezes a criaturinha imperfeita, embora permaneça a postos, isto é, debaixo dos raios do Sol, distrai-se um pouco da sua única ocupação, cata um grãozinho aqui, outro acolá, corre atrás de um inseto... e, encontrando uma pocinha d'água, *banha* suas peninhas. Quando vê uma flor que lhe agrada, sua mente se prende a ela... enfim, não podendo planar como as águias, o passarinho ocupa-se com as bagatelas da terra. Após todas essas indelicadezas, em vez de esconder-se num cantinho[69] para chorar sua miséria e morrer de arrependimento, o passarinho volta-se para seu bem-amado Sol, expõe suas asinhas *molhadas* aos seus raios, geme como a andorinha e no seu canto suave confidencia, relata detalhadamente suas infidelidades, pensando, no seu temerário abandono, adquirir mais poder, atrair mais fortemente o amor Daquele que não veio chamar os justos, mas os pecadores...

262. Se o Astro Adorado permanece surdo aos chilreios plangentes da sua criaturinha, se continua *encoberto*... pois bem! a criaturinha permanece *molhada*, aceita ficar gelada e alegra-se por esse sofrimento que não deixa de merecer[70]... Ó Jesus! Como teu *passarinho* está feliz por ser *fraco e pequeno*, o que seria dele se fosse grande?... Nunca se atreveria a ficar na tua presença, em *dormitar* diante de Ti[71]... sim,

---

67. Entre abril e setembro de 1896, a provação continua intermitente. A noite vai adensar-se no inverno seguinte.

68. A de Francisco de Assis em seu despojamento total; cf. CG, p. 936 + h.

69. O que fez Adão depois da queda (Gn 3,10); atitude que Teresa desaconselhou a Leônia, em termos idênticos (Cartas, 191, 1v).

70. Cf. CJ 3.7.2; PN 30,3. Teresa alcança a afirmação agostiniana: "etiam peccata" (complementando Rm 8,28). É um dos recursos fundamentais da "*pequena via*".

71. Em 1893, representou a si mesma no afresco pintado no oratório, nos traços de um anjo adormecido, apertando flores e uma lira (DLTH, p. 201); trata-se, então, de um símbolo do seu abandono (CG, p. 685).

é mais uma fraqueza do passarinho quando quer fixar o Sol divino e as nuvens o impedem de ver um raio sequer. Contra sua vontade, seus olhinhos se cerram, sua cabecinha se esconde sob sua asinha e o pobre serzinho adormece, crente ainda que está fixando seu Astro querido. Com o despertar, não se perturba, seu coraçãozinho fica em paz, recomeça seu ofício de *amor*[72]. Invoca os anjos e os santos que se elevam como águias para o foco devorador, objeto de seus anseios. Com pena do irmãozinho, as águias o protegem, o defendem e afugentam os abutres que querem devorá-lo.

263. O passarinho não tem medo dos abutres, imagens dos demônios[73], não se destina a ser presa deles, mas sim da *Águia*[74] que ele contempla no centro do Sol de Amor. Ó Verbo divino, és tu a Águia adorada que amo e que me *atrai*, és tu que correndo para a terra do exílio tens querido sofrer e morrer para *lançar as almas* no seio do Eterno Lar da Santíssima Trindade. És tu que, subindo para a inacessível Luz que de agora em diante será tua morada, ainda permaneces no vale de lágrimas, oculto sob a aparência de uma hóstia branca... Águia Eterna, queres alimentar-me com tua divina substância, eu, ser pobre e pequeno, que voltaria ao nada se teu divino olhar deixasse de me dar vida a cada instante... Oh Jesus! Deixa-me no extremo da minha gratidão, deixa-me te dizer que teu amor vai até à loucura[75]... Como queres que, diante dessa loucura, meu coração deixe de se jogar em teus braços? Como pode minha confiança ter limites?... Ah! Sei, para Ti, os santos cometeram *loucuras* também, fizeram grandes coisas, pois eram *águias*...

264. Jesus, sou pequena demais para fazer grandes coisas... e minha *loucura* pessoal é esperar que teu Amor me aceite como vítima... Minha *loucura* consiste em suplicar às Águias, minhas irmãs, que consigam para mim o favor de voar para o Sol do Amor com as próprias asas da Águia divina...

---

72. Cf. Manuscrito A, 235, e João da Cruz, CE, estrofe XXVIII e *Explicação*, pp. 394-396.

73. Cf. PN 43, 7, para o Natal de 1896.

74. Empregado sessenta e cinco vezes nos Escritos, *atrair* indica habitualmente uma iniciativa de amor, no Manuscrito A (136, 227, 235), mas sobretudo no Manuscrito C com seu longo epílogo 34f /36f. Cf. Cartas 141,2f; 147,2v; PN 17,2; 18,53; 32,2; 54,2 e 4; Pri 3; RP 1, 3v, 10v, 12f; RP 2,3r, 7v. 8f; RP 8,6v etc.

75. Depois de ter admitido tantas loucuras em seu amor (3r, 4v e 5v), Teresa devolve o elogio a Jesus para defender-se: como poderia não ter respondido à *loucura* da Cruz? Fala frequentemente de loucura a respeito do amor de Deus (Manuscrito A, 147, 235, 237; Cartas 85v; 93v; 96,1v; 169,1v, 2r; 225,1v; PN 17,13; 24,26).

Enquanto quiseres[76], ó meu Bem-amado, teu passarinho ficará sem forças e sem asas, com os olhos sempre fixos em Ti. Quer ser fascinado pelo teu olhar divino, quer tornar-se a *presa* do teu Amor... Um dia, espero, Águia adorada, virás buscar teu passarinho e, subindo com ele ao Lar do Amor, mergulharás para sempre no ardente Abismo desse Amor a quem se ofereceu como vítima...

....

265. Ó Jesus! Como posso dizer a todas as *pequenas almas*[77] quanto é inefável a tua condescendência[78]... sinto que, embora seja impossível, se tu encontrasses uma alma mais fraca, menor que a minha, terias prazer em cumulá-la de favores ainda maiores, caso ela se abandonasse com inteira confiança à tua misericórdia infinita. Mas por que desejar comunicar teus segredos de amor, ó Jesus? Não foste tu quem os ensinaste a mim e não podes revelá-los aos outros?... Sim, sei, e te suplico para fazê-lo, te suplico que abaixes teu olhar divino sobre um grande número de *pequenas almas*... Suplico-te escolher uma legião de *pequenas* vítimas dignas do teu AMOR!...

A *pequenina* Irmã Teresa do Menino Jesus da Sagrada Face
religiosa carmelita ind.

---

76. Por amor, Teresa não quer adiantar o momento fixado por Jesus para o encontro (cf. Cartas 103; CJ 9.6.5; 7.7.8; 1.8.5 etc.).

77. Após ter falado só em seu próprio nome, até aqui, Teresa passa agora a universalizar sua mensagem. Esses "*segredos de amor*", Jesus os revelará a outros, o que ela lhe suplica fazer, a fim de que haja "*uma legião de pequenas almas dignas do teu Amor*", que enfrentarão as "*poderosas legiões*" de Lúcifer (cf. RP 7,4v).

É preciso reler, a seguir, o que diz Teresa na primeira parte do Manuscrito B (243), as objeções de Maria (LC, 170; cf. *Obras completas*, LT 197, n. 1), a quem admira de longe e a resposta complementar de Teresa (Cartas, 197), verdadeira carta das "*pequenas almas*".

78. Palavra pouco encontrada em Teresa mas que, sempre, indica ao mesmo tempo a distância e a proximidade amorosa (Manuscrito A, 204; Cartas 224, 2f).

MANUSCRITO ENDEREÇADO A MADRE MARIA DE GONZAGA

MANUSCRITO C

1. ABERTURA DE ÂNIMO À NOVA PRIORA (1897)

J.M.J.T.

266. Querida Madre, manifestastes o desejo de que eu termine de cantar convosco as Misericórdias do Senhor[1]. Comecei este doce canto com vossa filha querida, Inês de Jesus, que foi a mãe encarregada por Deus de guiar-me na minha infância. Portanto, era com ela que eu devia cantar as graças concedidas à florzinha da Santíssima Virgem, quando na primavera da vida. É convosco que devo cantar a felicidade desta florzinha agora que os tímidos raios da aurora deram lugar aos ardores do meio-dia[2]. Sim, é convosco, Madre querida, é para atender ao vosso desejo que vou tentar redizer os sentimentos da minha alma, minha gratidão para com Deus e para convosco que o representais visivelmente. Não foi nas vossas mãos maternas que me entreguei inteiramente a Ele? Oh, Madre! Tendes lembrança daquele dia?[3]... Sim, sinto que vosso coração não poderia esquecê-lo... Devo esperar o belo Céu, pois não encontro palavras capazes de expressar[4] o que aconteceu em meu coração naquele dia bendito.

267. Madre querida, há um outro dia em que minha alma se uniu ainda mais à vossa, se isso fosse possível, foi o dia em que Jesus vos impôs novamente o fardo do superiorado[5]. Naquele dia, Madre querida, semeastes nas lágrimas, mas no Céu sereis cumulada de

---

1. Teresa estabelece uma correlação direta com seu primeiro manuscrito (cf. *supra*, Manuscrito A, 1, n. 3). Não para de cantar: os Manuscritos, assim como as Poesias, são um "cântico de amor", uma "*melodia do céu*" (302; cf. Manuscrito A, Explicação das Armas, p. 161).

2. *Arder* volta quarenta e oito vezes nos Escritos.

3. Dia da sua profissão 8/9/1890. Ver a carta de Madre Maria de Gonzaga, LD 840, em CG, pp. 580 s.

4. Teresa tem sempre o sentimento do *inefável* e do que não se pode dizer (Manuscrito A, 50, 83; Manuscrito B, 240/244. Cf. *Carmelo*, 1957, pp. 253-265).

5. A difícil eleição de Madre Maria de Gonzaga para o priorado, em 21/3/1896. Embora Madre Inês não fosse reeleita, Teresa manifestou lealdade total para com a nova (e antiga) priora.

184   Manuscrito C

alegria ao vos apresentardes carregada de feixes preciosos. Oh, Madre, perdoai minha simplicidade infantil[6], sinto que me permitis falar-vos sem procurar distinguir o que é ou não é permitido a uma jovem religiosa dizer à sua priora. Talvez não me contenha sempre nos limites prescritos aos subalternos, mas, querida Madre, ouso dizê-lo, é por culpa vossa, tenho convosco atitudes de criança[7] porque não agis comigo como priora mas como mãe...

268. Ah! Sinto perfeitamente, querida Madre, é Deus que me fala por vosso intermédio. Muitas irmãs pensam que me tendes mimado. Que, desde minha chegada à arca santa, só recebi de vós carícias e agrados. Mas não é bem assim. Vereis, Madre, no caderno em que relato minhas lembranças de infância[8], o que penso da educação *forte* e materna que recebi de vós. Do mais profundo do meu coração, vos agradeço por não me terdes poupado. Jesus sabia muito bem que sua florzinha precisava da água vivificante da humilhação[9], era fraca demais para criar raiz sem essa ajuda, e foi por vós, Madre, que esse benefício lhe foi dado.

269. Há um ano e meio, Jesus quis mudar a maneira de cultivar sua florzinha. Achou-a, sem dúvida, bastante regada; resolveu que ela precisava de *sol* para crescer. Doravante, Jesus só quer dar a ela o seu sorriso e o dá por vós, Madre querida. Esse sol suave, longe de fazer murchar a florzinha, a faz crescer maravilhosamente. No fundo do seu cálice, ela conserva as preciosas gotas de orvalho que já recebeu, e essas gotas recordam-lhe sempre que é pequena e fraca... Todas as criaturas podem inclinar-se para ela, admirá-la, cobri-la de elogios; sem saber por quê, tudo isso não acrescenta uma única gota de falsa alegria à alegria verdadeira que saboreia em seu coração, por se ver o que é[10] aos olhos de Deus: apenas um pobre nadinha, nada mais...

---

6. A *simplicidade* da pomba não exclui a prudência da serpente... para navegar no meio dos escolhos, entre suas duas Madres (cf. Cartas 190).

7. Teresa define com poucas palavras seu relacionamento com Madre Maria de Gonzaga, a quem conhece desde os nove anos de idade e que acreditou em sua vocação (Manuscrito A, 83); a priora tratou-a como filha (CG, pp. 135 e 145-146), embora se tenha mostrado muito severa em relação a Teresa nos primeiros tempos dessa no Carmelo (cf. Manuscrito A, 197).

8. A nova priora não tinha lido ainda o Manuscrito A; cf. *supra*, 194-195 e 197, n. 314.

9. Cf. Manuscrito A, 88 e 95. É preciso certa ousadia para dizer à priora que foi por meio dela que *"esse favor lhe foi concedido"*.

10. Texto paralelo em CJ 21.7.4; cf. DE, p. 382.

Digo não entender por quê, mas não seria por ter sido preservada da água dos elogios enquanto seu pequeno cálice não fosse repleto do orvalho da humilhação? Agora[11], o perigo passou. A florzinha acha tão delicioso o orvalho do qual está repleta que não o trocaria de forma alguma pela água insípida dos elogios.

270. Não quero falar, Madre querida, do amor e da confiança que me manifestais[12]. Não pensai que o coração da vossa filha esteja insensível a eles, mas sinto não ter nada a temer agora, pelo contrário, posso gozar deles, atribuindo a Deus o que Ele se dignou pôr de bom em mim. Se lhe agrada fazer-me parecer melhor do que sou, isso não me diz respeito. Ele é livre[13] para agir como quer... Oh, Madre! Como são diferentes os caminhos pelos quais o Senhor conduz as almas! Na vida dos santos, vimos que muitos não quiseram deixar nada de si depois da morte, nem o mínimo escrito, nem a mínima lembrança. Outros, pelo contrário, como nossa Madre santa Teresa, enriqueceram a Igreja com suas sublimes revelações, sem receio de contar os segredos do Rei, para que seja mais conhecido, mais amado pelas almas. Qual desses dois gêneros de santos agrada mais a Deus? Parece-me, Madre, que os dois lhe são igualmente agradáveis, pois todos seguiram o impulso do Espírito Santo, e que o Senhor disse: Dizei ao Justo que está *Tudo* bem. Sim, tudo está bem quando se procura apenas a vontade de Jesus. Eis por que eu, pobre florzinha, obedeço a Jesus procurando agradar a minha Madre querida.

271. Sabeis, Madre, que sempre desejei ser santa[14], mas ai!, sempre constatei, quando me comparei com os santos, haver entre eles e mim a mesma diferença que existe entre uma montanha cujos cimos se perdem nos céus e o obscuro grão de areia[15] pisado pelos

---

11. A repetição deste advérbio (treze vezes no Manuscrito C; cf. DE, p. 43) mostra como Teresa tem consciência de ter atingido um ponto sem regresso, e o grau de liberdade espiritual a que chegou.

12. Por ter indicado Teresa para tomar conta das noviças (sem o título de mestra), e por lhe pedir que escrevesse seus pensamentos (com a confiança de Maria de Gonzaga, cf. Maria da Trindade, PA, pp. 494 s, e PO, p. 471).

13. Teresa insiste três vezes no Manuscrito C sobre a *liberdade* de Deus (cf. 286 e 304). Teresa possui um sentido equilibrado dessa liberdade que nada tem de arbitrária, que dirige a "predestinação", mas que não prejudica a ninguém, sendo que existe a comunhão dos santos, em que todos se enriquecem pela predestinação *livre* de cada um (cf. Cartas 36,2v; 57,1v; 103; Manuscrito A, 1-5).

14. Cf. Manuscrito A 99, 103; Cartas 45,1v; 52,1v; 80; Or 6,11; PN 20,5; RP 8,3v, 4r; LC 77, em CG, p. 346; e CG, pp. 533 s, Orações, p. 92.

186   Manuscrito C

transeuntes. Em vez de desanimar, disse para mim mesma: Deus não poderia inspirar desejos irrealizáveis[16], portanto posso, apesar da minha pequeneza, aspirar à santidade; não consigo crescer, devo suportar-me como sou, com todas as minhas imperfeições; mas quero encontrar o meio de ir para o Céu por uma via muito direta, muito curta, uma pequena via[17], totalmente nova. Estamos num século de invenções. Agora, não é mais preciso subir os degraus de uma escada, nas casas dos ricos um elevador a substitui com vantagens. Eu também gostaria de encontrar um elevador[18] para elevar-me até Jesus, pois sou pequena demais para subir a íngreme escada da perfeição[19]. Procurei então, na Sagrada Escritura, a indicação do elevador, objeto do meu desejo, e li estas palavras da eterna Sabedoria: Quem for *pequenino*[20], venha cá; ao que falta entendimento vou falar. Vim, então, adivinhando ter encontrado o que procurava[21] e querendo saber, ó Deus, o que faríeis ao pequenino que respondesse a vosso apelo, continuei minhas pesquisas e eis o que achei: A mim como a mãe acaricia seu filho, eu vos consolarei, vos levarei ao meu peito e vos acalentarei sobre meus joelhos! Ah! Nunca palavras mais suaves, mais melodiosas, vieram alegrar minha alma. O elevador que deve elevar-me até o Céu são vossos braços[22], ó Jesus! Para isso, eu não preciso crescer, pelo contrário, preciso permanecer pequena[23], que o venha a ser sempre mais.

---

15. Esse símbolo privilegiado de Teresa desde março de 1888 tinha sumido desde sua profissão e aqui reaparece (cf. *Obras completas*, Cartas 45, n. 4; Cartas 104, n. 2; CG, pp. 349 + d e 1.170).

16. Uma das grandes molas do pensamento e da vida de Teresa (Manuscrito A, 200; Manuscrito C, 311, 329; cf. LD 620 de 21/10/1887, CG, p. 251).

17. Único lugar nos Escritos de Teresa em que ela fala de uma "*pequena via*"; nunca usa a célebre expressão: "a infância espiritual".

18. Teresa e Celina divertiram-se muito nos elevadores durante a viagem a Roma. Porém, o termo é empregado pela primeira vez só em 23/5/1897 (Cartas 229; cf. CG, p. 989 + c).

19. Cf. Cartas 258, 240.

20. Cf. Manuscrito B, 240.

21. O verbo *procurar* aparece cento e vinte e duas vezes nos Escritos; essa tenacidade é para Teresa uma das chaves da perfeição, segundo demonstra, em particular, esta passagem. Cf. Manuscrito A, 70, 99, 139, 155, 168; Manuscrito B, 253, 254, 256, 258; Cartas 104; 167; PN 23,1; RP 6,5v; RP 8,5r; Or 2 etc.

22. Cf. o testemunho de Maria da Trindade (PA, p. 488; cf. VT, n. 73, p. 64).

23. A expressão encontra-se nos seguintes escritos, por ordem cronológica: Cartas 141, 1v (dv. n. 2); 154v; RP 1, 12v; PN 11,3; 13,5; 31,4; 45,4; 54,6; Cartas 242 e aqui. Cf. CJ 18.4.1; 6.8.8; 7.8.4; 25.9.1; PO, pp. 467 s.

ABERTURA DE ÂNIMO À NOVA PRIORA — 187

272. Ó meu Deus, superastes minha expectativa e quero cantar as vossas misericórdias. "Vós me instruístes, ó Deus, desde a minha juventude, e até agora proclamo as vossas maravilhas; e também até à velhice, até à canície continuarei a publicá-las." Qual será para mim essa idade avançada? Parece-me que poderia ser agora, pois 2.000 anos não são mais que 20 aos olhos do Senhor... que um dia... Ah! Não creiais, Madre querida, que vossa filha deseja vos deixar... não creiais que considera como graça maior a de morrer na aurora em vez de no crepúsculo. O que aprecia, o que deseja unicamente é *agradar* a Jesus[24]... Agora que Ele parece aproximar-se dela a fim de atraí-la para a sua glória, vossa filha se alegra. Há muito compreendeu que Deus não precisa de ninguém (menos ainda dela que dos outros) para realizar o bem na terra[25].

Perdoai-me, Madre, se vos entristeço... ah!, gostaria tanto de vos alegrar... mas credes que se vossas orações não são atendidas na terra, se Jesus separa por *alguns dias* a criança da mãe, essas orações não serão atendidas no Céu?...

273. Vosso desejo, sei, é que eu cumpra junto a vós uma missão[26] muito suave, muito fácil; mas não poderia eu terminá-la do alto do Céu?... Como Jesus disse um dia a são Pedro, vós dissestes à vossa filha: "Apascenta meus cordeirinhos". Espantei-me e vos disse "ser eu *pequena* demais"... supliquei para que vós mesma apascentásseis vossos pequenos cordeiros e me guardásseis, me apascentásseis, por favor, com eles. E vós, Madre querida, atendendo *um pouco* ao meu justo desejo, guardastes os cordeirinhos com as ovelhas[27], mas ordenando-me que fosse muitas vezes fazê-las pastar na *sombra*, que lhes indicasse as melhores ervas e as mais fortificantes, que lhes mostrasse as flores brilhantes que nunca devem tocar a não ser para esmagá-las com os pés... Não receastes, Madre querida, que eu

---

24. *Agradar a Jesus*: cf. *supra*, Manuscrito B, 248, n. 32; Manuscrito A, 132, 177, 208; Manuscrito B, 257; Manuscrito C, 281, 292; Cartas 78v; 93v; 143v; 149,2v; 160,2r; 161v; 165,2v; 241; 257v; Or 6; CJ 9.5.3 (e DE, p. 418); 15.5.2; 30.7.3; 4.8.8.

25. O polo negativo da doutrina das "*mãos vazias*" que, para Teresa, coexiste com o desejo e certeza de poder "*fazer o bem na terra depois da morte*" (CJ 13.7.17; 17.7). Cf. Cartas 221,3r; Pri 17,18.

26. Junto às noviças, oficialmente, desde 21/3/1896. Teresa parece ter recusado o título de mestra das noviças, por prudência, perante a priora e a comunidade. Em setembro de 1893, pedira para prolongar seu tempo de noviciado (cf. CG, pp. 725 e 728 + h), onde ficou até a morte.

27. As noviças com as professas.

extraviasse vossos cordeirinhos; minha inexperiência, minha juventude não vos atemorizaram. Talvez tenhais recordado que, muitas vezes, o Senhor se compraz em conceder a sabedoria aos pequenos e que, um dia, num impulso de alegria, bendisse a seu Pai por ter ocultado seus segredos aos sábios e tê-los revelado aos pequenos. Sabeis, Madre querida, pouco raras são as almas que não medem o poder de Deus segundo seus próprios pensamentos, aceitam que em todo lugar na terra haja exceções, mas recusam a Deus o direito da fazê-las. Sei que essa maneira de [medir] a experiência aos anos vividos se pratica há muito tempo entre os humanos, pois na sua adolescência o santo rei Davi cantava ao Senhor: "Sou *jovem* e desprezado". No mesmo salmo 118, não receia dizer: "Tornei-me mais prudente que os anciãos: porque busquei vossa vontade... Vossa palavra é a lâmpada que ilumina meus passos... Estou pronto para cumprir vossas ordens; *nada me perturba...*"[28]

274. Madre querida, não receastes dizer-me, um dia, que Deus iluminava a minha alma, que até me dava a experiência dos *anos...* Oh, Madre! Sou *pequena demais* para ter vaidade agora, sou ainda *pequena demais* para elaborar belas frases para vos fazer crer que tenho muita humildade, prefiro acreditar, simplesmente, que o Todo-Poderoso fez grandes coisas na alma da filha de sua divina Mãe e a maior é ter-lhe mostrado a sua *pequeneza,* sua impotência. Madre querida, sabeis muito bem, Deus se dignou fazer minha alma passar por provações de diversas espécies, sofri muito desde que estou na terra, mas se, na minha infância, sofri com tristeza não é mais assim que sofro atualmente, é na alegria e na paz. Sou verdadeiramente feliz em sofrer[29]. Oh, Madre, é preciso que conheçais todos os segredos da minha alma para não sorrirdes ao lerdes estas linhas, pois será que existe uma alma menos provada que a minha, se julgarmos pelas aparências? Ah! Se a provação que sofro há um ano aparecesse aos olhares, que surpresa!...

Madre querida, sabeis qual é essa provação[30], mas vou falar-vos dela ainda, pois considero-a uma grande graça recebida sob vosso priorado abençoado.

---

28. As últimas palavras são sublinhadas, como para avisar o leitor para o que vai em seguida, pois, apesar disso (a doença e a provação da fé), "*nada a perturba*", graças à "*Palavra*" de Deus.

29. Cf. PN 54,16; Cartas 253; 254; DE, pp. 485, 500 (29.7.2).

30. Madre Maria de Gonzaga estava a par, portanto, dessa tentação contra a fé, iniciada em abril de 1896, de que Madre Inês só soube em 1897.

ABERTURA DE ÂNIMO À NOVA PRIORA

275. No ano passado[31], Deus permitiu-me o consolo de observar o jejum da Quaresma em todo o seu rigor[32]. Nunca me sentira tão forte e essa força manteve-se até a Páscoa. Porém, na Sexta-Feira santa[33], Jesus deu-me a esperança de ir vê-lo, em breve, no Céu... Oh! Como me é suave essa lembrança!... Após ter ficado junto ao túmulo[34] até a meia-noite, regressei à nossa cela, mas apenas coloquei a cabeça no travesseiro, senti um fluxo subir, subir borbulhando até meus lábios. Não sabia de que se tratava, mas pensei que, talvez, fosse morrer e minha alma estava inundada de alegria... Mas, como nossa lâmpada estava apagada, disse a mim mesma que era preciso esperar o amanhecer para ter certeza da minha felicidade, pois parecia-me ser sangue que eu tinha vomitado. O amanhecer chegou logo[35]. Ao acordar, pensei imediatamente ter alguma coisa alegre a constatar. Perto da janela, pude verificar meu pressentimento... Ah! Minha alma ficou repleta de uma grande consolação; estava intimamente persuadida de que Jesus, no dia do aniversário da sua morte, queria me deixar perceber um primeiro chamado. Era como um suave e longínquo murmúrio que me anunciava a chegada do Esposo[36]....

Assisti com grande fervor à Prima e ao capítulo dos perdões[37]. Estava ansiosa para que chegasse a minha vez a fim de poder, pedindo perdão, confidenciar a vós, querida Madre, minha esperança e minha felicidade. Acrescentei que não tinha dor nenhuma (o que era verdade) e pedi-vos, Madre, que nada me désseis de particular. De fato, tive o consolo de passar a Sexta-Feira santa como eu queria[38]. Nunca as austeridades do Carmelo pareceram-me tão deliciosas. A esperança de chegar ao Céu arrebatava-me de alegria. À noite desse feliz dia, foi preciso repousar, mas Jesus deu-me o mesmo sinal de que meu ingresso na vida eterna[39] estava próximo...

---

31. Para suavizar o choque desse relato, em particular em relação à Madre Inês (cf. *Obras completas*, notas de Cartas 231, 232, 233), Teresa fala das suas hemoptises no clima de *alegria*; não deixa de ser sincera, embora o relato seja "mais bonito que a realidade".

32. Cf. *Obras completas*, o "Regime do Carmelo de Lisieux, em 1897".

33. Primeira hemoptise na noite de 2 para 3 de abril de 1896; a segunda, na tarde da sexta-feira, dia 3.

34. Andor da quinta-feira Santa.

35. Despertar às 5h45, até a Páscoa.

36. *Imitação*, III, 47, *Reflexões*.

37. Na Sexta-feira Santa, a priora falava, na sala do Capítulo, sobre a Caridade, e as irmãs pediam perdão mútuo e se abraçavam.

38. Maria da Trindade, que incrimina duramente Madre Maria de Gonzaga no PO (p. 462), testemunha o estado de Teresa naquele dia (cf. PA, p. 484).

39. Cf. Cartas 244; 258,1v; sobretudo RP 3,23r e *Recreios*, p. 339.

190 MANUSCRITO C

276. Gozava então de uma fé tão viva, tão clara, que o pensamento do Céu era toda a minha felicidade, não podia crer na existência de ímpios desprovidos de fé[40]. Acreditava[41] que falavam contra o próprio pensamento ao negar a existência do Céu, do belo Céu onde o próprio Deus quer ser a recompensa eterna. Nos dias tão alegres do tempo pascal, Jesus fez-me sentir[42] haver almas sem fé que, por abuso das graças, perdem esse precioso tesouro, fonte das únicas alegrias puras e verdadeiras. Permitiu que minha alma fosse invadida pelas mais densas trevas[43] e que a ideia do Céu, tão suave para mim, não passasse de tema de combate e tortura... Essa provação não devia durar apenas alguns dias, algumas semanas, só devia desaparecer na hora marcada por Deus e... essa hora não chegou ainda... Gostaria de poder expressar o que sinto, mas creio ser impossível. É preciso ter andado por esse túnel escuro para compreender a escuridão. Mas vou tentar explicar por meio de uma comparação.

277. Imagino ter nascido num país envolvido por um denso nevoeiro. Nunca contemplei o risonho aspecto da natureza, inundada, transfigurada pelo sol brilhante; desde minha infância, ouço falar dessas maravilhas, sei que o país em que estou não é a minha pátria, que existe outro com o qual devo sonhar sempre. Não se trata de uma história inventada por um habitante do triste país em que estou, mas é uma realidade comprovada, pois o Rei da pátria do sol brilhante veio viver 33 anos no país das trevas. Ai! As trevas não entenderam que esse Rei divino era a luz do mundo... Mas, Senhor, vossa filha entendeu vossa divina luz, pede-vos perdão pelos seus irmãos[44], aceita comer, pelo tempo que quiserdes, o pão da dor e não quer levantar-se desta mesa coberta de amargura onde comem os pobres pecadores[45] antes do dia marcado por vós... Mas não pode ela dizer

---

40. Por exemplo, o senhor Tostain, marido de Margarida Maudelonde (cf. Cartas 126, CG, p. 635 + a; DE, p. 551). Lembramos que Leo Taxil tirou a máscara dois meses antes (cf. TrH, p. 114).

41. Cf. Manuscrito A, 103.

42. *Sentir* (= experimentar) por oposição a *acreditava* (= imaginava). Teresa emprega muito esse verbo, especialmente no Manuscrito C.

43. Para Teresa, esta palavra possui toda a força joanina (Jn 1,5), já no momento da sua profissão (Manuscrito A, 217) e, sobretudo, oito vezes no Manuscrito C.

44. Cf. PN 46,4; PN 54,4. Depois de: "*Meu primeiro filho*" para Pranzini (Manuscrito A, 136), nota-se a mudança de expressão: a relação aprofunda-se.

45. É a aceitação total da vocação pressentida em 1887 (Manuscrito A, 134-135), confortada pelo caso Pranzini. Jesus deu o exemplo comendo à *mesa dos pecadores*.

em seu nome e em nome dos seus irmãos: Tendes piedade de nós, Senhor, pois somos pobres pecadores!?... Oh! Senhor, mandai-nos justificados para casa... Que todos aqueles que não estão iluminados pela luz resplandecente da fé[46] a vejam finalmente luzir... Ó Jesus, se for preciso que a mesa por eles maculada seja purificada por uma alma que vos ama, aceito comer sozinha o pão da provação até o momento que vos agradar introduzir-me em vosso reino luminoso. A única graça que vos peço é a de nunca vos ofender!...

278. Madre querida, o que vos escrevo não tem sequência lógica. Minha historiazinha que se assemelhava a um conto de fadas transformou-se de repente em oração. Não sei do interesse que teríeis em ler todos estes pensamentos confusos e mal expressos. Enfim, Madre, não escrevo uma obra literária, mas por obediência. Se vos aborreço, vereis, pelo menos, que vossa filha mostrou boa vontade. Portanto, e sem desanimar[47], vou prosseguir com minha comparação-zinha, a partir do ponto em que a deixei. Dizia que a certeza de, um dia, ir longe do país triste e tenebroso me fora dada na infância; não acreditava apenas no que ouvia dizer por pessoas mais instruídas que eu, mas sentia no fundo do meu coração aspirações por uma região mais bonita. Assim como o gênio de Cristóvão Colombo levou-o a pressentir a existência de um novo mundo quando ninguém tinha pensado nisso, também eu sentia que uma outra terra me serviria de morada estável, um dia. Mas, de repente, o nevoeiro que me envolve torna-se mais denso[48], invade minha alma e a envolve de tal maneira que não me é mais possível ver nela a imagem da minha pátria. Tudo se evaporou! Quando quero que meu coração, cansado das trevas que o envolvem, repouse com a lembrança do país luminoso ao qual aspiro, meu tormento aumenta. Parece-me que as trevas, pela voz dos pecadores, me dizem zombeteiras: "Sonhas com a luz, com uma pátria perfumada pelos mais suaves olores[49], sonhas com

---

46. No momento em que "*a luminosa tocha da fé*" se eclipsa para ela, uma outra luz surge em seu coração, "*a tocha da caridade*" (289; cf. CG, p. 885, e CSG, pp. 93-96).

47. Teresa nunca desanima; cf. Manuscrito B, 253; Manuscrito C, 271, 278, 300, 328; Cartas 26,2r; 143v; 150,2r; 202,2r; Or 7,20 e sobretudo CJ 6.4.2; 20.7.1; 4.8.4; 6.8.8.

48. No momento de descrever a mais rude experiência, Teresa adota uma linguagem poética que faz o leitor ressentir a acuidade dessa provação, com um final dramático que cai como um trinchante de guilhotina.

49. O *perfume* em Teresa vai muito além do seu valor sensual, como o demonstra a grande conclusão, quebrada pela morte, do presente Manuscrito (particularmente 338-339). Cf. Poesias, II, pp. 215 e 337; Orações, p. 72.

a *eterna* posse do Criador de todas essas maravilhas, acreditas um dia poder sair do nevoeiro que te envolve, avança, avança, alegra-te com a morte que não te dará o que esperas, mas uma noite ainda mais profunda, a noite do nada".

Madre querida, a imagem que quis vos dar das trevas que envolvem minha alma é tão imperfeita como um esboço comparado com o modelo. Porém, não quero escrever mais, receio blasfemar... receio até ter falado demais...

279. Ah! Que Jesus me perdoe se o magoei, mas ele sabe que, embora sem o gozo da Fé, procuro, pelo menos, realizar as obras. Creio ter feito mais atos de fé, neste último ano, do que em toda a minha vida[50]. A cada nova ocasião de luta, quando meus inimigos vêm me provocar, comporto-me com bravura; por saber que é covardia bater-se em duelo, viro as costas para meus adversários[51], sem dignar-me olhá-los de frente, mas corro para meu Jesus, digo-lhe que estou pronta para derramar até a última gota do meu sangue[52] para confessar que o Céu existe. Digo-lhe que estou feliz por não gozar desse belo Céu na terra a fim de que Ele o abra para a eternidade aos pobres incrédulos. Assim, apesar dessa provação que aparta de mim *todo o gozo*, posso clamar: "Senhor, vós me cumulais de *alegria*[53] por *tudo* o que fazeis" (Sl 91). Pois existe *alegria* maior que a de sofrer pelo vosso amor?... Mais interior é o sofrimento, menos aparece aos olhos das criaturas, mais ele vos alegra, ó meu Deus; mas se, por impossível que fosse, devêsseis ignorar meu sofrimento, ainda seria feliz de suportá-lo se, por meio dele, eu pudesse impedir ou reparar uma única falta cometida contra a Fé...

280. Madre querida, talvez vos pareça que exagero minha provação; de fato, se julgais a partir dos sentimentos expressos nas pequenas poesias que escrevi durante este ano, sou uma alma repleta de consolações e para quem o véu da fé está quase rasgado. Mas... não é mais um véu para mim, é um muro levantado até os céus e que encobre o firmamento estrelado... Quando canto a felicidade do Céu, a eterna posse de Deus, não sinto alegria alguma, pois só

---

50. Cf. Or 19, introdução às notas; CJ 10.8.7, n. 35.

51. Cf. RP 7, cena 3; *Recreios*, p. 252. No Manuscrito C, 292-293, em vez de desentender-se com irmã Marta, prefere *fugir*.

52. Cf. Or 19 e nota.

53. Em junho de 1897, Teresa (BT, p. 82) escreve este versículo também no final do Evangelho que conserva sempre sobre ela; cf. CJ 13.7.16. Cf. PN 45.

ABERTURA DE ÂNIMO À NOVA PRIORA   193

canto o que *quero crer*. Às vezes, é verdade, um raiozinho de sol vem iluminar minhas trevas; então, a provação cessa por *um instante*, mas depois a recordação desse raio, em vez de causar-me alegria, torna minhas trevas ainda mais densas.

Oh, Madre! Nunca senti tão bem como o Senhor é compassivo e misericordioso, só me mandou essa provação no momento em que tive a força para suportá-la, creio que, mais cedo, ela me teria mergulhado no desânimo... Agora, subtrai-me tudo o que poderia se encontrar de satisfação natural no desejo que tinha do Céu... Madre querida, parece-me que agora nada me impede de levantar voo, pois não tenho mais grandes desejos a não ser o de amar até morrer de amor... (9 de junho[54])

281. Madre querida, estou muito assustada vendo o que vos escrevi ontem. Que garranchos!... minha mão tremia tanto que me foi impossível prosseguir e agora até me arrependo por ter tentado escrever, espero hoje escrever de forma mais legível, pois não estou mais na cama, mas numa bonita poltrona branquinha.

Oh, Madre, sinto que tudo o que vos digo não tem ordem, mas sinto também a necessidade de, antes de vos falar do passado, falar-vos dos meus atuais sentimentos. Se adiar, perderei, talvez, a lembrança deles. Quero dizer-vos, inicialmente, quanto estou comovida por vossas delicadezas maternas. Ah! Acreditai, Madre querida, o coração da vossa filha está repleto de gratidão, nunca esquecerá o que vos deve...

Madre, o que mais me comove é a novena que estais fazendo para Nossa Senhora das Vitórias, as missas que mandais celebrar para minha cura. Sinto que todos esses tesouros espirituais fazem um bem imenso à minha alma. No início da novena, dizia-vos, Madre, que era preciso a Santíssima Virgem curar-me ou me levar para os Céus, pois achava muito triste para vós e para a comunidade ter o encargo de uma jovem religiosa doente; agora, aceito ficar doente a vida toda se isso for agradável a Deus e consinto, até, em que minha vida seja muito longa. A única graça que desejo é que ela seja interrompida pelo amor[55].

282. Não! Não receio uma vida longa, não recuso a luta pois o Senhor é a rocha na qual estou erigida, ele é quem adestra minhas mãos para a liça e meus dedos para a guerra. Nunca pedi a Deus

---

54. Segundo aniversário da *Oferenda ao Amor Misericordioso*. A data a lápis, registrada por Teresa, parece tardia. Cf. também CJ 9.6.2.
55. Cf. CJ 27.7.5, que cita João da Cruz (*Viva Chama*, 1,6 e p. 157); DE, pp. 492-495.

194 Manuscrito C

para morrer jovem[56], mas é verdade que sempre esperei que seja essa a vontade Dele. Muitas vezes, o Senhor contenta-se com o desejo de trabalhar para sua glória[57] e sabeis, Madre, que meus desejos são muito grandes. Sabeis também que Jesus me ofereceu mais de um cálice amargo que afastou dos meus lábios antes de eu bebê-lo, não sem antes me fazer provar seu amargor[58]. Madre querida, o santo rei Davi tinha razão quando cantava: "Oh! Como é belo, como é prazeroso o convívio de muitos irmãos juntos!" Senti isso muitas vezes, mas é no meio dos sacrifícios que essa união deve acontecer na terra. Não foi para viver com minhas irmãs[59] que vim para o Carmelo, foi unicamente para atender ao chamado de Jesus; ah!, pressentia que seria um motivo de sofrimento contínuo viver com as próprias irmãs, quando não se quer conceder nada à natureza.

283. Como se pode dizer ser mais perfeito afastar-se dos seus?... Já se censurou irmãos por combaterem no mesmo campo de batalha? Já os censuraram por colher juntos a palma do martírio?... Julgou-se, sem dúvida e com razão, que eles se animavam mutuamente; mas o martírio de cada um passava a ser o de todos. Assim é na vida religiosa, que os teólogos chamam de martírio. Ao dar-se a Deus, o coração não perde sua natural ternura, pelo contrário, essa ternura cresce ao tornar-se mais pura e mais divina.

Madre querida, é com essa ternura que vos amo, que amo minhas irmãs; estou feliz por combater *em família*[60] para a glória do Rei dos Céus, mas estou disposta também a voar para outro campo de batalha se o Divino General me manifestar o desejo. Não haveria necessidade de uma ordem, bastaria um olhar, um simples sinal.

284. Desde meu ingresso na arca abençoada[61], sempre pensei que se Jesus não me levasse logo para o Céu o destino da pombinha

---

56. Cf. CJ 13.7.13; 27.7.14; Cartas 258, 1v. Teresa sempre gostou dos santos e dos mártires jovens: Cecília, Inês, Joana d'Arc, Théophane Vénard, Tarcísio, Estanislau Kostka, os Santos Inocentes.

57. Cf. Cartas 213.2v; 218,1v; 220,1v,2r. Cf. RP 8, n. 20; VT, n. 99, p. 147. *Trabalhar* é rezar e imolar-se.

58. O desejo de Teresa, repetindo as palavras da *Imitação* (Manuscrito A, 113), realizou-se (Manuscrito A, 95).

59. Cf. Manuscrito A, 26r. Teresa manteve uma grande reserva em relação às suas irmãs no Carmelo. Cf. CJ 3.8.6; PA, p. 189; PO, p. 417.

60. O grifo de *em família* prova que Teresa quer insistir no fato de que sua família não são suas irmãs Martin, mas todas as irmãs do convento.

61. Portanto, Teresa tem pensado há muito em partir para as missões (CG, pp. 634 + g; 728 + d), pelo menos desde a sua profissão, em 1890. O que, aliás, correspondia a um desejo de infância (PA, p. 231).

de Noé seria o meu. Que um dia, o Senhor abriria a janela da arca e me mandaria voar para muito longe, para praias infiéis levando comigo o raminho de oliveira. Madre, esse pensamento fez crescer minha alma, fez-me planar acima de todo o criado. Compreendi que até no Carmelo poderia haver separações, que só no Céu a união seria completa e eterna. Quis, então, que minha alma morasse nos Céus[62], que só olhasse de longe as coisas da terra. Não só aceitei exilar-me no meio de um povo desconhecido, mas — o que me era *muito mais amargo* — aceitei o exílio para minhas irmãs. Nunca me esquecerei de 2 de agosto de 1896. Naquele dia, o da partida dos missionários[63], falou-se seriamente da [partida] de Madre Inês de Jesus. Ah! Não queria fazer um só gesto para impedi-la de partir; embora sentisse uma grande tristeza em meu coração, achava que sua alma tão sensível, tão delicada, não era feita para viver no meio de almas que não saberiam compreendê-la. Mil outros pensamentos acorriam numerosos ao meu espírito e Jesus permanecia calado[64], não dava ordens à tempestade.... Eu lhe dizia: Meu Deus, por amor a vós, aceito tudo; se o quiserdes, posso morrer de tristeza. Jesus contentou-se com a aceitação, mas, alguns meses depois, falou-se da partida de Irmã Genoveva e de Irmã Maria da Trindade. Foi então outro gênero de sofrimento, muito íntimo, muito profundo. Imaginava todas as provações, todos os sofrimentos que elas teriam de encontrar. Enfim, meu céu estava carregado de nuvens... só o fundo do meu coração ficava no sossego e na paz.

285. Madre querida, vossa prudência soube descobrir a vontade de Deus e, em nome Dele, proibistes às vossas noviças de pensar agora em deixar o berço da infância religiosa. Mas compreendíeis as aspirações delas sendo que vós mesma, Madre, havíeis pedido, na juventude, para ir para Saigon[65]. É assim, muitas vezes, que o desejo das mães encontra eco na alma dos filhos. Oh, Madre querida, vosso desejo apostólico encontra em minha alma um eco muito fiel, bem o sabeis. Deixai que vos confidencie o motivo de eu ter desejado e ainda desejar, caso a Santíssima Virgem me cure, trocar por uma terra estrangeira o delicioso oásis onde vivo tão feliz sob vosso olhar materno.

---

62. Cf. *Imitação* II, 1,4.
63. O padre Roulland embarcava em Marselha para a China (cf. CG, pp. 855 ss, 872-880).
64. Cf. BT, pp. 187-190.
65. Em 1861 ou 1892. Cf. Cartas 221,2v, e AL, n. 641.

Madre, já me dissestes que para viver em Carmelos estrangeiros é preciso ter uma vocação toda especial. Muitas almas pensam ser chamadas sem o ser de fato. Dissestes-me também que eu tinha essa vocação e que só minha saúde era empecilho. Sei que esse obstáculo sumiria se Deus me chamasse para uma terra longínqua; portanto, vivo sem preocupações. Se eu precisar, um dia, deixar meu querido Carmelo, ah!, não seria sem ferida, Jesus não me deu um coração insensível, mas é justamente por ser capaz de sofrer que desejo que ele dê a Jesus tudo o que pode dar. *Aqui*, Madre querida, vivo sem preocupação alguma com os cuidados da miserável terra. Só tenho de cumprir a suave e fácil missão que me confiastes. *Aqui*, estou suprida das vossas atenções maternas, não sinto a pobreza, nunca me faltou coisa alguma. Mas *aqui*, sobretudo, sou amada, de vós e de todas as irmãs, e esse afeto me é muito agradável. Eis por que sonho com um mosteiro onde não seria conhecida[66], onde teria de sofrer pobreza, falta de afeto, enfim, no exílio do coração.

286. Ah! Não foi para prestar serviços ao Carmelo que quisesse receber-me que eu deixaria tudo o que me é caro; sem dúvida, faria tudo o que dependesse de mim, mas conheço minha incapacidade[67] e sei que, fazendo o melhor que eu puder, não chegaria a fazer muito e bem, por não ter, como dizia há pouco, conhecimento algum das coisas da terra. Minha única finalidade seria cumprir a vontade de Deus, sacrificar-me por Ele da maneira que lhe fosse agradável.

Sinto que eu não teria decepção nenhuma, pois, quando se espera um sofrimento puro e sem mistura, a menor alegria torna-se uma surpresa e, vós o sabeis Madre, o próprio sofrimento passa a ser a maior das alegrias quando é buscado como o mais precioso dos tesouros.

Oh, não! Não é para usufruir os meus trabalhos que quero partir; se tal fosse minha finalidade, não sentiria essa doce paz que me inunda e até sofreria por não poder realizar a minha vocação para as missões longínquas. Há muito, não me pertenço, entreguei-me totalmente a Jesus[68]. Portanto, Ele é livre para fazer de mim o que

---

66. Teresa sonha com a mais difícil condição possível ("*pobreza, falta de afeto, exílio do coração*"), correspondendo à vida quase de eremita de que falava outrora com Celina (cf. CG, p. 728 + d). Cf. *Imitação*, II,9, e PO, p. 467.

67. Teresa era tida por vagarosa e pouco prática; cf. por exemplo CJ 15.5.6 e 13.7.18. Não é para pregar ou "*prestar serviços*" que deseja partir; nas missões, o ideal carmelitano continua idêntico: amar e *sacrificar-se*.

68. Para Teresa, é o período derradeiro do *abandono* pleno que enche essas duas páginas (285-286).

quiser. Deu-me a atração por um exílio completo, fez-me *compreender todos os sofrimentos* que eu encontraria, perguntou-me se estava pronta a esgotar o cálice da amargura. Quis tomar logo essa taça mas, puxando-a da minha mão, fez-me entender que a aceitação lhe era suficiente.

287. Oh, Madre, de quantas dúvidas nos livramos pelo voto da obediência! Como as simples religiosas são felizes, tendo por única bússola a vontade das suas superioras, estão sempre seguras de estar no caminho certo, não receiam errar mesmo quando lhes parece óbvio que as superioras se enganam[69]. Quando, porém, alguém para de olhar para a bússola infalível, quando se afasta do caminho que ela aponta, sob pretexto de fazer a vontade de Deus que não está esclarecendo direito quem o representa, logo a alma se perde nos caminhos áridos onde a água da graça passa logo a fazer falta.

Madre querida, sois a bússola que Jesus me deu para levar-me seguramente ao porto eterno. Como me é agradável fixar em vós o meu olhar e cumprir a vontade do Senhor. Depois que Ele permitiu que eu sofresse tentações contra a fé, aumentou muito, em meu coração, o espírito de fé que me faz não apenas ver em vós uma mãe que me ama e que amo, mas sobretudo que me faz ver em vossa alma o Jesus vivo que me comunica a sua vontade por vosso intermédio. Sei muito bem, Madre, que me tratais como alma fraca, menina mimada; por isso, não tenho dificuldade em carregar o fardo da obediência. Mas parece-me, pelo que sinto no fundo do meu coração, que eu não alteraria minha conduta e que meu amor por vós não sofreria diminuição alguma se preferisses tratar-me severamente; pois ainda veria que se trata da vontade de Jesus que ajais assim para o maior bem da minha alma.

288. Este ano, Madre querida, Deus deu-me a graça de compreender o que é a caridade[70]. Compreendia antes, mas de maneira imperfeita, não tinha aprofundado esta palavra de Jesus: "O segundo

---

69. Teresa não admite que as noviças critiquem a priora (cf. PO, p. 453; VT, n. 101, p. 45).

70. Pode-se pensar que o encargo quase oficial do noviciado (março de 1896), a adoção efetiva de Maurice Bellière (primeira carta em outubro), a ajuda a Maria do Santíssimo Sacramento (março de 1896) muito ensinaram a Teresa no plano da fraternidade (cf. *Recreios*, p. 404, 4r, 9-13). Segundo Madre Inês, falar da caridade fraterna foi a primeira ideia de Teresa quando iniciou o Manuscrito (PA, p. 173). Segundo Maria da Trindade, teria desejado, inicialmente, comentar o Cântico dos Cânticos (CSM).

[mandamento] é *semelhante* a este: 'Ama ao teu próximo[71] como a ti mesmo'". Dedicava-me, sobretudo, a amar a Deus e foi amando-o que compreendi que não devia deixar que meu amor se traduzisse apenas em palavras, pois: "Nem todo o que me diz: 'Senhor, Senhor', entrará no reino dos céus, mas o que faz a vontade de meu Pai que está nos céus". Essa vontade, Jesus a deu a conhecer muitas vezes, deveria dizer quase a cada página do seu Evangelho; mas na última ceia, quando sabe que o coração dos seus discípulos arde de maior amor por Ele que acaba de dar-se a eles no inefável mistério da sua Eucaristia, esse doce Salvador quer dar-lhes um novo mandamento. Diz-lhes com indizível ternura: "Dou-vos um mandamento novo: que vos ameis uns aos outros; que, *assim como eu vos amei, vós também vos ameis uns aos outros*[72]. E nisto precisamente todos reconhecerão que sois meus discípulos: se tiverdes amor uns pelos outros".

De que maneira Jesus amou seus discípulos e por que os amou? Ah! Não eram suas qualidades naturais que podiam atraí-lo, havia entre eles e Ele uma distância infinita. Ele era a ciência, a Sabedoria Eterna; eles eram pobres pescadores ignorantes e cheios de pensamentos terrenos. Contudo, Jesus os chama de amigos, de irmãos[73], quer vê-los reinar com Ele no reino do seu Pai e, para abrir-lhes esse reino, quer morrer numa cruz, pois disse: Não há amor maior que dar a vida por aquele a quem se ama.

289. Madre querida, ao meditar essas palavras de Jesus, compreendi como era imperfeito o meu amor para com minhas irmãs, pois não as amava como Deus as ama. Ah! Compreendo agora que a caridade perfeita consiste em suportar os defeitos dos outros[74], não se surpreender com suas fraquezas, edificar-se com os menores atos de virtude que os vemos praticar. Compreendi, sobretudo, que a caridade não deve ficar presa no fundo do coração[75]. Ninguém,

---

71. O *próximo* não é palavra que pertença o vocabulário de Teresa; só aparece nesta passagem e mais uma vez em CJ 9.5.2.

72. Numa grafia inclinada e com grifos, essas palavras de Jesus (e essencialmente o *como*) são a alavanca dessa grande exegese da caridade (BT, pp. 245 s, e Salmos 7). Frase escrita num dos muros, no lugar do recreio, onde Teresa pôde lê-la duas vezes ao dia durante nove anos.

73. Antíteses muito teresianas: "*a ciência, a Sabedoria eterna*" que transforma "*pescadores ignorantes*" em seus *amigos, seus irmãos*.

74. Teresa elabora uma espécie de sumário dos pensamentos que irá desenvolver sobre a vida em comunidade.

75. Cf. palavras relatadas por Maria da Trindade, em VT, n. 77, pp. 53 s.

ABERTURA DE ÂNIMO À NOVA PRIORA   199

disse Jesus, acende uma candeia para colocá-la debaixo do alqueire, mas sobre o candelabro, e assim alumia a quantos estão em casa (Mt 5,15). Parece-me que essa candeia representa a caridade que deve alumiar, alegrar, não só os que me são mais caros, mas *todos*[76] os que estão em casa, sem excetuar ninguém.

290. Quando o Senhor ordenou a seu povo amasse ao próximo como a si mesmo, não tinha vindo ainda à terra. Mas, sabendo até que grau se ama a si mesmo, não podia pedir às suas criaturas amor maior para com o próximo. Quando Jesus deu a seus discípulos um mandamento novo, *o Seu mandamento*, como diz adiante, não é mais amar ao próximo como a si mesmo que ele ordena, mas amá-lo como *Ele, Jesus, o amou*, como o amará até o final dos séculos...

Ah, Senhor! Sei que não ordenais nada impossível[77], conheceis minha fraqueza e minha imperfeição melhor que eu mesma; bem sabeis que nunca poderia amar as minhas irmãs como vós as amastes, se *vós mesmo*, ó meu Jesus, não as *amasses em mim*. É porque queríeis me conceder essa graça que fizestes um mandamento *novo*. Oh! Como o amo sendo que me dás a certeza de que vossa vontade é *amar em mim* todos aqueles que me ordenastes amar!....

Sinto que quando sou caridosa é só Jesus que age em mim; mais unida fico a Ele, mais amo todas as minhas irmãs. Quando quero aumentar em mim esse amor, quando o demônio, sobretudo, procura colocar perante os olhos da alma os defeitos de tal ou qual irmã que me é menos simpática, apresso-me em procurar ver suas virtudes, seus bons desejos. Penso que, se a vi cair uma vez, bem pode ter conseguido muitas vitórias que ela esconde por humildade, e que mesmo aquilo que para mim parece ser uma falta pode ser, devido à intenção, um ato de virtude.

291. Não tenho dificuldade em acreditar, pois já fiz uma pequena experiência[78] que me provou que não se deve julgar. Foi durante

---

76. De novo, Teresa sublinha *todos* para insistir. Observação entre duas observações simétricas: "*aqui, sou amada (...) de todas as irmãs*" (285) e "*mais amo todas as minhas irmãs*" (290).

77. Teresa utiliza cada citação bíblica como degrau para um novo salto: ela não pode amar como Jesus, a não ser que Jesus ame nela; e, consequentemente, ela ama como Jesus: "*quando sou caridosa, é só Jesus que age em mim*" (*infra*). Ela está na linha de Gl 2,20 (cf. BT, p. 274. Cf. Manuscrito A, 216, 221; Manuscrito B, 255; Manuscrito C, 290, 338; Pri 7.

78. Relato paralelo em CJ 6.4.3, que fornece o nome dos personagens. O fato acontece em dezembro de 1896.

um recreio[79], a porteira deu dois toques, era preciso abrir a grande porta dos serviçais a fim de introduzir árvores destinadas ao presépio. O recreio não estava alegre, pois não estáveis aí, Madre querida, e, por isso, pensei que me seria agradável ser mandada para servir de terceira. Nesse momento, madre vice-priora disse que eu fosse, ou a irmã que estava a meu lado. Logo comecei a desatar o nosso avental, mas bem devagar, a fim de que minha companheira pudesse desatá-lo antes de mim, pois pensei agradar-lhe deixando-a ser terceira. A irmã que substituía a depositária observava-nos rindo e, vendo que me levantei por último, disse-me: Ah! Bem que imaginei que não seria vós que acrescentaríeis uma pérola à coroa, andáveis devagar demais...

Certamente, a comunidade toda pensou que eu tinha agido segundo a natureza. Não sei dizer como uma tão pequena coisa fez bem à minha alma e me tornou indulgente em relação às fraquezas dos outros. Isso me impede também sentir vaidade quando sou julgada favoravelmente, pois digo para mim mesma: Se meus pequenos atos de virtude são vistos como imperfeições, pode também haver engano e considerar-se como ato de virtude o que não passa de imperfeição. Então, digo com são Paulo: Bem pouco me importo em ser julgado por vós ou por um tribunal de homens, nem julgo a mim mesma; quem me julga é o Senhor. Assim, a fim de fazer com que esse julgamento me seja favorável, ou melhor, a fim de não ser julgada de forma alguma, quero ter sempre pensamentos caridosos, pois Jesus disse: Não julgueis e não sereis julgados.

292. Ao ler o que acabo de escrever, poderíeis, Madre, crer que a prática da caridade não me é difícil. É verdade que, desde alguns meses, não tenho mais de combater para praticar essa bela virtude. Não quero dizer com isso que nunca me acontece cair em faltas. Ah! Sou imperfeita demais para evitar isso, mas não tenho muita dificuldade em me levantar quando caio, pois em certo combate alcancei a vitória e, por isso, a milícia celeste vem agora em meu socorro, não podendo aceitar ver-me vencida depois de ter sido vitoriosa na guerra gloriosa que vou procurar descrever.

---

79. Ver o que Teresa diz a Maria da Trindade a respeito dos recreios como ocasiões para exercitar a caridade (VT, n. 73, p. 66), e também a Maria da Eucaristia (VT, n. 99, 146).

Encontra-se na comunidade uma irmã que tem o dom de desagradar-me em tudo[80], suas maneiras, suas palavras, seu caráter eram-me *muito desagradáveis*, porém é uma santa religiosa que deve ser *muito agradável* a Deus. Não querendo entregar-me à antipatia natural que sentia, disse para mim mesma que a caridade não deveria assentar-se nos sentimentos, mas nas obras. Então, apliquei-me em fazer por essa irmã o que teria feito pela pessoa que mais amo. Cada vez que a encontrava, rezava por ela, oferecendo a Deus todas as suas virtudes e méritos. Sentia que isso agradava a Jesus, pois não há artista que não goste de receber elogios pelas suas obras, e Jesus, o artista das almas, fica feliz quando, em vez de olhar apenas o exterior, entramos no santuário íntimo que ele escolheu para morada e admiramos sua beleza. Não me restringia a rezar muito pela irmã que me levava a tantos combates, procurava prestar-lhe todos os serviços possíveis. Quando estava tentada a responder-lhe de modo desagradável, contentava-me em lhe dar meu mais agradável sorriso e procurava desviar a conversa, pois diz-se na Imitação que é melhor deixar cada um no seu sentimento que entregar-se à contestação[81].

Muitas vezes também quando não estava no recreio (quero dizer, durante as horas de trabalho), tendo algum relacionamento de serviço[82] com essa irmã, quando os combates se faziam violentos demais, fugia como desertora. Como ela ignorava completamente o que eu sentia por ela, nunca suspeitou os motivos do meu comportamento e está persuadida de que o caráter dela me é agradável. Um dia, no recreio, disse-me, aproximadamente, as seguintes palavras com ar contentíssimo: "Aceitaríeis dizer-me, Irmã Teresa do Menino Jesus, o que tanto vos atrai em mim?[83], pois cada vez que me olhais vejo-vos sorrir!" Ah! O que me atraía era Jesus oculto no fundo da alma dela... Jesus que torna suave o que é amargo[84]... Respondi que sorria por estar contente em vê-la (obviamente não acrescentei que era do ponto de vista espiritual).

---

80. Irmã Teresa de Santo Agostinho, que não se reconhece neste retrato e fala disso ingenuamente em PA (p. 333). Cf. *Obras completas*, Pequeno Dicionário dos nomes próprios; CG, p. 1.175; VT, n. 100, que publica os *Souvenirs d'une sainte amitié* dessa irmã; PN I e Poesias, II, pp. 45-49.

81. *Imitação*, III, 44, 1.

82. Na sacristia.

83. Teresa acaba por cair na armadilha da sua amabilidade, que enganou até suas próprias irmãs (VT, n. 100, p. 252, n. 19).

84. *Imitação*, III, 5, 3.

202   MANUSCRITO C

293. Madre querida, contei-vos meu *último meio* para não ser vencida nos combates: a deserção. Esse meio, empreguei-o durante meu noviciado[85] e sempre deu ótimos resultados. Quero, Madre, citar um exemplo que, creio, vos levará a sorrir. Durante um dos vossos ataques de bronquite, fui uma manhã, de mansinho, entregar-vos as chaves da grade de comunhão, pois eu era sacristã. No fundo, não me desagradava ter essa ocasião de vos ver, estava até muito contente, mas evitava deixar transparecê-lo. Uma irmã, animada por um santo zelo e que, todavia, gostava muito de mim, vendo-me entrar em vossos aposentos, pensou que eu ia vos acordar. Quis tomar de mim as chaves, mas eu era bastante esperta para não entregá-las a ela e ceder-lhe *meus direitos*. Disse-lhe, com as melhores maneiras, que eu cuidava tanto quanto ela de não vos acordar, mas que cabia *a mim* entregar as chaves... Agora compreendo que teria sido mais perfeito ceder diante dessa irmã, jovem, é verdade, mas mais antiga que eu[86]. Naquele tempo, não o compreendia. Querendo de todo o jeito entrar atrás dela que empurrava a porta para me impedir de passar, provocamos o que não queríamos: o barulho vos acordou... Então, Madre, tudo recaiu sobre mim. A pobre irmã a quem resisti iniciou um discurso parecido com este: Foi Irmã Teresa do Menino Jesus quem fez barulho... como ela é desagradável... etc. Eu, por acreditar no contrário, fiquei com vontade de defender-me; felizmente, veio-me uma ideia brilhante. Pensei que se eu começasse a justificar-me não conseguiria, certamente, manter a paz da alma; sentia também que não tinha virtude suficiente para me deixar acusar sem reagir. Minha última tábua de salvação foi a fuga. Dito e feito. Saí em surdina, deixando a irmã continuar seu discurso que parecia com as imprecações de Camilo contra Roma[87]. Meu coração batia com tanta força[88] que não pude ir longe e sentei-me num degrau da escada para saborear em paz os frutos da minha vitória. Não havia bravura nisso, não é verdade, querida Madre? Acredito, porém, que mais vale não se expor à luta quando a derrota é certa.

294. Ai! Quando recordo o tempo do meu noviciado, como percebo quanto eu era imperfeita... Atormentava-me com tão pouca coisa

---

85. Uma anedota mais risonha cuja protagonista é irmã Marta, sem dúvida em 1891.

86. Irmã Marta tinha sete anos e meio a mais que Teresa e ingressara no Carmelo quatro meses antes dela.

87. Cena de *Horácio*, de Corneille, copiada por Teresa em 1888.

88. Grande emotividade de Teresa; cf. MA, 133, 168, 172, 192; MC, 333 etc.

que hoje rio disso. Ah! Como o Senhor é bom por ter feito crescer a minha alma, por ter-lhe dado asas... Todas as redes dos caçadores não poderiam me atemorizar, pois "em vão se lança a rede diante dos olhos dos que têm asas". Futuramente, sem dúvida, o tempo atual parecer-me-á ainda cheio de imperfeição, mas agora não me espanto com nada, não fico triste por constatar que sou a própria *fraqueza*, pelo contrário, é nela que me glorifico e espero cada dia descobrir em mim novas imperfeições.

295. Lembrando-me que a Caridade "estende um véu sobre uma multidão de pecados", abasteço-me nessa mina fecunda que Jesus abriu diante de mim. No Evangelho, o Senhor explica em que consiste seu mandamento novo. Diz, em são Mateus: "Ouvistes o que foi dito: 'Amarás o teu próximo e odiarás o teu inimigo'. Eu, porém, digo-vos: 'Amai os vossos inimigos e orai pelos que vos perseguem'". No Carmelo, sem dúvida, não encontramos inimigos, mas há simpatias, sentimos atração por tal irmã enquanto tal outra nos levaria a dar uma longa volta a fim de não encontrar com ela. Sem que se perceba, ela passa a ser objeto de perseguição. Mas Jesus me diz que essa irmã deve ser amada, que se deve rezar por ela, mesmo que seu comportamento me leve a crer que ela não me ama[89]. "Se amardes os que vos amam, que merecimento vos é devido? Pois os próprios pecadores amam os que os amam."

296. Não basta amar, é preciso dar provas desse amor. Temos naturalmente prazer em dar presente a um amigo, gosta-se, especialmente, de causar surpresa; mas isso não é caridade pois os pecadores também agem assim. Eis o que Jesus me ensina ainda: "Dá a *todo aquele* que te pede, e *ao que leva* o que é teu não lho reclames". Dar a todas aquelas que vos *pedem* é menos agradável que oferecer segundo a inclinação do coração; se bem que, quando se pede com gentileza, não custa dar. Porém, se não se usam palavras delicadas, a alma revolta-se logo caso não seja firmada na caridade. Encontra mil motivos para recusar o que lhe é pedido e só depois de ter convencido a solicitante da sua indelicadeza lhe dá, *finalmente e por favor*, o que ela deseja, ou lhe presta um leve serviço[90] que teria exigido vinte

---

89. Não há testemunho mais lindo sobre a atitude de Teresa que o de outra noviça, irmã Maria Madalena do Santíssimo Sacramento (PO, p. 479; cf. PN 10, e introdução às notas; Poesias, II, pp. 80-81). Ver também o que diz irmã Marta (VT, n. 101, pp. 47, 11 e 49,16).

90. A maneira de "*prestar serviços*", tão importante na vida comunitária, estende-se por numerosas páginas do MC (292, 298, 301, 323, 325-326).

204 MANUSCRITO C

vezes menos tempo do que foi preciso para exigir direitos imaginários. Se é tão difícil dar a quem quer que peça, é ainda mais difícil deixar levar se pedir de volta. Oh, Madre, digo que é difícil, deveria dizer que aquilo *parece* difícil, pois o jugo do Senhor é suave e leve quando aceito, sente-se logo sua doçura e exclama-se com o salmista: "Corri pelo caminho dos vossos mandamentos desde que me dilatastes o coração". Só a caridade pode dilatar o meu coração, ó Jesus. Desde que essa doce chama o consome, corro alegre na via do vosso mandamento *novo*... Quero correr nela até o dia bem-aventurado em que, unindo-me ao séquito virginal, poderei seguir-vos pelos espaços infinitos, cantando vosso cântico *novo* que deve ser o do Amor.

297. Dizia: Jesus não quer que eu reclame o que me pertence; isso deveria parecer-me fácil e natural pois nada me pertence. Renunciei aos bens da terra pelo voto de pobreza, portanto não tenho o direito de queixar-me quando me tiram uma coisa que não me pertence; pelo contrário, devo alegrar-me quando me acontece sentir a pobreza. Houve um tempo em que eu tinha a impressão de não estar apegada a nada, mas depois que entendi as palavras de Jesus vejo que sou muito imperfeita em certas ocasiões. Por exemplo, no serviço da pintura[91], nada é meu; mas se ao iniciar o trabalho vejo que pincéis e tintas estão fora do lugar, que uma régua ou um canivete sumiram, a paciência ameaça abandonar-me e preciso apelar para muita coragem para não reclamar contrariada os objetos que me faltam. É preciso, às vezes, pedir as coisas indispensáveis, mas ao fazê-lo humildemente não pecamos contra o mandamento de Jesus; pelo contrário, agimos como os pobres[92] que estendem a mão para receber o que lhes é necessário. Se são repelidos, não se espantam, ninguém lhes deve coisa alguma. Ah! Como a paz inunda a alma quando ela se eleva acima dos sentimentos da natureza... Não há alegria comparável à do pobre de espírito. Se pede com desapego uma coisa que lhe é necessária e esta não apenas lhe é recusada, mas se toma até aquilo que ele possui, segue o conselho de Jesus: "E, a quem quiser citar-te em juízo para te tirar a túnica, deixa-lhe também o manto...".

---

91. Recebido em fevereiro de 1893. *Pincéis, tintas, réguas e canivetes* são guardados na antecâmara da sua cela, onde Madre Inês e Celina os tomam emprestados à vontade.

92. Teresa vai ao limite das suas intuições da palavra de Deus: "*deixar levar, não estranhar por ser posta de lado, abandonar*" o que vos resta, enfim "*considerar-se como a criada das outras*". Uma vertiginosa espiral de santidade, numa "*espécie de discurso*" do qual vai sentir o aspecto terrivelmente exigente.

298. Deixar o manto, parece-me, é renunciar aos últimos direitos, é considerar-se como a serva, a escrava das outras. Quando se abandonou o manto, é mais fácil andar, correr, por isso Jesus acrescenta: "E, se alguém te obrigar a andar uma milha, vai com ele duas". Portanto, não é suficiente dar a quem me pede, é preciso antecipar-se a seus desejos, parecer muito grata e muito honrada em prestar serviço, e, quando se toma alguma coisa de meu uso, não devo parecer sentir falta dela mas, pelo contrário, parecer feliz por ficar *livre* dela.

Madre querida, estou longe de praticar o que entendo, mas o desejo que tenho de praticar é suficiente para me dar a paz.

299. Ainda mais que nos outros dias, sinto que me expressei mal. Fiz uma *espécie de discurso* sobre a caridade cuja leitura deve ter-vos cansado. Perdoai-me, Madre querida, e pensai que, neste momento, as enfermeiras[93] estão fazendo para mim o que acabo de escrever. Não se incomodam em dar vinte mil passos onde vinte seriam suficientes. Pude, portanto, contemplar a caridade em ação![94] Sem dúvida, aquilo deve ter perfumado a minha alma; quanto à minha mente, confesso que ficou um pouco paralisada perante tal dedicação e minha pena perdeu a leveza. Para poder expressar meus pensamentos, preciso estar como o pássaro solitário no telhado[95], e isso me acontece raramente. Quando pego a pena para escrever, eis que uma boa irmã[96] passa perto de mim, com o forcado no ombro. Pensa distrair-me conversando um pouco comigo. Feno, patos, galinhas, visita do médico, tudo é assunto de conversa. Na verdade, isso não se alonga, mas há *mais de uma irmã caridosa* e, de repente, outra jardineira coloca flores no meu colo, pensando, talvez, inspirar-me ideias poéticas. Como não as procuro neste momento preferia que as flores ficassem a se balançar nos galhos. Enfim, cansada de abrir e fechar este famoso caderno, abro um livro que não quer ficar aberto e digo firmemente que copio pensamentos dos salmos e do Evangelho para a festa da nossa Madre[97]. Não deixa de ser parcialmente verdade, pois não economizo as citações...

300. Madre querida, creio que eu vos divertiria se vos contasse todas as minhas aventuras nos bosques do Carmelo. Não sei se consegui

---

93. Irmã Santo Estanislau e irmã Genoveva.
94. Teresa conta o que vê da sua cadeira de rodas na ala dos castanheiros.
95. Alusão a João da Cruz, CE, estrofe XIV-XV, pp. 252 s.
96. Uma irmã conversa totalmente dedicada ao galinheiro: irmã Maria da Encarnação (cf. CG, p. 1177).
97. Dia de são Luís Gonzaga, 21 de junho.

escrever dez linhas sem ter sido interrompida. Isso não deveria levar-me a rir, nem a me divertir; porém, pelo amor de Deus e das minhas irmãs (tão caridosas para comigo), procuro assumir um ar de contentamento e, sobretudo, *ficar* contente... Olhe! Eis uma jardineira que se afasta depois de me ter dito num tom compassivo: "Pobre irmãzinha, deveis cansar escrevendo assim o dia todo". "Fiqueis tranquila", respondi, "parece que escrevo muito, mas na verdade escrevo quase nada." "Ainda bem", disse-me com ar tranquilizado, "mas estou muito contente por estarmos recolhendo o feno, isso vos distrai um pouco." De fato, é uma distração tão grande para mim (sem contar as visitas das enfermeiras), que não minto quando digo escrever quase nada.

Felizmente, não desanimo com facilidade. Para comprová-lo, Madre, vou acabar de explicar o que Jesus me fez entender a respeito da caridade. Até agora, só vos falei do exterior, mas gostaria de vos relatar como entendo a caridade puramente espiritual. Tenho certeza de que logo vou misturar as duas, mas, Madre, sendo a vós que falo, estou certa de que não vos será difícil captar meu pensamento e desembaraçar a meada da vossa filha.

301. Nem sempre é possível, no Carmelo, praticar ao pé da letra as palavras do Evangelho. Devido ao ofício de cada uma, alguém se vê obrigada, às vezes, a recusar uma prestação de serviço. Mas, quando a caridade deitou raízes profundas na alma, ela se manifesta no exterior. Existe um modo tão gracioso de recusar o que não se pode dar que a recusa agrada tanto como a dádiva. É verdade que nos constrangemos menos em pedir um serviço a uma irmã sempre disposta a agradar, mas Jesus disse: "Não voltes as costas a quem te pede emprestado". Assim, com o pretexto de que seríamos obrigadas a recusar, não devemos nos afastar das irmãs que têm o hábito de pedir serviços. Não se deve, tampouco, ser oferecido enquanto *interesse* ou na esperança de uma retribuição futura, pois Nosso Senhor disse: "E, se emprestardes àqueles de quem esperais receber, que merecimento vos é devido? Também os pecadores emprestam aos pecadores, a fim de receber o equivalente. Mas, vós, amai os vossos inimigos e fazei-lhes bem, e emprestai *sem nada esperar em troca* e vossa recompensa será grande". Oh, sim! A recompensa é grande desde a terra... nessa via, só o primeiro passo custa. *Emprestai sem nada esperar*, isso parece duro para a natureza, prefere-se *dar*, pois, uma vez dada, a coisa não nos pertence mais. Quando vos dizem, com ar totalmente convencido: "Irmã, preciso da vossa ajuda por algumas horas, mas fiqueis tranquila pois tenho a autorização da nossa Madre e vos *retribuirei* o tempo que me derdes, pois sei quanto estais atarefada". Na verdade, quando se sabe muito bem que o tempo que *emprestamos* não será restituído, preferíamos responder: "Dou-vos esse tempo". Isso satisfaria ao amor-próprio, pois dar é ato mais generoso que emprestar e fazemos sentir à irmã que não esperamos a retribuição... Ah! Como os ensinamentos de Jesus são contrários aos sentimentos da natureza. Sem a ajuda da sua graça, seria impossível não apenas praticá-los, mas compreendê-los.

2. O MANDAMENTO NOVO (1897)

302. Madre, Jesus concedeu à vossa filha a graça de fazê-la penetrar as misteriosas profundezas da caridade; se ela pudesse expressar o que entende, ouviríeis uma melodia do Céu, mas ai!, só tenho balbucios a vos oferecer... Se as próprias palavras de Jesus não me servissem de apoio, ficaria tentada a vos pedir clemência e abandonar a pena... Mas preciso prosseguir, por obediência, o que comecei por obediência.

Madre querida, ontem, a respeito dos bens da terra, escrevia que, por não serem meus, não deveria achar difícil nunca reclamar por eles caso me fossem tirados. Os bens do Céu não me pertencem tampouco, são *emprestados* por Deus que pode tirá-los de mim sem que eu tenha direito de queixa. Porém, os bens que vêm diretamente de Deus, os impulsos da inteligência e do coração, os pensamentos profundos[98], tudo isso forma uma riqueza à qual nos apegamos como se fosse um bem próprio no qual ninguém tem o direito de tocar... Por exemplo, se comunicamos a uma irmã alguma ideia que nos veio durante a oração e, pouco depois, essa mesma irmã fala a uma outra como se aquela ideia fosse dela, parece que toma o que não é seu. Ou, no recreio, diz-se baixinho a uma companheira uma palavra espirituosa e bem apropriada; se ela a repete em voz alta sem indicar a origem, isso parece um furto à proprietária, que não reclama, mas fica com muita vontade de fazê-lo e aproveitará a primeira ocasião para fazer saber, delicadamente, que alguém se apossou das suas palavras.

303. Madre, eu não poderia explicar-vos tão bem esses tristes sentimentos da natureza, se os não tivesse sentido em meu coração, e gostaria de acalentar a doce ilusão de que só a mim visitaram, se não me tivesses ordenado ouvir as tentações das vossas queridas

---

98. Aplicação da desapropriação e do desapego dos bens do espírito pregados anteriormente por Teresa. Cf. *Imitação*, I, 3, *Reflexão*.

208   Manuscrito C

pequenas noviças. Sempre aprendi cumprindo a missão que me confiastes; sobretudo, vi-me forçada a praticar o que eu ensinava. Por isso, agora, posso dizer que Jesus me deu a graça de não ser mais apegada aos bens do espírito e do coração que aos da terra. Quando me acontece pensar e dizer uma coisa que agrada às minhas irmãs, acho natural que se apropriem dela como sendo um bem que lhes pertence. Esse pensamento pertence ao Espírito Santo, não a mim, pois são Paulo disse que, sem esse Espírito de Amor, não podemos chamar de "Pai" a nosso Pai que está nos Céus. Portanto, Ele é livre para servir-se de mim para dar um bom pensamento a uma alma. Se eu julgasse que esse pensamento me pertence, seria como "o burro que transportava relíquias"[99] e acreditava que as homenagens prestadas aos santos dirigiam-se a ele.

304. Não desprezo os pensamentos profundos que alimentam a alma e a unem a Deus, mas compreendi há muito tempo que não devemos nos apoiar neles[100] e achar que a perfeição consiste em receber muitas luzes. Os mais belos pensamentos nada são sem as obras[101]. É verdade que outras pessoas podem tirar deles muito proveito se, com humildade, manifestam a Deus sua gratidão por lhes permitir participar do banquete de uma alma que Ele gosta de enriquecer. Mas, se essa alma se compraz em seus *belos pensamentos* e faz a oração do fariseu, torna-se parecida com uma pessoa que morre de fome diante de uma mesa cheia enquanto todos os seus convidados se fartam e, às vezes, lançam um olhar de inveja sobre o dono de tantas riquezas. Ah! Só Deus mesmo para conhecer o fundo dos corações... como as criaturas têm pensamentos pequenos!... Quando descobrem uma alma mais esclarecida que as outras, concluem logo que Jesus as ama menos que a essa alma e que não podem ser chamadas para a mesma perfeição. Desde quando o Senhor *perdeu o direito* de servir-se de uma das suas criaturas para distribuir às almas que ama o alimento necessário a elas? No tempo dos faraós, o Senhor ainda possuía *esse direito,* pois na Sagrada Escritura Ele diz a esse monarca: "Conservei-te com vida para mostrar-te o *meu*

---

99. Fábula de La Fontaine a respeito da qual Teresa fez uma redação em setembro de 1887.

100. Cf. Cartas 197, início: CSG, p. 29; PN 30.

101. Sob o paradoxo do pensamento teresiano (as obras não são necessárias — o amor se prova pelas obras), cf. C. De Meester, *Dynamique de la confiance,* pp. 333-342, e CSG, p. 50. Teresa está sempre na divisa: seu paradoxo é o antídoto, ao mesmo tempo, da ideia que se fez do protestantismo (a fé *sem* as obras) e do farisaísmo (a fé *em suas* próprias obras).

O MANDAMENTO NOVO   209

poder e para que meu nome seja celebrado em toda a terra". Os séculos sucederam aos séculos desde que o Altíssimo pronunciou essas palavras e, desde então, seu comportamento não mudou, serviu-se sempre das suas criaturas como instrumentos para realizar sua obra nas almas.

305. Se a tela pintada por um artista pudesse pensar e falar, certamente não se queixaria por ser retocada sempre por um *pincel*[102] e não teria inveja da sorte desse instrumento, pois saberia que não é ao pincel, mas ao pintor que o dirige que ela deve a beleza que a cobre. Por seu lado, o pincel não poderia glorificar-se com a obra-prima feita por ele, sabe que os artistas não se apertam, que zombam das dificuldades, que gostam, às vezes, de usar instrumentos vis e defeituosos...

Madre querida, sou um pincelzinho que Jesus escolheu para pintar sua imagem nas almas que me confiastes. Um artista não se restringe a um pincel, precisa, pelo menos, de dois. O primeiro é o mais útil, é com ele que imprime as tonalidades mais gerais, que cobre completamente a tela em muito pouco tempo; o outro, o menor, serve para os detalhes.

306. A primeira vez que Jesus se serviu do seu pincelzinho foi por volta de 8 de dezembro[103] de 1892. Lembrar-me-ei sempre dessa época como de um tempo de graças. Vou, querida Madre, confiar-vos essas doces recordações.

Aos 15 anos, quando tive a felicidade de ingressar no Carmelo, encontrei uma companheira de noviciado que me tinha precedido alguns meses. Era oito anos mais velha que eu, mas seu caráter infantil fazia esquecer a diferença dos anos; por isso, tivestes, Madre, a alegria de ver vossas duas pequenas postulantes entender-se maravilhosamente e tornar-se inseparáveis. A fim de favorecer essa afeição nascente que vos parecia promissora de bons frutos, permitistes que tivéssemos, de tempos em tempos, breves conversas espirituais. Minha querida companheirinha encantava-me com sua inocência, seu caráter expansivo, mas eu estranhava ao constatar que

---

102. Nova parábola, após a do fariseu faminto: ao artista, não ao pincel, cabe a glória. Madre Maria de Gonzaga é o primeiro pincel (priora e mestra das noviças), Teresa é o pincelzinho, encarregada dos retoques, como a conversa com irmã Marta (sobre esta, cf. CG, pp. 712 + j; PN 7 e Poesias, I, p. 61; Or 3; 4; 7; 20; DLTH, p. 117; PO, pp. 424-435; PA, pp. 411-420).

103. Dia 4 ou, mais provavelmente, 11 de dezembro de 1892.

o afeto que tinha por vós era diferente do meu. Havia muitas outras coisas em seu comportamento com as irmãs que eu desejava que ela mudasse... Desde aquele tempo, Deus fez-me compreender haver almas que sua misericórdia espera sem cansar, às quais dá sua luz aos poucos. Por isso, eu tinha o cuidado de não apressar sua hora e esperava pacientemente que Jesus a fizesse chegar.

307. Refletindo sobre a permissão concedida para nos entretermos, de acordo com as nossas santas constituições, *para nos inflamar mais no amor por nosso Esposo*, pensei com pesar que nossas conversas não alcançavam a meta desejada. Deus fez-me sentir, então, que chegara o momento em que eu devia falar ou encerrar essas conversações que mais se pareciam com as das amigas do mundo. Era um sábado. No dia seguinte, durante minha ação de graças, pedi a Deus para que pusesse em minha boca palavras suaves e convincentes, ou melhor, que Ele mesmo falasse por meu intermédio. Jesus atendeu ao meu pedido e permitiu que o resultado correspondesse inteiramente à minha expectativa, pois "olhai para ele e sereis esclarecidos" e "brilha para os retos, qual farol nas trevas, o Benigno, o Misericordioso e o Justo". A primeira citação dirige-se a mim e a segunda à minha companheira que, na verdade, tinha o coração reto...

Na hora em que tínhamos combinado ficar juntas[104], ao olhar para mim, a pobre irmãzinha percebeu logo que eu não era a mesma. Sentou-se ao meu lado enrubescendo e eu, apoiando sua cabeça no meu coração, disse-lhe com lágrimas na voz *tudo o que pensava dela*, mas com expressões de muita ternura, manifestando-lhe tão grande afeto que logo as lágrimas dela misturaram-se às minhas. Admitiu com muita humildade que tudo o que eu lhe dizia era verdade, prometeu iniciar vida nova e pediu como um favor avisá-la sempre das suas faltas. Enfim, no momento de nos separar, nosso afeto passara a ser totalmente espiritual, nada de humano[105] subsistia. Realizava-se em

---

104. Ver o relato paralelo feito por irmã Marta no PO, p. 430.

105. Teresa abstém-se, naturalmente, de dizer aqui o que ela disse para sua companheira: "*Se nossa Madre perceber que chorastes e vos perguntar o que vos causou tristeza, podeis, se quiserdes, contar-lhe tudo o que acabo de vos dizer: prefiro ser malvista por ela e ser mandada embora do mosteiro se ela quiser, a faltar com minha obrigação*" (PO, p. 430). Observa-se que foi somente em fevereiro de 1893 que Madre Inês, nova priora, associou Teresa a Madre Maria de Gonzaga, que passou a ser mestra das noviças; portanto, a posição de Teresa perante irmã Marta era delicada (cf. VT, n. 101, p. 58, n. 39).

O MANDAMENTO NOVO

nós esta passagem da Escritura: "O irmão ajudado pelo seu irmão é mais que uma cidade fortificada".

308. O que Jesus fez com seu pincelzinho teria sido logo apagado se não tivesse agido por meio de vós, Madre, para realizar sua obra na alma que Ele queria inteiramente para Si. A provação pareceu muito amarga à minha pobre companheira, mas vossa firmeza triunfou e pude então, tentando consolá-la, explicar àquela que me destes por irmã entre todas em que consiste o verdadeiro amor[106]. Mostrei-lhe que era a ela própria que ela amava e não a vós; disse-lhe como eu vos amava e que sacrifícios fui obrigada a fazer, no início da minha vida religiosa, para não me apegar a vós de maneira totalmente material, como o cachorro se apega a seu dono. O amor alimenta-se de sacrifícios; mais a alma recusa para si satisfações naturais, mais sua ternura se torna forte e desinteressada.

309. Lembro-me de que, quando postulante, tinha tentações tão violentas de ir vos encontrar para minha satisfação, para achar algumas gotas de alegria, que tinha de passar rapidamente diante do depósito[107] e agarrar-me ao corrimão da escada. Chegavam à minha mente uma porção de permissões a pedir; enfim, Madre querida, encontrava mil motivos para satisfazer a minha natureza... Como estou feliz agora por me ter privado, logo no início da minha vida religiosa. Já usufruo a recompensa[108] prometida aos que combatem corajosamente. Não sinto mais necessidade de me recusar todas as consolações do coração, pois minha alma está consolidada pelo Único que eu queria amar. Vejo com satisfação que, amando-o, o coração se dilata e pode dar incomparavelmente mais ternura aos que lhe são caros do que se tivesse ficado concentrado num amor egoísta e infrutífero.

310. Madre querida, relatei o primeiro trabalho que Jesus e vós vos dignastes realizar por mim; era apenas o prelúdio dos que me deviam ser encomendados. Quando me foi dado penetrar no

---

106. Cf. as judiciosas observações de Maria da Trindade no PA (pp. 475-476) e no PO (p. 452); cf. VT, n. 74, p. 145, e Cartas 188.

107. O escritório da priora (na realidade, da tesoureira); cf. DLTH, p. 113.

108. Cf. BT, pp. 64 s ct VT, n. 101, p. 54 (n. 33). Teresa mostra-se, no Manuscrito C, muito livre, solta (uma vez liberada da confidência terrível sobre a provação da fé), tal como desabrocha naturalmente nas Últimas Conversações, vivo paradoxo, muito teresiano, de uma grande doente às voltas com os piores sofrimentos (aos quais, aqui, não faz nenhuma alusão direta).

212   Manuscrito C

santuário das almas[109], vi logo que a tarefa ultrapassava as minhas capacidades. Lancei-me, então, nos braços de Deus[110] e, como uma criancinha, escondendo o rosto nos cabelos Dele, disse-Lhe: Senhor, sou pequena demais para alimentar vossas filhas, se quiserdes dar-lhes, por mim, o que convém a cada uma, enchei minha mãozinha e, sem deixar vosso colo, sem desviar a cabeça, darei vossos tesouros à alma que vier pedir alimento. Se ela gostar, saberei que não é de mim, mas de vós, que a recebe; se reclamar, não ficarei perturbada, procurarei persuadi-la de que esse alimento vem de vós e evitarei procurar outro para ela.

311. Madre, desde que entendi ser impossível fazer alguma coisa por mim mesma, a tarefa que me impusestes deixou de me parecer difícil; senti que a única coisa necessária consistia em unir-me sempre mais a Jesus e que o restante me seria dado por acréscimo. De fato, nunca minha esperança me enganou[111], Deus encheu minha mãozinha todas as vezes que foi necessário para alimentar a alma das minhas irmãs[112]. Confesso, Madre querida, que se me tivesse apoiado, o mínimo que fosse, nas minhas próprias forças, teria capitulado... *De longe*, parece fácil fazer bem às almas, fazê-las amar sempre mais a Deus, modelá-las, enfim, segundo seus próprios pontos de vista e suas ideias pessoais. *De perto*, é o contrário... sente-se que fazer o bem, sem a ajuda de Deus, é tão impossível como fazer o sol brilhar no meio da noite... Sente-se que é absolutamente necessário esquecer as próprias preferências, as concepções pessoais e guiar as almas pelo caminho que Deus delineou para elas, sem procurar fazê-las caminhar pela nossa via.

312. Não é ainda o mais difícil; o que mais me custa é observar as faltas, as mais leves imperfeições e dar-lhes combate mortal. Ia

---

109. Cf. Cartas 140v, onde parece profetizar seu próprio papel. De 1893 a 1896, Teresa cuidou das suas companheiras de noviciado, inicialmente irmã Marta e irmã Maria Madalena; depois, irmã Maria da Trindade, irmã Genoveva (que ingressou em 1894) e irmã Maria da Eucaristia (agosto de 1895). Primeiramente como adjunta, mais ou menos oficiosamente, de Madre Maria de Gonzaga, em 1893, passou a ser, a partir de março de 1896, mestra de noviças sem usar o título.

110. Mais uma vez, é Deus (Jesus) que faz tudo: basta colocar-se "*nos braços dele*"...

111. Teresa pôde desempenhar a contento sua função de verdadeira "mestra de noviças" (sem o título) graças a sua entrega total "*nos braços de Jesus*", que vale, de maneira geral, para a sua vida inteira; "*nunca sua esperança foi enganada*" porque "*nunca (Deus) me fez desejar alguma coisa sem dá-la a mim*" (MA, 200); cf. Or 6 e *Orações*, p. 94; Cartas 197v; 201v; 201,1v; Manuscrito C, 271, 329, 333; CJ 13.7.15; 16.7.2; 18.7.1; 31.8.9; e essa certeza estende-se ao porvir celeste (Cartas 230v).

112. Cf. CJ 15.5.5.

O MANDAMENTO NOVO   213

dizer: infelizmente para mim, mas seria uma covardia, portanto digo: felizmente para minhas irmãs, desde que tomei lugar nos braços de Jesus, sou como o vigilante que, da mais alta torre de uma fortaleza, observa o inimigo[113]. Nada escapa ao meu olhar; fico muitas vezes espantada por enxergar tão bem[114] e acho o profeta Jonas muito desculpável por ter fugido em vez de ir anunciar a ruína de Nínive. Preferiria mil vezes receber recriminações a fazê-las, mas sinto que é necessário que seja um sofrimento, pois, quando se age segundo a natureza, é impossível que a alma à qual se quer apontar as faltas compreenda os próprios erros; só vê uma coisa: a irmã encarregada de me dirigir está zangada e tudo recai sobre mim, embora eu esteja cheia das melhores intenções.

313. Sei que vossos cordeirinhos me acham severa[115]. Se lessem estas linhas, diriam que não me parece custar o mínimo correr atrás deles, falar-lhes num tom severo mostrando seu belo velocino sujo ou trazendo algum tufo de lã que deixaram nos espinhos do caminho. Podem dizer tudo o que quiserem, no fundo sentem que os amo com amor verdadeiro, que nunca faria como o mercenário que, vendo o lobo chegar, abandona o rebanho e foge. Estou pronta a dar minha vida por eles, mas meu afeto é tão puro que não desejo que o conheçam. Com a graça de Jesus, nunca procurei conquistar o coração deles[116]. Compreendi que minha missão consistia em levá-los a Deus e fazê-los compreender que aqui vós sois a minha Madre, o Jesus visível que devem amar e respeitar.

314. Disse, Madre querida, que, instruindo os outros, muito aprendi. Vi que todas as almas têm de travar, mais ou menos, os mesmos combates, mas são tão diferentes sob outros aspectos, que não tenho dificuldades em compreender o que dizia o padre Pichon: "Há muito mais diferenças entre as almas que entre os rostos". Por isso, é impossível agir da mesma maneira com todas. Com certas almas, sinto que devo fazer-me pequena, não recear diminuir-me, confessar meus combates, meus defeitos; vendo que tenho as mesmas

---

113. Teresa d'Ávila, *Vie*, capítulo XX, 1884, I, pp. 229 s.

114. Irmã Maria Madalena ficava intimidada pela clarividência de Teresa: "Receava ser adivinhada" (PO, p. 481).

115. Teresa também achava Madre Maria de Gonzaga severa (Manuscrito A, 197) e acaba de lhe revelar quanto lhe custava "*travar guerra de morte*" contra "*as mínimas imperfeições*".

116. Teresa estabelece distinção entre amor, afeto e ternura. Desconfiou sempre, no Carmelo, dos apegos naturais (cf. Manuscrito A, 197; Manuscrito C, 307; CSG, p. 13; PO, p. 431 e 452).

214   Manuscrito C

fraquezas que elas, minhas irmãzinhas confessam por sua vez as faltas que pesam sobre elas e ficam satisfeitas por eu compreendê-las *por experiência*. Com outras, é preciso agir com muita firmeza e nunca voltar ao que foi determinado. Diminuir-se não seria humildade, mas fraqueza. Deus deu-me a graça de não temer a guerra[117], preciso cumprir minha obrigação, custe o que custar. Mais de uma vez, ouvi dizer: "Se quiserdes obter alguma coisa de mim, tem de ser pela doçura; pela força, não conseguireis nada". Sei que ninguém é bom juiz em causa própria e que uma criança em quem o médico faz um curativo doloroso não deixará de gritar e dizer que o remédio é pior que o mal. Contudo, fica boa alguns dias depois, feliz por poder brincar e correr. É assim com as almas, reconhecem logo que um pouco de amargo é, às vezes, preferível ao doce e não receiam admitir.

315. Em alguns casos, não deixo de sorrir interiormente vendo as transformações que se operam de um dia para outro. É fantástico... Dizem-me: "Tivestes razão, ontem, em mostrar severidade; no início, isso me revoltou, mas depois me lembrei de tudo e vi que fostes muito justa... Escutai: indo, pensava que estava tudo acabado, dizia para mim mesma: 'Vou falar com nossa Madre e dizer a ela que não mais irei com minha Irmã Teresa do Menino Jesus'. Mas senti que era o demônio quem me inspirava aquilo e pareceu-me que estivestes rezando por mim, então fiquei tranquila e a luz voltou a brilhar; mas agora é preciso que me esclareças para valer, e é por isso que estou aqui". A conversação inicia logo; fico muito feliz em poder seguir a tendência do meu coração, deixando de servir alimento amargo. Sim, mas[118]... logo percebo que não é para ter pressa, uma *palavra* poderia fazer desmoronar o belo edifício construído nas lágrimas. Se eu tiver a infelicidade de dizer uma só palavra que pareça atenuar o que disse ontem, vejo minha irmãzinha tentar agarrar-se aos galhos, faço então uma pequena oração interior e a verdade triunfa sempre[119]. Ah! É a oração, é o sacrifício que fazem toda a minha força, são as armas invisíveis[120] que Jesus me deu. Elas têm muito mais poder que as palavras para sensibilizar as almas, experimentei-as mais de uma vez. Uma, entre todas, causou-me profunda e doce impressão.

---

117. Apesar do seu cansaço, Teresa não vacila quando se trata da sua obrigação. Cf. CJ 18.4.1; DE, pp. 639, 656 etc. E sobretudo PN 48, *Minhas Armas*.
118. Um precioso instrumento dialético para Teresa. Cf. DE, pp. 412 s.
119. "*Devo a vós a verdade*", dizia-me ela, "*odiai-me se quiserdes, mas vo-la direi até a minha morte*" (Maria da Trindade, PA, p. 475).
120. Cf. RP 8,4v; Cartas 220, 2v.

O MANDAMENTO NOVO 215

316. Era durante a Quaresma e ocupava-me da única noviça[121] que havia aqui e da qual eu era o anjo da guarda. Certa manhã, vem procurar-me, radiante: "Ah! Se soubésseis", disse-me, "o que sonhei esta noite... Eu estava perto da minha irmã e queria afastá-la de todas as vaidades de que tanto gosta e, para isso, explicava-lhe os versos: Viver de amor. / Amar-te Jesus, que perda fecunda / Todos os meus perfumes são teus, sem volta[122]. Sentia que minhas palavras penetravam na alma dela e eu ficava extasiada de alegria. Nesta manhã, ao acordar, pensei que Deus, talvez, quisesse que eu lhe desse essa alma. Se lhe escrevesse, depois da Quaresma, a fim de contar-lhe meu sonho e dizer-lhe que Jesus a quer só para Ele?"

Eu, sem pensar mais, disse-lhe que podia tentar, mas que antes era preciso pedir autorização à nossa Madre[123]. Como a Quaresma estava ainda longe do fim, ficastes, Madre querida, muito surpresa com semelhante pedido que vos pareceu prematuro. Inspirada por Deus, certamente, respondestes que não é por cartas que as carmelitas devem salvar as almas, mas pela oração.

Ao saber da vossa decisão, compreendi logo que era a de Jesus e disse à Irmã Maria da Trindade: "Precisamos pôr mãos à obra, rezemos muito. Que alegria *se, ao final da Quaresma,* formos atendidas!..." Oh! Misericórdia infinita do Senhor que escuta a oração das suas crianças... *No final da Quaresma,* mais uma alma consagrava-se a Jesus. Era verdadeiro milagre da graça[124], milagre obtido pelo fervor de uma única noviça!

317. Como é grande o poder da oração[125]! Parece uma rainha[126] com acesso permanente ao rei e capaz de obter tudo o que pede. Para ser atendido, não é preciso ler uma bela fórmula de circunstância em

---

121. Irmã Maria da Trindade de quem, em 1895, Teresa é encarregada especialmente porque, segundo Madre Inês, ela vem de outro Carmelo. Sobre essa grande discípula de Teresa, cf. *Obras completas,* "Pequeno dicionário"; CG, p. 1.399 (Índice, em que é preciso acrescentar p. 1.098); PN 11; 12; 20; 29; 30; 31; 49; 53 e todos os documentos de VT, n. 72 a 78, 87 a 89, a partir dos quais Pierre Descouvemont publicou *Une novice de sainte Thérèse* (Cerf, 1985).
122. *Viver de Amor* (PN 17,13, de 26/2/1895).
123. Madre Maria de Gonzaga, mestra das noviças. O *sonho* não lhe parece ser razão muito séria, acertadamente, pois a noviça sonha muito (cf. VT, n. 78, pp. 141-145). Portanto, preconiza a *oração.*
124. Teresa não podia prever que, depois da sua morte, Anna Castel sairia do seu mosteiro e casaria.
125. Cf. introdução geral das *Orações,* pp. 7-29.
126. Cf. Manuscrito A, 109, 218.

216   Manuscrito C

algum livro; ai!, se assim fosse, como eu haveria de lastimar!... Fora o *Ofício Divino* que sou *muito indigna* de rezar, falta-me coragem para procurar *bonitas* orações nos livros, causa-me dor de cabeça, são tantas!... e uma é mais *bonita* que a outra... Não poderia rezar todas e não saberia qual escolher. Faço como as crianças que não sabem ler, digo simplesmente a Deus o que quero dizer, sem frases bonitas. Ele me compreende sempre... Para mim, a oração é um impulso do coração, um simples olhar para o Céu, um grito de gratidão e de amor[127] no meio da provação como no meio da alegria[128]; enfim, é alguma coisa de grande, de sobrenatural que dilata a minha alma e me une a Jesus.

318. Todavia, não quero, Madre querida, que penseis que eu faço sem devoção as orações em comum, no coro ou nos eremitérios[129]. Pelo contrário, gosto muito das orações em comum, pois Jesus prometeu ficar no meio dos que se reúnem em nome Dele. Sinto, então, que o fervor das minhas irmãs supre o meu; sozinha (tenho vergonha de confessá-lo), a recitação do terço custa-me mais que usar um instrumento de penitência[130]... Sinto que o recito muito mal; mesmo fazendo esforço para meditar sobre os mistérios do rosário, não consigo fixar minha mente... Durante muito tempo, lastimei essa falta de devoção que me intrigava, pois *amo tanto Nossa Senhora* que deveria ser-me fácil recitar em honra dela orações que lhe agradam. Agora, lastimo menos, penso que, por ser a *minha Mãe*, a Rainha dos Céus deve perceber a minha boa vontade e se agrada com ela.

Vez por outra, quando minha mente está em tão grande secura que me é impossível extrair um pensamento para me unir a Deus, recito *muito lentamente* um "Pai-Nosso" e a saudação angélica; então, essas orações me encantam, alimentam minha alma muito mais do que se as tivesse recitado precipitadamente uma centena de vezes...

---

127. Teresa desconfia das "*orações bonitas*" e dos "*belos pensamentos*" (*supra*, 304); ela fala "*simplesmente com Deus*" (cf. *infra*, 332).

128. Chamada discreta. De fato, três meses depois, essa jovem carmelita, tão serena, morreu. No dia 22 de junho ainda estava no jardim, em sua cadeira de rodas; no dia 2 de julho, sentiu-se sem força ao ir, pela última vez, ao oratório; no dia 6 de julho, as hemoptises voltam; dia 8, é levada à enfermaria; deixa o Manuscrito C inacabado por volta dessa data.

129. Oratórios dedicados aos santos.

130. Cf. CJ 20.8.16 e DE, p. 535. O aspecto repetitivo não convém ao temperamento de Teresa, sobretudo quando o terço é recitado em comum, com pressa.

O mandamento novo   217

Nossa Senhora me mostra não estar zangada comigo, nunca deixa de me proteger quando a invoco. Se me vem uma inquietação, um problema, logo me dirijo a ela e sempre, como a mais terna das Mães, ela toma conta dos meus interesses... Quantas vezes, ao falar às noviças, invoco-a e sinto os favores da sua maternal proteção!...

319. Frequentemente, as noviças me dizem: "Mas tendes resposta para tudo; desta vez, pensava embaraçar-vos... aonde é que ides buscar o que dizeis?" Há umas tão ingênuas que pensam que leio nas almas delas, só porque me aconteceu preveni-las dizendo o que pensavam. Uma noite, uma das minhas companheiras[131] resolve ocultar-me uma pena que a faz sofrer muito. Encontro-a pela manhã, ela me fala com semblante sorridente e eu, sem responder ao que ela me diz, digo-lhe num tom convicto: Estais sofrendo. Se tivesse feito a lua cair aos seus pés, creio que não teria olhado para mim com espanto maior. Seu pasmo foi tanto que me contagiou e, por um instante, fui tomada de um pavor sobrenatural. Tinha certeza de não ter o dom de ler nas almas, e ter acertado assim, em cheio, me espantou. Sentia que Deus estava muito perto, que sem perceber eu dissera, como uma criança, palavras que não vinham de mim, mas Dele.

320. Madre querida, compreendeis que às noviças tudo é permitido, é necessário que possam dizer o que pensam sem restrição. O bem e o mal. Isso lhes é tanto mais fácil que não me devem o respeito que se dá a uma mestra. Não posso dizer que Jesus me faz caminhar *exteriormente* pela via das humilhações. Contenta-se em humilhar-me no *fundo* da minha alma[132]. Aos olhos das criaturas, consigo bons resultados em tudo. Ando pelo caminho das honras, na medida em que é possível na vida religiosa. Compreendo que não é para mim, mas para os outros que devo andar por esse caminho que parece tão perigoso. De fato, se eu fosse considerada pela comunidade como uma religiosa cheia de defeitos, incapaz, sem juízo nem inteligência, seria impossível, Madre, fazer-vos ajudar por mim. Eis por que Deus lançou um véu sobre todos os meus defeitos interiores e exteriores. Às vezes, esse véu atrai elogios para mim por parte das noviças. Sinto que não o fazem por adulação, mas que é expressão dos seus ingênuos

---

131. Irmã Marta; cf. VT, n. 101, p. 59 (n. 44).

132. Exteriormente, ela segue "*o caminho das honras*" (cf. *supra*, 269-270), mas interiormente sente na mesma proporção sua humildade ou a humilhação que Jesus lhe manda (as palavras estão frequentemente recobertas). Teresa precisou sempre dessa "*água vivificante da humilhação*" (Manuscrito C, 268); cf. Manuscrito A, 88, 95; CJ 12.8.3; 22.9.1.

218   Manuscrito C

sentimentos; francamente, isso não poderia inspirar-me vaidade, pois tenho sempre presente à mente a lembrança do que sou.

321. Vez por outra, sou tomada de um desejo muito grande de ouvir outra coisa que não seja elogios. Sabeis, Madre querida, que prefiro o vinagrete ao açúcar e Jesus permite, então, que se lhe sirva uma boa saladinha, bem avinagrada[133], bem apimentada, nada falta, a não ser o *azeite*, o que lhe dá um sabor suplementar... Essa boa saladinha me é servida pelas noviças quando menos espero. Deus levanta o véu que esconde as minhas imperfeições e então as minhas queridas irmãzinhas me veem tal como sou e não me acham totalmente do gosto delas. Com uma simplicidade que me encanta, falam-me dos combates em que as coloco, o que lhes desagrada em mim; enfim, não se constrangem mais do que se falassem de outra pessoa, sabendo que me agradam agindo dessa forma. Ah! Francamente, é mais que um prazer, é um banquete delicioso[134] que enche minha alma de alegria. Não consigo explicar como uma coisa que tanto desagrada à natureza possa causar tanta felicidade; se não a tivesse experimentado, não poderia acreditar... Um dia em que tinha desejado particularmente ser humilhada, uma noviça[135] incumbiu-se tão bem de satisfazer-me que logo pensei em Semei amaldiçoando Davi e pensava: Sim, é o Senhor que lhe ordena dizer-me essas coisas todas... E minha alma saboreava deliciosamente o alimento amargo que lhe era servido com tanta fartura.

Assim é que Deus se digna cuidar de mim. Nem sempre pode me dar o pão fortificante da humilhação exterior, mas de vez em quando permite que me alimente das migalhas que caem da mesa *das crianças*[136]. Ah! Como é grande a sua misericórdia, só poderei cantá-la no Céu...

322. Madre querida, sendo que, convosco, começo a cantar na terra essa misericórdia infinita, preciso contar-vos[137] mais um

---

133. Cf. CJ 8.7.9.

134. "Procurava a humilhação como um tesouro" diz Maria da Trindade (cf. VT, n. 75, pp. 225-226).

135. Sua própria irmã Celina (cf. BT, pp. 59-60).

136. Esta citação pouco conhecida do evangelho de Marcos deve ter encantado a quem inventou a "*pequena via*".

137. Este parágrafo de transição parece hesitar quanto à orientação a seguir (muito doente, Teresa escreve sem rascunho no seu caderno). A linha do discurso é aproximadamente a seguinte: Teresa, encarregada das noviças, não tem mais propensão em apontar os defeitos das demais irmãs; alegra-se ao constatar os cuidados da

O MANDAMENTO NOVO 219

grande favor obtido na missão que me confiastes. Outrora, quando via uma irmã fazer alguma coisa que me desagradava e me parecia irregular, dizia para mim mesma: Ah!, se eu pudesse dizer-lhe o que penso, mostrar-lhe o erro, isso me faria bem. Depois que comecei a praticar um pouco o ofício, asseguro-vos, Madre, que mudei totalmente de sentimento. Quando vejo uma irmã fazer alguma coisa que me parece imperfeita, solto um suspiro de alívio e penso: Que felicidade! Não é uma noviça, não tenho obrigação de repreendê-la. Logo procuro desculpar a irmã e atribuir-lhe umas boas intenções que, sem dúvida, tem para agir dessa forma. Ah! Madre, depois que fiquei doente, os cuidados que me prodigalizais instruíram-me muito a respeito da caridade. Não há remédio que vos pareça caro demais e, se não dá os resultados esperados, não vos cansais de procurar outro. Quando ia ao recreio, quanta atenção em me colocar ao abrigo das correntezas de ar; enfim, se eu quisesse contar tudo, não acabaria nunca.

Pensando em todas essas coisas, disse para mim mesma que deveria ser tão compassiva com as enfermidades espirituais das minhas irmãs quanto vós o sois ao cuidar de mim com tanto amor.

323. Observei (e é bem natural) que as irmãs mais santas são as amadas[138], procura-se a conversação delas, prestam-se serviços a elas sem que tenham de pedi-los, enfim, essas almas capazes de suportar faltas de consideração, de delicadezas, veem-se cercadas pelo afeto de todas. Pode-se aplicar a elas as seguintes palavras do nosso Pai, são João da Cruz: Todos os bens me foram dados quando não os procurei mais por amor-próprio[139].

Ao contrário, as almas imperfeitas não são procuradas. Permanece-se, sem dúvida, dentro dos limites da cortesia religiosa, mas receando, talvez, dizer-lhes algumas palavras pouco amáveis, evita-se a sua companhia. Ao mencionar almas imperfeitas não estou me referindo apenas às imperfeições espirituais, pois as mais santas só serão perfeitas

---

priora com a sua saúde, o que a leva à caridade que ela própria manifestou, por compaixão, "*em relação às enfermidades espirituais das minhas irmãs*". Por esse caminho, não humilha ninguém.

138. Para introduzir "*as almas imperfeitas*", de que precisa não se tratar tanto das suas "*imperfeições espirituais*", Teresa avança cautelosa.

139. Texto de João da Cruz que acompanha o desenho do "Monte da Perfeição" que Teresa viu na primeira página da *La Montée du Carmel*, tomo II da tradução das carmelitas de Paris. Cf. Manuscrito B, 243, n. 16.

220   Manuscrito C

no Céu, refiro-me à falta de juízo, de educação, à suscetibilidade de alguns temperamentos, todas coisas que não tornam a vida agradável. Sei que essas enfermidades morais[140] são crônicas, sem esperança de cura, mas sei que minha Madre não deixaria de cuidar de mim, de procurar aliviar-me, se ficasse doente a vida toda. Eis a conclusão a que cheguei: devo procurar, no recreio, na licença, a companhia das irmãs que me são menos agradáveis, desempenhar junto a essas almas feridas o ofício de boa samaritana. Uma palavra, um sorriso amável, são muitas vezes suficientes para alegrar uma alma triste.

324. Mas não é absolutamente para alcançar essa meta que quero praticar a caridade, pois sei que logo desanimaria: uma palavra que eu teria proferido com a melhor das intenções seria, talvez, interpretada erroneamente. Por isso, a fim de não perder meu tempo, quero ser amável com todas (e particularmente com as irmãs menos amáveis) para alegrar Jesus e responder ao conselho que me dá no Evangelho, mais ou menos nos seguintes termos: "Quando ofereceres um almoço ou um jantar, não chames os teus amigos, nem os teus irmãos, nem os teus parentes, nem os ricos vizinhos; de outro modo eles também te convidariam e terias uma retribuição. Mas, quando deres um banquete, convida os pobres, os aleijados, os coxos, os cegos; e serás feliz, porque eles não terão como retribuir-te; mas ser-te-á retribuído na ressurreição dos justos".

Que banquete poderia uma carmelita oferecer às suas irmãs, a não ser uma refeição espiritual composta de caridade amável e alegre? Pessoalmente, não conheço outro e quero imitar são Paulo, que se alegrava com quem estava alegre. Verdade que também chorava com os aflitos, e as lágrimas devem aparecer, às vezes, no banquete que quero servir, mas sempre procurarei que essas lágrimas se transformem, no final, em alegria; pois o Senhor ama a quem dá com alegria.

325. Recordo-me de um ato de caridade[141] que Deus me inspirou fazer quando ainda era noviça. Era pouca coisa, mas nosso Pai que vê

---

140. Entre as irmãs desfavorecidas a quem Teresa gostaria de prodigalizar *afeto e delicadeza*, poder-se-ia citar Maria de São José, Aimée de Jesus, Marta, Maria Madalena, irmã Vincente de Paulo, irmã São João Batista. Entre as "*mais santas*", Maria Filomena, Maria dos Anjos, Maria de Jesus, irmã Santo Estanislau... Recorrer-se-á à "Lista de presença das carmelitas de Lisieux", de maio de 1893 (CG, pp. 1.171-1.179), aos testemunhos pouco conhecidos de algumas contemporâneas de Teresa (VT, n. 73, 88, 99, 101) e às diversas notícias publicadas em *Annales de Lisieux* entre novembro de 1981 e abril de 1985.

141. Para com irmã São Pedro, prematuramente impotente, morta em 1895, aos 65 anos. "Essa pobre irmã tinha caráter rude e sem educação. Estremecia-se de im-

O MANDAMENTO NOVO   221

o que é secreto, que olha mais para a intenção[142] que para o vulto da ação, já me recompensou[143] sem esperar a outra vida. Era no tempo em que irmã São Pedro ainda ia ao coro e ao refeitório. Para a oração vespertina, estava acomodada à minha frente: às 15h50, uma irmã devia levá-la ao refeitório, pois as enfermeiras tinham então muitas doentes e não podiam levá-la. Custava-me muito oferecer-me para prestar esse pequeno serviço, pois sabia não ser fácil contentar essa pobre irmã São Pedro, que sofria tanto que não gostava de mudar de condutora. Mas eu não queria perder tão boa ocasião de praticar a caridade, lembrando-me que Jesus disse: "Tudo o que fizerdes a um destes meus irmãos mais pequeninos, a mim o fareis". Ofereci-me, portanto, muito humildemente, para levá-la. Não foi sem dificuldade que consegui fazê-la aceitar meu serviço! Enfim, pus mãos à obra e tinha tão boa vontade que consegui perfeitamente.

Toda tarde, quando via irmã São Pedro sacudir sua ampulheta, sabia o que aquilo significava: partamos. É incrível como me era custoso dispor-me a levá-la, sobretudo no início. Assim mesmo, fazia-o imediatamente e começava todo um cerimonial. Era preciso mover e levar o banco de um jeito preestabelecido, sobretudo não se apressar; depois, empreendia-se o passeio. Tratava-se de seguir a pobre enferma segurando-a pela cintura, o que eu fazia com a maior delicadeza possível; mas, se por infelicidade ela dava um passo em falso, parecia-lhe logo que não a segurava direito e que ela ia cair. "Ah! Meu Deus!, andais depressa demais, vou me arrebentar." Se eu procurava andar mais devagar: "Mas me acompanhai, não sinto mais a vossa mão, ides largar-me, vou cair, ah!, bem sabia que sois jovem demais para me levar". No final, chegávamos sem incidente ao refeitório. Aí surgiam novas dificuldades, pois era preciso fazê-la sentar e agir com jeito para não machucá-la. Depois, era preciso arregaçar suas mangas (ainda de uma maneira predeterminada). Depois, ficava livre para ir. Com mãos estropiadas, ela ajeitava, como podia, o pão em seu godê. Logo percebi e, toda noite, só a deixava após ter-lhe prestado mais esse servicinho. Como não me tinha pedido para fazê-lo, ficou muito comovida e foi por esse gesto, que eu não

---

paciência só de tocá-la" (PO, p. 248). Cf. também VT, n. 99, p. 174 e um retrato da irmã em AL, n. 601, abril de 1982.

142. Cf. Teresa d'Ávila, *Château intérieur, VIIes Demeures*, capítulo IV, pp. 638-639; cf. Cartas, 65.

143. Sem dúvida pela gratidão de irmã São Pedro (cf. PO, pp. 281 s) e a graça que recebeu dela (*infra*, 325).

222   Manuscrito C

tinha planejado, que conquistei seu afeto e sobretudo (soube mais tarde) porque, depois de ter cortado o pão, despedia-me dela com meu mais lindo sorriso.

326. Madre querida, talvez estejais surpresa por eu relatar esse pequeno ato de caridade, acontecido há tanto tempo. Ah! Realizei-o porque sinto que preciso cantar[144], por causa dele, as misericórdias do Senhor. Dignou-se conservar a lembrança em mim, como um perfume que me incita a praticar a caridade. Recordo-me, às vezes, de certos pormenores que são para minha alma como uma brisa primaveril. Eis mais um que surge na minha memória: numa tarde de inverno, cumpria, como de costume, meu pequeno ofício. Fazia frio, estava escuro... de repente, ouvi ao longe o som harmonioso de um instrumento musical. Imaginei, então, um salão bem iluminado, brilhante de ouro, moças elegantemente vestidas trocando gentilezas mundanas; meu olhar desviou-se para a pobre doente que eu sustentava. Em vez de melodia, ouvia, de vez em quando, seus gemidos plangentes; em vez de douração, via os tijolos do nosso claustro austero, iluminado por luz fraca. Não pude expressar o que passou na minha alma, sei que o Senhor a iluminou com os raios da verdade que superaram tanto o tenebroso brilho das festas da terra que não podia acreditar na minha felicidade... Ah! Para gozar mil anos das festas mundanas, não teria dado os dez minutos empregados na execução do meu ofício de caridade... Se já no sofrimento, no meio da luta, pode-se gozar por um instante de uma felicidade que ultrapassa todas as felicidades da terra, pensando que Deus retirou-nos do mundo, como será no Céu, quando virmos, no seio da alegria e do repouso eterno, a graça incomparável que o Senhor nos fez escolhendo-nos para morar em sua casa, verdadeiro pórtico dos Céus?....

327. Nem sempre pratiquei a caridade com tais enlevos de alegria, mas no início da minha vida religiosa quis Jesus que eu sentisse como é bom vê-la na alma das suas esposas[145]. Por isso, quando levava minha irmã São Pedro, fazia-o com tanto amor que me teria sido impossível fazer melhor, mesmo que tivesse levado o próprio Jesus. A prática da caridade não foi sempre tão suave para mim, como vos dizia há pouco, Madre querida. Para prová-lo, vou

---

144. Teresa retoma aqui o grande tema dos Manuscritos A e C, talvez porque sua "*história primaveril*" se aproxima do fim. Esta página desemboca numa primeira abordagem da alegria celeste, que dá grande força à proclamação da supremacia da Caridade.

145. Cf. PN 17, 8.

O MANDAMENTO NOVO   223

relatar alguns pequenos combates que, certamente, vos farão sorrir. Por muito tempo, na oração da noite, sentava-me em frente de uma irmã que tinha uma mania estranha[146] e, penso... muitas luzes, pois raramente usava livro. Eis como o percebia: logo que essa irmã chegava, punha-se a fazer um estranho barulhinho semelhante ao que se faria esfregando duas conchas uma contra a outra. Só eu percebia, pois tenho ouvido muito bom (às vezes, um pouco demais). Impossível dizer-vos, Madre, como esse ruído me incomodava. Tinha muita vontade de olhar a autora que, por certo, não se dava conta do seu cacoete; era a única maneira de avisá-la, mas no fundo do coração sentia que mais valia sofrer isso por amor a Deus e não magoar a irmã. Ficava quieta, procurava unir-me a Deus, esquecer esse ruído... tudo inútil. Sentia o suor inundar-me e ficava obrigada a uma oração de sofrimento. Embora sofrendo, procurava fazê-lo não com irritação, mas com paz e alegria, pelo menos no íntimo da minha alma. Procurei gostar do barulhinho tão desagradável. Em vez de procurar não ouvi-lo, coisa que me era impossível, pus-me a prestar atenção nele como se fosse um concerto maravilhoso, e minha oração toda, que não era de quietude, consistia em oferecer esse concerto a Jesus.

328. Em outra ocasião, estava na lavanderia diante de uma irmã[147] que me jogava água suja no rosto toda vez que levantava a roupa na tábua de bater. Meu primeiro movimento foi de recuar enxugando o rosto, a fim de mostrar à irmã que me aspergia que me prestaria serviço ficando quieta. Mas pensei logo que seria tolice recusar tesouros oferecidos tão generosamente. Evitei demonstrar minha luta. Esforcei-me por desejar receber muita água suja, de sorte que, no final, passara a gostar desse novo gênero de aspersão e prometi a mim mesma voltar a esse feliz lugar onde se recebiam tantos tesouros.

Madre querida, estais vendo que sou uma *alma muito pequena* que só pode oferecer a Deus *coisas muito pequenas*. Assim mesmo, acontece-me com frequência deixar escapar esses pequenos sacrifícios que dão tanta paz e tranquilidade à alma. Isso não me desanima, suporto ter um pouco menos de paz[148] e procuro ser mais vigilante na ocasião seguinte.

---

146. Irmã Maria de Jesus (DE, p. 861, e VT, n. 99, pp. 173-177) que fazia ranger as unhas nos dentes.
147. Irmã Maria de São José (cf. PN 28, e Poesias, I, pp. 156 e 195; DLTH, p. 281).
148. Cf. 3.7.2.

224 MANUSCRITO C

329. Ah! O Senhor é tão bom para mim que me é impossível temê-lo[149]. Deu-me sempre o que desejei, ou melhor, fez-me desejar o que queria me dar[150]. Foi assim que, pouco antes de começar minha provação contra a fé, dizia para mim mesma: Francamente, não tenho grandes provações exteriores e, para tê-la no interior, seria preciso Deus mudar a minha via. Não creio que Ele o faça, mas não posso viver sempre assim no repouso[151]... portanto, que meio Jesus irá encontrar para me provar? A resposta não demorou e mostrou-me que Aquele que amo não está desprovido de meios. Sem alterar minha via, mandou-me a prova de que devia misturar amargura salutar em todas as minhas alegrias. Não é só quando quer me provar que Jesus me manda um pressentimento e o desejo. Há muito, tinha um desejo totalmente irrealizável, o de ter um *irmão sacerdote*[152]. Pensei muitas vezes que, se meus irmãozinhos não tivessem ido para o Céu, teria tido a felicidade de vê-los subir ao altar; mas, como Deus os escolheu para fazer deles anjinhos, não podia mais esperar ver meu sonho realizar-se. Eis que não só Jesus concedeu-me o favor pedido, mas uniu-me, pelos laços da alma, a *dois* dos seus apóstolos que passaram a ser meus irmãos... Quero, Madre querida, relatar-vos minuciosamente como Jesus atendeu a meu desejo e até o ultrapassou, pois eu desejava apenas *um* irmão sacerdote que, todo dia, pensasse em mim no santo altar.

330. Foi nossa santa Madre Teresa que me mandou, a título de buquê de festa, em 1895, meu primeiro irmãozinho[153]. Estava na lavanderia, muito atarefada com meu trabalho, quando Madre Inês de Jesus, puxando-me à parte, leu uma carta que acabava de receber. Tratava-se de um jovem seminarista inspirado, dizia ele, por santa

---

149. Cf. Cartas 266r.

150. Mesma fórmula, alguns dias depois, em Cartas 253,2v. Cf. João da Cruz: "Mais ele quer dar, mais faz desejar" (Carta XI de 08/07/1589), que encontramos no Ato de Oferenda. Cf. Cartas 197v; CG, p. 897 + 1; Cartas 201,1v; CJ 13.7.15; DE, p. 471; Orações, p. 94; CJ 16.7.2; 18.7.1. Ver também, *supra*, nota 111.

151. Teresa apresenta sua "*provação contra a fé*" como resposta a seu desejo, inspirado por Deus. Cf. Poesias, II, pp. 139 s.

152. Cf. Cartas 201,1r.

153. O padre Maurice Barthélemy-Bellière (1874-1907), que tinha escrito para Madre Inês, em 15/10/1895 "em nome e no dia da grande santa Teresa" (VT, n. 66, p. 139). Órfão de mãe, seminarista de Bayeux, aspirante missionário, embarcou na véspera da morte de Teresa para Argel, noviciado dos Padres Brancos. Missionário na Niassalândia (Malawi), volta à França e morre no Bom Salvador de Caen. Ver a bibliografia em *Orações*, p. 107. e, em particular, VT, nn. 66 a 69.

O MANDAMENTO NOVO 225

Teresa, e que vinha pedir uma irmã que se dedicasse especialmente à salvação da sua alma e o ajudasse com suas orações e sacrifícios quando missionário, a fim de salvar muitas almas. Prometia lembrar-se sempre dela, que passaria a ser sua irmã, quando pudesse oferecer o Santo Sacrifício. Madre Inês de Jesus disse que queria fosse eu a irmã desse futuro missionário.

Madre, seria impossível descrever a minha felicidade. Meu desejo atendido de modo inesperado fez nascer em meu coração uma alegria que chamarei de infantil, pois preciso remontar aos tempos da minha infância para encontrar a lembrança dessas alegrias tão vivas que a alma se sente pequena demais para conter. Nunca mais, durante muitos anos, tinha provado esse tipo de felicidade. Sentia que, nesse aspecto, minha alma permanecera nova; era como se tivessem tocado, pela primeira vez, cordas musicais até então deixadas no esquecimento.

331. Tinha consciência das obrigações que me impunha, por isso, pus logo mãos à obra[154] procurando redobrar meu fervor. É preciso admitir que, inicialmente, não tive consolações para estimular meu zelo. Depois de ter escrito uma gentil cartinha cheia de coração e nobres sentimentos a fim de agradecer madre Inês de Jesus, meu irmãozinho só voltou a se manifestar em julho; a bem da verdade, enviou sua carta em novembro para comunicar que se alistava no exército. Foi a vós, Madre querida, que o Senhor reservou completar a obra iniciada[155]. Sem dúvida, é pela oração e pelo sacrifício que se pode ajudar os missionários. Mas, às vezes, quando agrada a Jesus unir duas almas para a sua glória, Ele permite que, de vez em quando, elas possam comunicar os pensamentos e estimular-se mutuamente a amar mais a Deus. Porém, para isso, é preciso uma *autorização expressa* da superiora[156], pois creio que, sem essa, a correspondência faria mais mal que bem[157]; se não ao missionário, pelo menos à carmelita que, pelo seu gênero de vida, está continuamente levada a ensimesmar-se. Em vez de uni-la a Deus, essa correspondência que teria solicitado, embora esporádica, ocuparia seu espírito. Imaginando

---

154. "*Pela oração e pelo sacrifício*", pois Madre Inês não lhe pediu para escrever uma carta. Compôs uma oração (Or 8) que a priora anexou à sua resposta.

155. Foi Madre Maria de Gonzaga que fez Teresa escrever (CG, p. 884). Sobre as diferenças de temperamentos e de métodos entre as duas prioras, cf. CG, pp. 845 s.

156. Teresa observa as regras com absoluto rigor, de olho na "*bússola infalível*" (287) que é "*a vontade dos superiores*".

157. Cf. CJ 8.7.16.

226 Manuscrito C

realizar mundos e fundos, só procuraria, a pretexto de zelo, uma distração inútil. Para mim, essa situação não difere das demais: sinto que minhas cartas só produzirão algum bem se forem escritas por obediência e se eu sentir mais repugnância que prazer[158] ao escrevê-las. Quando falo com uma noviça, procuro fazê-lo mortificando-me; evito perguntar para satisfazer a minha curiosidade. Se ela inicia um assunto interessante e passa de repente, sem concluir o primeiro, a outro que me aborrece, evito lembrar-lhe o assunto que deixou de lado, pois parece-me que não se pode fazer bem algum quando se procura a si mesmo.

332. Madre querida, dou-me conta de que nunca vou corrigir-me. Eis-me, mais uma vez, muito longe do meu assunto, com todas as minhas digressões. Desculpai-me, peço, e permiti que recomece na próxima oportunidade, pois não consigo fazer diferente!... Agi como Deus que não se cansa de me ouvir[159] quando lhe conto simplesmente minhas penas e minhas alegrias, como se Ele não as conhecesse... Vós também, Madre, conheceis há muito o que penso e todos os acontecimentos um pouco memoráveis da minha vida. Não conseguiria informar-vos de nenhuma coisa nova. Não posso impedir o riso ao pensar que vos relato escrupulosamente tantas coisas que sabeis tão bem quanto eu. Enfim, Madre querida, obedeço-vos. E se, agora, não encontrais interesse na leitura destas páginas talvez possam distrair-vos na vossa velhice e servir depois para acender o fogo. Não terei perdido meu tempo... Mas estou brincando de falar como criança. Não creiais, Madre, que procuro saber qual a utilidade que meu pobre trabalho possa ter. Faço-o por obediência e isso me é suficiente. Não sentiria nenhuma mágoa se o queimásseis diante dos meus olhos, sem o terdes lido.

333. Chegou o momento de voltar a falar dos meus irmãos, que ocupam, agora, tanto espaço em minha vida. No ano passado, em fins de maio[160], lembro-me que mandastes chamar-me antes de irmos ao refeitório. O coração batia-me forte quando fui a vosso encontro, Madre querida. Cismava no que podíeis ter para me dizer, pois era a primeira vez que mandáveis chamar-me dessa forma. Depois

---

158. Embora Teresa não sinta repugnância em escrever para o padre Bellière, esgota-se; a ninguém fora sua família e o Carmelo escreverá tanto e por tanto tempo (última verdadeira carta, Carta 263 de 10/8/1897, última estampa com dedicatória em 25/8).

159. A mais simples forma de oração (cf. *Orações*, p. 8, n. 4).

160. Sábado, 30/5/1896.

O MANDAMENTO NOVO   227

de convidar-me a sentar, eis a proposta que me fizestes: "Quereis encarregar-vos dos interesses espirituais de um missionário[161] que deve ser ordenado sacerdote e partir brevemente?", e, Madre, lestes para mim a carta desse jovem padre a fim de que eu soubesse exatamente o que ele pedia. Meu primeiro sentimento foi de alegria, logo substituído pelo temor. Expliquei, Madre querida, que, tendo já oferecido meus pobres méritos para um futuro apóstolo, acreditava não poder fazê-lo às intenções de outro e que, aliás, havia muitas irmãs melhores que eu que poderiam responder ao desejo dele. Todas as minhas objeções foram inúteis, respondestes que é possível ter diversos irmãos. Perguntei, então, se a obediência poderia duplicar meus méritos[162]. Respondestes afirmativamente, dizendo muitas coisas que me fizeram ver que era preciso aceitar sem receio um novo irmão. No fundo, Madre, pensava igual a vós e, até, sendo que "o zelo de uma carmelita deve abranger o mundo"[163], espero, com a graça divina, ser útil a mais de *dois* missionários e não poderia esquecer-me de rezar por todos, sem deixar de lado os simples padres cuja missão é, às vezes, tão difícil de cumprir quanto a dos apóstolos pregando para infiéis. Enfim, quero ser filha da Igreja[164] como o era nossa Madre santa Teresa e rezar nas intenções do nosso Santo Padre, o Papa, sabendo que as intenções dele abrangem o universo. Eis a meta geral da minha vida, mas isso não me teria impedido de rezar e unir-me especialmente às obras dos meus pequenos anjos queridos se tivessem sido sacerdotes. Bem! Eis como me uni

---

161. O padre Adolphe Roulland (1870-1934), seminarista das Missões Estrangeiras de Paris. Celebra uma das suas primeiras missas no Carmelo em 3/7/1896 e embarca para a China. Cf. seus testemunhos no PO, pp. 370 ss, e no PA, pp. 524 ss. Madre Maria de Gonzaga proibiu Teresa de falar com Madre Inês desse novo "apadrinhamento", até maio de 1897 (CJ 1.5.2 e DE, p. 417 + e).

162. Teresa hesita por já ter oferecido pelo padre Bellière "*todas as orações e todos os sacrifícios de que possa dispor*" (Pri 8). Para aceitar o padre Roulland, ela precisa "*duplicar seus méritos*". Afirmativa a resposta, Teresa estende então toda a envergadura da sua missão que pode abranger as *noviças*, os "*meros padres*" e até mesmo "*nosso Santo Padre, o Papa*".

163. Teresa escreveu *embraser* (abrasar). Madre Inês acrescentou um *s* (= *embrasser*, abranger). Cf. MS/NEC, 33v, 3 +. Citação de Teresa d'Ávila, *Fragment du livre sur le Cantique des cantiques* (capítulo II, fim; Bouix, III, p. 318), onde se lê "embrasser" (abranger); mas, algumas linhas mais abaixo, encontra-se: "Esse zelo apostólico que os *abrase*". Nos Manuscritos, encontra-se *abrasar* mais cinco vezes (Manuscrito A, 139, 238; Manuscrito C, 338, 2 vezes, 338); *abranger*, nesse sentido, três vezes (Manuscrito B, 254, 256; Manuscrito C, 333).

164. Em seu leito de morte, Teresa d'Ávila repetia: "Sou filha da Igreja" (cf. RP 3,15v e *Recreios*, p. 331).

228   Manuscrito C

espiritualmente aos apóstolos que Jesus me deu como irmãos: tudo
o que me pertence pertence a cada um deles[165], sinto muito bem
que Deus é *bom* demais para fazer partilhas, é tão rico que dá sem
medida tudo o que peço a Ele... Mas não penseis, Madre, que eu
me perco em longas enumerações.

334. Depois que passei a ter dois irmãos e minhas irmãzinhas
as noviças, se eu quisesse pedir para cada alma o que ela necessita
e pormenorizá-lo, os dias seriam curtos demais e recearia muito
esquecer alguma coisa importante. Para as almas simples, não são
necessários meios complicados. Como sou uma delas, certa manhã,
durante minha ação de graças, Jesus deu-me um meio *simples* de
cumprir minha missão. Fez-me compreender a seguinte palavra dos
Cânticos: "Atraí-me, corramos ao odor de vossos perfumes"[166]. Ó
Jesus, nem é necessário dizer: atraindo-me, atraí as almas que amo.
Essa simples palavra: "Atraí-me", é suficiente. Compreendo-o, Senhor,
quando uma alma se deixou cativar pelo odor inebriante dos vossos
perfumes, não conseguiria mais correr sozinha; todas as almas que
ela ama são arrastadas por ela. Isso se dá sem coação, sem esforço;
é consequência natural da sua atração por vós. Assim como uma
torrente que se lança com impetuosidade no oceano arrasta atrás
de si tudo o que encontrou na sua passagem, assim, ó meu Jesus, a
alma que mergulha no oceano sem margens do vosso amor arrasta
consigo todos os tesouros que possui...

335. Sabeis, Senhor, não tenho outros tesouros senão as almas
que vos dignastes unir à minha; fostes vós que me confiastes esses
tesouros, por isso ouso tomar de empréstimo as palavras que dirigistes
ao Pai celeste na última noite que passastes na terra, viajante e mortal.
Jesus, meu Bem-Amado, não sei quando acabará meu exílio... mais
de uma tarde me verá cantar ainda no exílio as vossas misericórdias,
mas, enfim, para mim também, chegará a última noite[167]. Gostaria,
então, de poder dizer-vos: "Eu glorifiquei-vos na terra, consumando
a obra que me destes a fazer. Manifestei o vosso nome aos homens
que me destes, separando-os do mundo. Eram vossos e os destes a
mim; eles guardaram a vossa palavra. Sabem agora que tudo quanto
me destes vem de vós, porque eu lhes transmiti as palavras que vós

---

165. Cf. Lc 15,31 (o pai do filho pródigo) e *infra*, 336.

166. Cf. Cartas 137,1r; 259v; PN 18,37.

167. É o que dá a Teresa a *ousadia* (ou "a *temeridade*", 336) de parafrasear o
discurso após a Ceia, a Oração de Jesus que retoma vertendo para o feminino *enviada*
e *amada* (Jn 17,4,6-9, 11, 13, 15-16, 20, 24, 23). Cf. Cartas 258,1v.

me comunicastes, e eles receberam-nas, e conheceram verdadeiramente que eu saí de vós e creram que vós me enviastes. Por eles é que eu rogo; não é pelo mundo que rogo, é por aqueles que me destes, porque são vossos. Já não estou no mundo, ao passo que eles ficam no mundo, enquanto eu vou para vós. Pai santo, guardai por causa do vosso nome os que me destes. Mas agora vou para vós e digo estas coisas estando ainda no mundo para que tenham em si a plenitude da minha alegria. Não peço que os tireis do mundo, mas que os guardeis do mal. Eles não são do mundo, como eu não sou do mundo. Não rogo só por eles, mas também por aqueles que vão crer em vós, por meio da vossa palavra. Ó Pai, que onde eu estiver, os que me destes estejam também comigo, e que o mundo conheça que vós os amastes como amastes a mim".

336. Eis, Senhor, o que queria repetir para vós antes de voar para os vossos braços. Talvez seja temeridade. Mas há algum tempo permitis que seja audaciosa convosco[168]. Como o pai do filho pródigo, falando para seu filho primogênito, dissestes-me: *"Tudo o que é meu é teu"*[169]. Portanto, vossas palavras são minhas e posso servir-me delas para atrair sobre as almas, que me são unidas, os favores do Pai celeste. Mas, Senhor, quando digo que onde eu estiver desejo que os que me destes também estejam, não pretendo que não possam alcançar uma glória muito mais elevada que aquela que vos agradar me conceder. Apenas quero que sejamos todos reunidos no vosso belo Céu. Sabeis, Deus meu, nunca desejei nada senão amar-vos, não almejo outra glória. Vosso amor preservou-me desde a minha infância, cresceu comigo e, agora, é um abismo cuja profundeza não posso avaliar. O amor atrai o amor, por isso, meu Jesus, o meu se lança para vós, queria encher o abismo que o atrai, mas ai!, não é nem uma gota de orvalho perdida no oceano!... Para amar-vos como me amais, preciso tomar de empréstimo o vosso próprio amor[170], só então encontro o repouso. Ó meu Jesus, talvez seja uma ilusão, mas parece-me que não podeis encher uma alma com mais amor

---

168. A ousadia, uma das características de Teresa em seu relacionamento com Deus, Jesus, quando é tão rigorosa na obediência aos superiores... Nove empregos muito fortes: Manuscrito A, 140; Manuscrito B, 254, 259; Manuscrito C, 339; Cartas 201,2r; 247,2r; PN 44,8; 48,4, ao que se deva acrescentar seis vezes o adjetivo *audaciosos* no mesmo sentido.

169. Teresa apropria-se de tudo o que é do seu Esposo (cf. *supra*, 334-335); mas é confortada em sua ousadia por João da Cruz que cita o mesmo texto, com um comentário inequívoco (*Viva Chama*, estrofe III,6, pp. 287 ss).

170. Cf. João da Cruz, CS, estrofe XXXVIII, p. 85, e *Viva Chama*, estrofe III, 5-6, p. 291.

do que o que me destes. É por isso que ouso pedir-vos para amar os que me destes como amastes a mim mesma. Um dia, no Céu, se eu descobrir que os amais mais que a mim, regozijar-me-ei, reconhecendo desde agora que essas almas merecem muito mais que a minha o vosso amor. Mas na terra não posso conceber amor maior que aquele que vos dignastes prodigalizar-me gratuitamente, sem mérito algum da minha parte.

337. Madre querida, enfim, volto para vós, toda espantada pelo que acabo de escrever, pois não era minha intenção. Mas, como está escrito, tem de ficar. Antes de voltar à história dos meus irmãos, quero vos dizer, Madre, que não aplico a eles, mas às minhas irmãzinhas, as primeiras palavras tomadas de empréstimo ao Evangelho: Comuniquei-lhes as palavras que me tendes comunicado etc., pois não me sinto capaz de instruir os missionários, felizmente não sou bastante orgulhosa ainda para tanto! Nem teria sido capaz de dar alguns conselhos às minhas irmãs, se vós, Madre, que representais Deus para mim, não me tivesse dado graça para isso.

Ao contrário, era nos vossos filhos espirituais, meus irmãos, que eu pensava ao escrever essas palavras de Jesus e as que seguem: "Não vos peço para retirá-los do mundo... rogo ainda para os que acreditarão em vós pelo que ouvirão dizer". Como, de fato, não poderia rezar pelas almas que salvarão em suas missões longínquas pelo sofrimento e pela pregação?

338. Madre, creio ser necessário dar-vos mais algumas explicações referentes à passagem do Cântico dos cânticos: "Atraí-me, corramos". O que disse me parece pouco compreensível. "Ninguém", disse Jesus, "pode vir a mim, se *meu Pai* que me enviou não o atrair." Depois, por meio de parábolas sublimes e, muitas vezes, sem mesmo usar desse meio tão familiar ao povo, Ele nos ensina que basta bater para que se abra, procurar para encontrar e estender humildemente a mão para receber o que se pede... Acrescenta que tudo o que se pedir a *seu Pai*, em seu nome, Ele o concede. É por isso sem dúvida que o Espírito Santo, antes do nascimento de Jesus, ditou essa oração profética: Atraí-me, corramos.

O que é pedir para ser *atraído*, senão unir-se de maneira íntima[171] ao objeto que cativa o coração? Se o fogo e o ferro tivessem raciocínio

---

171. Depois das *parábolas*, muito simples, do relacionamento com Deus, do contato, do serviço, da caridade, Teresa passa para o plano místico com a comparação do ferro que "*deseja identificar-se com o fogo*".

O MANDAMENTO NOVO

231

que este último dissesse ao outro: "Atraí-me", não provaria que deseja identificar-se com o fogo de maneira que o penetre e o impregne da sua ardente substância[172] e passe a fazer um só com ele? Madre querida, eis a minha oração: peço a Jesus que me atraia às chamas do seu amor, que me una tão estreitamente a Ele, que seja Ele quem viva e aja em mim. Sinto que, quanto mais o fogo do amor abrasar meu coração, mais repetirei: "Atraí-me", mais as almas se aproximarão de mim (pobres pequenos escombros de ferro inúteis, se eu fosse afastada do braseiro divino), mais rápido correrão em direção ao odor dos perfumes do seu Bem-amado, pois uma alma abrasada de amor não pode permanecer inativa[173]. Sem dúvida, como santa Madalena, fica aos pés de Jesus, escuta suas palavras suaves e calorosas. Parecendo nada dar, dá muito mais que Marta, que se atormenta a respeito de muitas coisas e gostaria que sua irmã a imitasse. Não são os afazeres de Marta que Jesus censura; esses trabalhos, sua divina Mãe submeteu-se humildemente a eles a vida toda, pois cabia a ela preparar as refeições da Sagrada Família. É apenas a inquietação[174] de sua dedicada anfitriã que Ele quer corrigir. Todos os santos compreenderam isso e, mais particularmente, talvez, os que iluminaram o universo com a doutrina evangélica. Não foi na oração[175] que os santos Paulo, Agostinho, João da Cruz, Tomás de Aquino, Francisco, Domingos e tantos outros ilustres amigos de Deus foram encontrar essa ciência divina que encanta os maiores gênios? Um cientista disse: "Deemme uma alavanca, um ponto de apoio, e levantarei o mundo". O que Arquimedes não conseguiu obter, porque seu pedido não foi feito a Deus e era feito só do ponto de vista material, os santos o obtiveram em toda a sua plenitude. O Todo-Poderoso deu-lhes como ponto de apoio: *Ele próprio e só Ele*. Como alavanca: a oração que abrasa pelo fogo do amor. Foi com isso que ergueram o mundo. É com isso que os santos que ainda militam o erguem. Até o final dos séculos, será com isso também que os santos que vierem haverão de erguê-lo.

339. Madre querida, quero falar-vos agora do que entendo por odor dos perfumes do Bem-amado. Como Jesus voltou ao Céu, só

---

172. Cf. Arminjon, texto citado em CT e reproduzido em VT, n. 79, p. 22; *Chama Viva*, capítulo I, 6, pp. 159 e 161.

173. Transcrição de um pensamento de Teresa d'Ávila.

174. A partir desta palavra, o texto é escrito a lápis. Em 8 de julho, Teresa foi levada para a enfermaria. Escreve mais algumas linhas, mas sua fraqueza a impede de terminar seu manuscrito. É provável que as correções a lápis encontradas nas páginas anteriores sejam dessa época (cf. MS/NEC, 36r, 15 +).

175. A *oração* é a última palavra de Teresa, porque é o meio da fusão com Deus, a *alavanca* que "*levanta o mundo*".

232 MANUSCRITO C

posso segui-Lo pelas pistas que deixou. Como são luminosas essas pistas, como são perfumadas! Basta lançar o olhar aos santos Evangelhos[176], que logo respiro os perfumes da vida de Jesus e sei a que lado me dirigir.... Não para o primeiro lugar que vou, mas para o último[177]. Em vez de avançar com o fariseu, repito, cheia de confiança, a humilde oração do publicano e, sobretudo, imito o comportamento de Madalena, seu espantoso, ou melhor, seu amoroso atrevimento que encanta o Coração de Jesus conquista o meu[178]. Sinto-o. Mesmo que eu tivesse na consciência todos os pecados que se possa cometer, iria, com o coração dilacerado pelo arrependimento, lançar-me nos braços de Jesus, pois sei quanto ama o filho pródigo[179] que volta para Ele[180]. Não é porque Deus, na sua obsequiosa misericórdia, preservou minha alma do pecado mortal[181] que me elevo para Ele pela confiança e pelo amor[182].

---

176. "*Vestígios luminosos, perfumados*", "*perfumes da vida de Jesus*"; até o final, Teresa conservou um amor sensível (ou melhor, suprassensível) e maravilhado pela pessoa de Jesus. Aproxima-se, neste particular, de João da Cruz (*Viva Chama*, estrofe III, 3, p. 229; cf. Manuscrito A, 139; Manuscrito C, 334).

177. Cf. Pri 20 de 16/7/1897; PN 29,8; Cartas 243f/v; RP 8, 2v; e BT, p. 218.

178. Cf. Cartas 247,2r de 21/6/1897.

179. Cf. o testemunho de Maria da Trindade (PO, p. 455, e VT, n. 73, p. 67).

180. A *História de uma Alma* apresenta aqui três parágrafos próprios, cuja origem se encontra em CJ 11.7.6. Portanto, foi a pedido de Teresa que Madre Inês contou "*A história da pecadora convertida que morreu de amor*", reproduzida em PO e nos *Novíssima Verba*, com a seguinte indicação de Madre Inês: "Eis o trecho que me ditou textualmente". HA acrescenta o seguinte:

"*Ninguém conseguiria amedrontar-me; pois sei como agir em relação ao seu amor e à sua misericórdia. Sei que toda essa profusão de ofensas se desfaria num piscar de olhos, como gota d'água num braseiro ardente.*

"*Conta-se, na vida dos Padres do deserto, que um deles converteu uma pecadora pública cujas desordens escandalizavam uma região inteira. Alcançada pela graça, essa pecadora seguia o santo no deserto a fim de fazer uma rigorosa penitência, quando, na primeira noite da viagem, antes mesmo de chegar ao lugar do repouso, seus laços mortais foram arrebentados pela impetuosidade do seu arrependimento cheio de amor: e o solitário viu, no mesmo instante, sua alma ser levada pelos anjos ao seio de Deus.*

"*Eis um exemplo impressionante do que eu queria dizer, mas essas coisas não podem ser expressas...*"

181. Sem dúvida, Teresa se refere à declaração solene do padre Pichon (Manuscrito A, 196), mas para reforçar sua última mensagem, isto é, que mesmo que tivesse cometido "*todos os pecados*" possíveis não deixaria de ir jogar-se nos braços de Jesus.

182. Cf. CJ 12.8.2, a respeito de uma fotografia do padre Bellière.

ÍNDICES

Índice das citações bíblicas

Êxodo
3,2   MA 119
9,16 MA 304
33,22   MA 130
Levítico
19,18   MA 290
Deuteronômio
32,11   MA 264
2 Reis
16,10   MA 321
Tobias
12,7   MA 244; MA 270
Salmos
18,6   MA 133
22,1-4   MA 8
22,6   MA 326
33,6   MA 307
35,6   MA 238
49,9-13   MA 243
54,7   MA 119
62,2   MA 182
70,17-18   MA 272
88,1   MA1; MA 266
89,4   MA 272
91,5   MA 279
101,8   MA 299

102,8   MA 9
102,14   MA 215
103,32   MA 179
111,4   MA 307
117,1   MA 237
118,32   MA 296
118,60   MA 273
118,100   MA 273
118,105   MA 273
118,141   MA 273
125,5-6   MA 229; MA 267
132,1   MA 282
143,1-2   MA 282
Provérbios
1,17   MA 294
9,4   MA 242: MA 271
10,12   MA 295
18,19   MA 307
Eclesiastes
2,11   MA 100; MA 137; MA 230
2,17   MA 156
Cântico dos Cânticos
1,3-4   MA 334
2,1   MA 110
2,3   MA 141; MA 150

2,14	MA 130	13,12	MA 140
3,1	MA 96	17,19	MA 187
5,2	MA 187; MA 188	18,6	MA 148
7,1	MA 169	18,20	MA 318
8,1	MA 139	19,29	MA 231
8,7	MA 241	20,16	MA 184
Sabedoria		20,21-23	MA 172
4,11	MA 124	22,39 MA 288	
4,12	MA 100	24,30	MA 220
5,10	MA 125	24,43	MA 220
6,7	MA 242	25,6	MA 275
Isaías		25,40	MA 325
3,10	MA 270	26,29	MA 42
38,14	MA 261	*Marcos*	
40,11	MA 242	3,13	MA 2
52,11	MA 225	7,28	MA 321
53,3	MA 200	Lucas	
55,8-9	MA 184	1,49	MA 274
65,15	MA 156	2,35	MA 206
66,12-13	MA 218; MA 242;	5,5	MA 134
	MA 271	6,30	MA 296; MA 298
Ezequiel		6,32	MA 295
16,8-13	MA 137	6,34-35	MA 301
Mateus		6,27	MA 291
5,13	MA 157	7,37 ss	MA 339
5,15	MA 289	7,47	MA 120
5,40	MA 297	10,41	MA 338
5,41	MA 298	12,32	MA 172
5,42	MA 301	14,12-14	MA 324
5,43-44	MA 295	15,7	MA 135
6,3	MA 98	15,31	MA 237; MA 336
6,3	MA 324	16,8	MA 256
6,9	MA 214	16,9	MA 256
6,33	MA 311	17,21	MA 236
7,8	MA 338	18,13	MA 277; MA 339
7,21	MA 288	22,28	MA 155
8,24	MA 144	22,29	MA 172
9,13	MA 120; MA 261	24,26	MA 172
11,25	MA 141; MA 199;	*João*	
	MA 273	1,5-9	MA 277
11,30	MA 296	2,4	MA 187

ÍNDICE DAS CITAÇÕES BÍBLICAS

4,7	MA 136; MA 243
6,44	MA 338
12,32	MA 172
14,12-14	MA 324
15,7	MA 135
15,31	MA 237; MA 336
16,8	MA 256
16,9	MA 256
17,21	MA 236
18,13	MA 277; MA 339
22,28	MA 155
22,29	MA 172
24,26	MA 172

João

1,5-9	MA 277
2,4	MA 187
4,7	MA 136; MA 243
6,44	MA 338
10,12	MA 313
11,3	MA 187
11,4	MA 86
11,43-44	MA 187
12,24-25	MA 229
13,34-35	MA 288
15,12	MA 290
15,13	MA 228
15,15	MA 288
16,20	MA 324
16,23	MA 338
17,4 ss	MA 335
17,8	MA 337
17,15-20	MA 207; MA 337
17,23	MA 336
18,36	MA 200
19,28	MA 134
20,11-12	MA 168
21,15	MA 273

Romanos

4,18	MA 178
8,15	MA 303
8,18	MA 138
8,39	MA 147
9,15-16	MA 3
12,15	MA 324

1 Coríntios

2,9	MA 138; MA 161
4,3-4	MA 291
4,5	MA 156
7,31	MA 224
12,31	MA 253
14,33	MA 221

2 Coríntios

9,7	MA 324
12,5	MA 294

Gálatas

2,20	MA 112

Filipenses

3,20	MA 207
4,7	MA 218

Tito

1,15	MA 158

Apocalipse

2,17	MA 109; MA 156
14,3	MA 296

Índice de nomes

A

Abadia das Beneditinas, Lisieux MA 74; 78; 79; 81; 85; 104; 105; 114; 121; 122; 125
África MA 330
Agostinho, santo MA 4; 338
Alençon MA 11; 46; 69; 88; 100; 129; 130; 201; 231
Amada de Jesus, irmã MA 234
Amada Roger MA 86
Ana de Jesus, Lobera MA 247; 248; 249
Antônio, santo MA 166
Argélia: MA 330
Arminjon, padre MA 138
Arquimedes MA 338
Assis MA 180

B

Bartolomeu, apóstolos MA 252
Bayeux MA 146; 147; 150; 151; 156; 166; 174; 330
Bellière, Maurício Bartolomeu MA 330; 331
Besse de Larze, Alfred MA 139
Bolonha MA 166
Bordeaux MA 11

Buissonnets MA 46; 50; 61; 73; 87; 88; 122; 126; 127; 130; 133; 139; 145; 192; 207; 212

C

Caen MA 11; 191; 206; 207; 227
Camilo MA 293
Caná da Galileia MA 187
Carlos, santo MA 162
Carmelitas MA 184
Catarina, santa MA 166
Cecília, santa mártir MA 169; 252
Celina MA 11; 15; 20; 24; 25; 26; 27; 28; 29; 31; 33; 34; 35; 36; 37; 39; 40; 42; 44; 63; 74; 76; 78; 79; 81; 84; 86; 87; 92; 93; 102; 107; 119; 121; 126; 127; 130; 132; 133; 135; 139; 142; 143; 145; 146; 147; 156; 159; 162; 166; 167; 168; 169; 171; 173; 175; 180; 188; 190; 191; 203; 207; 214; 232; 233; 234; 235; 238; 284
China MA 333
Clara, santa MA 181
Clarissas MA 130
Cochain, senhora MA 130
Coliseu de Roma MA 168

240   ÍNDICES

Constantinopla MA 127
Coutances MA 156
Cristóvão Colombo MA 278

D

Dagorau, senhora MA 23
De Maistre MA 128
Delatroëtte, João Batista, padre MA
146; 147; 152; 153; 208
Domin, Vítor Luís, padre MA 106
Domingos, são MA 338
Ducellier, padre MA 56; 57; 59

E

Elias, profeta MA 218; 256
Eliseu, profeta MA 256

F

Félix de Valois, são MA 172
Florença MA 183
França MA 72; 99; 154; 185; 247;
330; 333
Francisco de Assis, são MA 181;
251; 338
Francisco de Sales, são MA 181

G

Gaucherin, senhora MA39
Gênova MA 185
Genoveva de Santa Teresa, irmã MA
43; 94; 221; 222; 223; 224; 227
Germano, dom MA 159; 162
Gonzaga, madre Maria de São Luís
de MA 83; 95; 96; 99; 189; 104;
195; 197; 198; 208; 210; 217; 240;
266; 267; 268; 269; 270; 272; 273;
274; 275; 281; 282; 283; 285; 287;
291; 293; 299; 300; 303; 305; 306;
307; 308; 309; 310; 311; 313; 316;
321; 322; 331; 333; 337
Grogny MA 31
Guérin, Celina MA 46; 77; 84; 85; 86;
87; 91; 127; 138; 145; 191; 232

Guérin, Isidoro MA 46; 59; 61; 80;
86; 91; 93; 116; 117; 144; 145;
146; 186; 191; 219;
Guérin, Joana MA 46; 76; 78; 85;
86; 127; 191; 220
Guérin, Maria MA 46; 76; 77; 78;
83; 85; 86; 127; 145; 191
Guérin, Maria Luísa MA 27

H

Helena MA 11
Horeb MA 114
Hugonin, Flaviano A. A., dom MA
114; 146; 150; 151; 152; 153;
154; 155; 186; 189; 202; 204;
205; 213; 219

I

Igreja de São Pedro, Lisieux MA
202
Inês de Assis, santa MA 181
Inês de Jesus MA 1; 11; 14; 17; 19;
21; 26; 28; 29; 33; 34; 36; 39; 44;
45; 46; 47; 56; 57; 58; 59; 61; 63;
64; 65; 66; 69; 73; 75; 76; 80; 81;
82; 83; 84; 85; 87; 90; 93; 95; 96;
97; 99; 102; 103; 106; 108; 109;
111; 126; 128; 142; 146; 149; 155;
158; 170; 171; 186; 188; 193; 195;
200; 202; 207; 212; 218; 221; 222;
228; 229; 230; 231; 238; 239; 266;
284; 330; 331; 332
Inês, santa mártir MA 170; 252
Itália MA 153; 157; 158; 162; 176;
178; 184

J

Jardim das Estrelas MA 76; 128
Joana d'Arc, santa MA 99; 252
João da Cruz, são MA 119, 139; 141;
205; 207; 235; 236; 247; 253; 256;
259; 323; 338

ÍNDICE DE NOMES

João, apóstolo e evangelistas MA 252
Jonas, profeta MA 312
José, são MA 144; 158; 167

L

La Croix, jornal MA 135
La Fontaine MA 127; 303
La Néele, Francisco MA 220
Lamartine MA 125
Lamusse, castelo MA 11; 233
Lázaro MA 86; 187
Le Havre MA 202
Le Mans MA 17; 20; 27
Leão XIII, papa MA 146; 154; 156; 171; 172; 173; 174; 175; 178; 180; 182; 186; 216
Leconte, padre MA 167
Légoux, mons. MA 159; 180
Leriche, senhora MA 42
Lisieux MA 2; 11; 46; 48; 74; 79; 106; 126; 127; 153; 155; 158; 159; 167; 186; 194; 202; 206; 239; 316
Loreto MA 166; 167

M

Madalena do Santíssimo Sacramento, irmã MA 224
Marais, Luísa MA 31; 33; 37; 39; 44
Margarida Maria Alacoque, santa MA 241
Maria da Trindade, irmã MA 284; 316
Maria de São Pedro MA 200
Maria dos Anjos, irmã MA 198; 210; 217
Maria Madalena de Pazzi, santa MA 183
Maria Madalena, santa MA 79; 119; 120; 132; 168; 187; 253; 338; 339
Marselha MA 284
Marta de Jesus, irmã MA 306; 307; 308; 319

Martin, Luís Estanislau MA 11; 14; 15; 19; 23; 35; 36; 37; 40; 42; 43; 45; 47; 48; 49; 50; 51; 52; 59; 60; 61; 62; 63; 64; 66; 67; 68; 69; 70; 72; 73; 75; 76; 80; 81; 84; 86; 90; 91; 93; 100; 105; 111; 112; 121; 125; 127; 129; 130; 133; 138; 142; 143; 144; 146; 150; 151; 152; 153; 154; 155; 156; 158; 159; 162; 163; 164; 167; 168; 175; 176; 178; 181; 186; 191; 192; 193; 201; 202; 203; 204; 206; 213; 214; 216; 218; 219; 220; 233; 234
Martin, Maria MA 11; 17; 18; 19; 20; 27; 31; 34; 36; 39; 44; 45; 46; 54; 56; 59; 61; 63; 69; 70; 73; 80; 82; 86; 87; 88; 90; 91; 92; 93; 94; 95; 103; 104; 105; 108; 111; 112; 130; 131; 132; 142; 193; 196; 201; 240; 244; 245; 246
Martin, Maria (nascida Boureau, avó da santa) MA 40
Martin, Maria Leônia MA 11; 22; 23; 33; 37; 74; 86; 92; 93; 105; 114; 130; 191; 201; 207
Martin, Maria Melânia MA 11
Martin, Maria Paulina MA 11
Martin, Maria-José João Batista MA 11
Martin, Maria-José Luís MA 11
Martin, Zélia (nascida Guérin) MA 11; 14; 15; 17; 21; 23; 24; 25; 26; 27; 28; 29; 30; 31; 32; 33; 34; 36; 39; 40; 42; 43; 44; 45; 53; 86; 93; 100; 109; 110; 125; 129; 220
Maudelonde, Henrique MA 232
Maudelonde, senhora MA 76; 77
Milão MA 162
Moisés MA 75
Mônica, santa MA 139
Monnier, senhora MA 31
Montmartre MA 159

N

Nápoles MA 179
Navarra MA 72
Nínive MA 312
Noé, patriarca MA 284
Notta MA 86

O

Óstia MA 139

P

Pádua MA 166
Papineau, senhora MA 122
Paris MA 86; 88; 93; 158; 159; 166; 168; 208; 236; 333
Paulo, apóstolo MA 338
Pavilhão MA 40
Pichon, Almire MA 88; 103; 108; 196; 199; 219; 233; 314
Pisa MA 185
Poitiers MA 194

Pompeia MA 179
Pranzini MA 135
Prou, Alexis MA 227

R

Révérony, mons. MA 151; 152; 153; 154; 159; 173; 174; 175; 178; 180; 181; 182
Roma MA 95; 153; 156; 159; 160; 168; 169; 171; 177; 201; 293
Romet, Vital MA 37
Rouland, Adolfo João L. E. MA 284; 333

S

Saigon MA 239; 285
Saint-Denis-sur Sarthon MA 11
Salomão MA 229; 230; 242
São José de Jesus, irmã MA 224

T

Taillé, Rosa MA 24; 33

Índice analítico

A

Abandono MA 189; 208; 235; 238; 242; 243; 260;265; 286; 310;

Ação (ver Obra)

Afastamento (ver Pobreza) MA 119; 197; 282; 283; 284; 285; 291; 297; 298; 302; 303; 304; 309; 311

Afeto MA 118; 119; 171; 197; 283; 285; 306; 307; 308; 313; 323

Águia MA 260; 263; 264

Alegria MA 50; 82; 94; 95; 109; 113; 134; 143; 158; 167; 179; 194; 209; 218; 230; 255; 258; 261; 269; 274; 275; 276; 279; 286;297; 326; 329; 330

Alma (ver Amor, Apostolado, Pecadores, Sacrifício, Sofrimento, Zelo, Pequenez) MA 4; 7; 38; 120; 134; 136; 140; 148; 149; 157; 195; 221; 236; 237; 250; 251; 270; 284; 292; 306; 310; 311; 314; 335; 338;

Amabilidade MA 292; 301; 323; 324; 325

Amizade MA 118; 119; 125; 260

Amor MA 6; 136; 138; 139; 147; 150; 207; 227; 228; 230; 235; 237; 238; 239; 241; 243; 254; 255; 256; 258; 259; 260; 264; 265; 280; 281; 296; 308; 309; 327; 334; 336; 338

Amor ao próximo (ver Amabilidade, Caridade) MA 289; 290; 296; 308; 313

Amor Misericordioso (ver Ato, Caridade, Deus, Misericórdia, Perfeição, União, Vítima) MA 238

Amor-próprio (ver Vaidade) MA 30; 32; 123; 125; 208; 211

Anjo MA 179; 206; 233; 262;

Apoio MA 302; 304; 338

Apostolado (ver Amor, Alma, Oração, Sacrifício, Sofrimento, Zelo) MA 143; 157; 229; 251; 254; 258; 311; 331

Apóstolo (ver Apostolado, Sacerdote)

Aridez (ver Noite, Obscuridade, Provas, Trevas) MA 207; 215; 225; 236; 318;

Aspirações (ver Desejo)

Ato (ver Amor, Virtude) MA 40; 102; 147; 279; 289; 290; 301; 325;

Audácia (ver Confiança, Coragem, Força, Esperança) MA 140; 255; 256; 257; 260; 261; 314; 336; 339

244 ÍNDICES

Avanço MA 209; 228

B

Batismo MA 148; 196
Bem MA 7; 32; 100; 241; 256; 270; 311; 314; 331
Bens MA 148; 297; 302; 303
Bondade (ver Amabilidade, Amor, Caridade) MA 94; 130; 237
Bússola MA 235; 287

C

Canto MA 169; 239; 257; 258; 280; 296
Caráter MA 41; 45; 129; 143; 292; 306; 323
Caridade MA 134; 253; 254; 288; 289; 290; 292; 296; 301; 324; 325; 326; 327; 328
Carmelo (ver Apostolado, Religiosa, Vocação) MA 48; 83; 143; 157; 158; 173; 191; 192; 193; 195; 275; 282; 283; 284; 285; 286
Cartas MA 316; 331
Catecismo MA 116
Céu (ver Eleitos, Glória) MA 50; 61; 62; 66; 126; 148; 156; 213; 227; 271; 275; 276; 279; 280; 284
Comunhão Eucarística (ver Hóstia) MA 52; 81; 102; 103; 109; 112; 140; 167; 215; 225; 226
Confessor MA 57; 126; 140
Confiança MA 99; 135; 227; 232; 261; 263; 265; 339
Confissão MA 57; 108; 140; 196
Consolação MA 113; 117; 125; 174; 225; 241; 309
Conversão (ver Pecadores) MA 133; 134; 135; 218
Coração (ver Afeto, Amor) MA 46; 53; 100; 102; 118; 119; 197; 223; 225; 234; 254; 260; 283; 285; 296; 309

Coragem (ver Audácia, Força) MA 125; 133; 250; 297
Corpo Místico (ver Igreja) MA 253; 254
Criança MA 148; 183; 215; 255; 257; 310
Criaturas MA 118; 119; 125; 132; 176; 238; 304
Crisma (ver Espírito Santo) MA 114
Cruz (ver Sacrifício, Sofrimento) MA 113; 114; 134; 174; 189; 195; 200; 206; 251
Culpa (ver Defeito, Pecado) MA 227

D

Defeitos (ver Imperfeição) MA 28; 29; 30; 31; 32; 289; 290
Demônio (ver Inimigo, Tentação) MA 38; 86; 88; 90; 217; 263; 279; 290
Desejo MA 83; 99; 113; 124; 132; 134; 136; 137; 143; 153; 158; 193; 207; 230; 235; 238; 250; 253; 256; 257; 259; 260; 271; 275; 282; 285; 286; 298; 329
Deus (ver Amor, Justiça, Misericórdia, Pai, Espírito Santo, Trindade, Vontade de Deus) MA 4; 7; 36; 72; 73; 120; 124; 125; 130; 140; 144; 147; 161; 162; 176; 228; 230; 234; 237; 270; 276; 304; 306; 333; 336; 338; 339
Devoção (ver Jesus Menino, são José, Maria, Sagrada Face) MA 57; 96; 110; 124; 125; 158; 169; 318
Direção espiritual (ver Alma, Diretor Espiritual) MA 148; 149; 311; 314
Diretor espiritual MA 140; 196; 199; 209; 227
Distrações MA 225; 331

ÍNDICE ANALÍTICO

Doença MA 86; 88; 95; 121; 322; 323

Dor (ver Cruz, Martírio, Prova, Sacrifício, Sofrimento)

Doutores MA 6; 116; 236; 250; 251; 253

Doutrina (ver Infância Espiritual) MA 245; 250-265

E

Eleitos (ver Céu, Glória, Santo) MA 66; 139; 224

Elevador MA 271

Escondimento MA 98; 167; 216; 221; 230; 290; 292

Esquecimento MA 37; 134; 156; 200; 311

Eternidade (ver Céu, Morte, Vida) MA 104; 125; 138; 215; 275

Eucaristia (ver Comunhão, Hóstia)

Exercícios Espirituais MA 105; 106; 114; 121; 215; 216; 227

Êxtase (ver Visão) MA 206

Extrema-unção MA 42

F

Fé MA 143; 187; 201; 261; 276; 277; 278; 279; 280; 287

Felicidade (ver Alegria)

Fidelidade MA 103; 118; 141

Força (ver Audácia, Coragem) MA 72; 109; 114; 125; 133; 212; 224; 264; 280; 309; 310; 311; 315

Fragilidade (ver Fraqueza)

Fraqueza (ver Pequenez) MA 237; 243; 252; 255; 256; 262; 265; 289; 290; 291; 294

G

Glória MA 66; 98; 99; 200; 257; 282; 336

Graça MA 38; 73; 94; 99;113; 129; 133; 139; 140; 149; 168; 219; 227; 238; 246; 274; 276; 281; 287; 301; 303

H

Hóstia MA 36; 226; 263

I

Igreja MA 254; 257; 258; 270; 333

Ilusão MA 70; 161; 195; 221; 331

Imagens espirituais MA 68; 73; 125; 144; 263; 277; 278

Imagens materiais MA 97; 107; 134

Imperfeição MA 209; 210; 260; 271; 290; 291; 294; 323

Ímpetos de amor (ver Amor)

Impotência MA 236; 252; 260; 275

Infância espiritual MA 141; 227; 228; 242; 271; 334

Infidelidade MA 235; 261

Inimigo MA 279; 295

Inspiração MA 99; 236; 238; 271; 325

Intenção MA 141; 290; 322; 325

Inveja MA 75; 206

Irmão espiritual (ver Missionário) MA 329; 330; 331; 333

J

Jesus (ver Amor Misericordioso, Deus, Sagrada Face) MA 119; 120; 125; 134; 136; 199; 216; 218; 228; 236; 238; 241; 243; 250; 260; 265; 270; 271; 288; 290; 292; 301; 327; 338; 339

Joana d'Arc MA 99; 252

João da Cruz MA 236

José, são MA 144; 158; 167

Juízo MA 20; 210; 291

Justiça MA 237; 238; 255

L

Lágrima MA 53; 57; 94; 109; 140; 222

246   Índices

Leitura MA 98; 137; 138; 236
Liberdade MA 37; 109
Luz MA 73; 119; 261; 263

M

Mãe MA 158; 228; 250; 259; 318
Mal MA 148; 158; 331
Maria MA 57; 94; 110; 125; 144; 158; 166; 167; 213; 218; 225; 318
Martírio MA 121; 168; 252; 259; 283
Matrimônio MA 220
Meditação MA 50; 104; 236; 318
Medo (ver Temor)
Meio MA 91; 103; 135; 258; 271; 293; 334
Menino Jesus MA 57; 96; 148; 167; 177; 186; 188; 204; 218; 220
Mérito MA 99; 333; 336
Milagre MA 93; 133; 187; 204; 316
Miséria MA 225; 226; 256; 261
Misericórdia MA 1; 9; 11; 12; 119; 124; 135; 141; 237; 238; 239; 261; 265; 266; 272; 306; 321; 322; 326; 339
Missionário MA 251; 285; 286; 330; 331; 333; 337
Morte MA 43; 100; 135; 222; 224; 275; 278; 280; 281; 282
Mortificação MA 137; 190; 209; 210; 211; 258; 275; 282; 308; 331
Mundo MA 11; 123; 124; 156; 243; 307; 338

N

Nada MA 190; 211; 230; 253; 255; 258; 263; 269; 278
Natal MA 133
Natureza MA 237; 280; 282; 283; 288; 297; 301; 303; 308; 309; 312; 321
Noite MA 133; 144; 244; 261; 276; 278; 280
Noviças MA 226; 310; 311; 312; 313; 314; 315; 316; 320; 321

O

Obediência MA 126; 151; 152; 186; 270; 278; 287; 302; 331; 332; 333
Obras MA 98; 99; 230; 243; 250; 252; 279; 304; 325
Obscuridade MA 221; 276
Oferecimento MA 46; 53; 177; 218; 238; 328; 330; 333
Oração MA 50; 104; 208; 215; 236; 241; 253; 327; 338

P

Paciência 297
Pai Celeste MA 120; 183; 214; 242; 318; 336
Paixão MA 59; 184; 206
Palavras MA 73, 123, 125, 134, 138, 190, 196, 257, 288, 302, 315, 319, 323
Paz MA 83; 108; 111; 121; 131; 176; 193; 218; 219; 255; 274; 284; 293; 297; 327; 328
Pecado MA 120; 196; 238; 277; 279; 339
Pecadores MA 124; 134; 135; 157; 218; 277; 278; 296
Penitência MA 190, 211
Pequena via (ver Infância espiritual)
Pequenas almas MA 243; 251; 252; 260; 262; 264; 265; 328
Pequenas coisas MA 103; 258; 264; 328
Pequenez MA 251; 260; 262; 271; 273; 274; 310
Perfeição MA 5; 37; 141; 209; 229; 271; 283; 293; 304
Pobreza MA 209; 285, 297
Pobreza de espírito MA 141; 297
Profissão religiosa MA 195; 208; 215; 216; 217; 218

ÍNDICE ANALÍTICO

Prova MA 8; 41; 68; 70; 72; 88; 144; 150; 187; 189; 196; 198; 206; 207; 219; 274; 277; 278; 279; 280; 329
Prudência MA 144; 214; 285
Pureza MA 118; 158; 171; 313
Purgatório MA 218; 238; 258

R

Religiosa MA 21; 153; 161; 195; 209; 283; 287; 308; 309; 323; 326
Riqueza MA 140; 297; 298; 309

S

Sabedoria MA 200; 273; 288
Sacerdote MA 157; 195; 251; 329; 333
Sacrifício MA 37; 138; 143; 148; 157; 161; 195; 258; 282; 308; 315; 328; 331
Sagrada Escritura MA 236
Sagrada Face MA 70; 200; 220
Sangue MA 134; 136; 168; 183; 251; 254; 279
Santidade MA 37; 99; 103; 149; 221; 271
Santo MA 5; 169; 221; 222; 252; 256; 257; 262; 263; 270; 338
Sede MA 134; 136; 200; 243
Silêncio MA 241; 244
Simplicidade MA 6; 10; 131; 158; 198; 267; 317; 321; 332; 334
Sofrimento MA 37; 82; 99; 113; 195; 206; 207; 229; 235; 238; 258; 261; 274; 279; 282; 286; 327
Sonho MA 38; 223; 247-248
Sorriso MA 94; 110; 158; 292; 325; 323

Superiores MA 197; 198; 210; 217; 287; 308; 309

T

Temor MA 109; 158; 196; 226; 228; 237; 255; 319; 329
Tempo MA 137; 190; 272
Tentação MA 119; 217; 277; 278; 287; 293; 302; 309
Trevas MA 209; 217; 276; 277; 278
Trindade MA 140; 238; 260; 263
Tudo MA 37; 120; 252; 254; 256; 270

U

União MA 119; 218; 250; 284; 290; 311; 338

V

Vaidade MA 31; 73; 100; 123; 127; 137; 156; 230; 274; 291; 320
Vazio MA 124
Velação, cerimônia da MA 219
Verdade MA 66; 138; 259; 315; 326
Vestição MA 87; 96; 203; 204; 220
Vida MA 82; 190; 258; 281; 282; 335
Virtude MA 40; 98; 132; 140; 148; 211; 216; 221; 289; 290; 298
Visão MA 68; 70; 94
Vítima MA 238; 255; 264; 265
Vocação MA 3; 83; 142; 144; 146; 150; 157; 161; 217; 250; 254
Vontade MA 37; 134; 190
Vontade de Deus MA 5; 155; 217; 218; 235; 270; 287
Votos MA 209; 218; 297
Zelo MA 135; 136; 218; 251; 331; 333

editoração impressão acabamento

rua 1822 nº 341
04216-000 são paulo sp
T 55 11 3385 8500/8501 • 2063 4275
www.loyola.com.br